Möbel Pfister

Die lieferbaren Bände:
Ägypten (3728)
Algarve · Lissabon (3733)
Andalusien (3737)
Barcelona · Costa Brava (3721)
Berlin (3703)
Bodensee (3714)
Brasilien (3762)
Bretagne (3749)
Budapest (3722)
Capri · Ischia (3745)
Côte d'Azur (3727)
Dresden · Leipzig (3768)
Deutsche Ostseeküste (3771)
Düsseldorf (3757)
Elsaß (3713)
Englands Süden (3738)
Finnland (3754)
Florida (3765)
Frankfurt (3751)
Hamburg (3712)
Ibiza · Formentera (3743)
Indiens Norden (3758)
Irland (3715)
Israel (3706)
Kalifornien (3761)
Kanarische Inseln (3705)
Kenia (3756)
Köln · Bonn (3726)
Korsika (3730)
Kreta (3724)
Kykladen (3717)
Leningrad (3755)
London (3702)
Madrid (3752)
Mainfranken (3720)
Mallorca (3707)
Malta · Gozo (3748)
Marokko (3741)
Mexiko (3753)
Moskau (3746)
München (3708)
New York (3701)
Nord- und Ostschweiz (3773)
Norwegen (3759)
Paris (3700)
Peking · Nordchina (3747)
Piemont · Ligurien · Lombardei (3770)
Portugal (3766)
Prag (3723)
Provence (3729)
Rhodos · Dodekanes (3760)
Rom (3711)
Sardinien (3736)
Schleswig-Holstein (3719)
Schottland (3716)
Schweden (3740)
Sizilien (3750)
Spaniens Nordküste (3767)
Sri Lanka (3735)
Südtirol (3710)
Sylt · Amrum · Föhr (3744)
Tessin (3742)
Toskana (3709)
Türkei (3732)
Tunesien (3739)
Venedig (3718)
Venetien · Friaul (3763)
Wien (3704)
Zentral- und Westschweiz (3764)

In Vorbereitung:
Australien (3769)
Bordeaux · Atlantikküste (3772)
Dänemark · Bornholm
Indonesien
Madeira · Azoren
Ungarn

dtv MERIAN reiseführer

Nord- und Ostschweiz

Basel · Chur · Davos · St. Moritz · Zürich

Jürg Bürgi
Claudia Brunner
Eva Geel
Jürg-Peter Huber
Rudolf Matter
Michael Maria Mont
Christoph Schneider

Mit Fotos von Gesche Cordes

Deutscher
Taschenbuch
Verlag

dtv-MERIAN-Redaktion, München
Lektorat: Jochen Schürmann und Patricia von Ostheim
Umschlagfoto: Der Silsersee im Engadin
Foto Seite 1: Basler Fasnacht – farbenprächtig, aber ohne rheinischen Frohsinn

Originalausgabe
1. Auflage Juni 1993
Deutscher Taschenbuch Verlag GmbH & Co. KG, München

Umschlaggestaltung: Celestino Piatti/Klaus Bäulke
Umschlagfoto: Everts/IFA Bilderteam
Produktion: Verlagsbüro Walter Lachenmann, Schaftlach
Karten: Kartographie Huber, München
Gesamtherstellung: Manz, Dillingen
Printed in Germany · ISBN 3-423-03773-3

Inhalt

Hinweise zur Benutzung 9

Erste Begegnung mit der Nord- und Ostschweiz 11
Von Michael Maria Mont

Geschichte und Gegenwart 21
Von Eva Geel

Der gute Tip von MERIAN 47
Von Jürg Bürgi, Jürg-Peter Huber, Rudolf Matter
und Christoph Schneider

Kirchen und Klöster 49
Im Bann der Schwarzen Madonna: Kloster Einsiedeln 49 · Der karolingische Bilderzyklus von Müstair: Kloster St. Johann 50 · Liebe statt Krieg: die Glasfenster der Stiftskirche Königsfelden 52

Dornröschenorte 53
Regensberg: lebendiges Mittelalter 53 · Kaiserstuhl: stille Wacht am Rhein 53 · Kleinste Stadt der Schweiz: Werdenberg 54 · Guarda: Bilderbuchdorf im Unterengadin 56 · Diessenhofen: wehrhaftes Bürgerstädtchen am Oberrhein 57

Burgen und Schlösser 58
Waldfestung Kyburg bei Winterthur 58 · Geschichte und Kultur im Schloß Lenzburg 59 · Schloß Sargans, Felsenburg und Regionalmuseum 61

Originelles und Kunstvolles 63
Das Firmament von Zillis 63 · Dorado für Bücherfreunde: die Stiftsbibliothek St. Gallen 65

Museen 67
Museum für Gegenwartskunst in Basel 67 · Schweizerisches Landesmuseum in Zürich 68 · Textilmuseum St. Gallen 70 · Den Anfängen des Kurbetriebs auf der Spur: Bädermuseum in Bad Pfäfers 71 · Ein neues Haus für die Bilder des großen Expressionisten: Ernst-Ludwig-Kirchner-Museum in Davos 72 · Handwerk zum Anfassen: Schweizerisches Papiermuseum in Basel 74 · Mekka für Jazz-Freaks: das Schweizer Jazzmuseum in Arlesheim 75

Restaurants 76
Vom Arbeiter- zum Künstlerviertel: Szenelokal J.O.S.E.F in Zürich 76 Tafelfreuden im Weinberg: Restaurant Zur Mühle in Fläsch, Graubünden 77 · Speisen unter Denkmalschutz: Restaurant Drachenburg und Waaghaus in Gottlieben am Bodensee 78 · Kreationen von Meisterhand: Restaurant Charon in Basel 79 · Engadiner Spezialitäten: Chesa Marquetta in Sils Maria 80 · Räucherlachs und Gänseleber aus eigener Produktion: Alte Post in Klosters 82 · Kaffeehaus mit Charme und Tradition: Confiserie Schober in Zürich 82 · Gastronomisch-kulturelles Gesamtkunstwerk: der Teufelhof in Basel 83

Hotels 85
Oase in der Altstadt: Hotel Wellenberg in Zürich 85 · Grandiose Bergwelt direkt vor der Tür: Pension Chesa Pool im Fextal 85 · Idyll am Untersee: Seehotel Feldbach in Steckborn 86 · Antiquitäten und Rittersaal: Hotel Chasa Capòl in Santa Maria im Münstertal 88

Einkaufen 90
Turbulenter Jahrmarkt mit Tradition: die Basler Herbstmesse 90 · Für Anspruchsvolle: Seidensalon Fabric Frontline in Zürich 91 · Gallery Shop in Basel: Künstlerisches für den täglichen Bedarf 92

Kulturelle Veranstaltungen 93
Ringkampf im Sägemehl 93 · Hereinspaziert: zu Gast beim Zirkus Knie 94 · Zürcher Theater-Spektakel: ein Fest der Gaukler und Illusionisten 96

Am Abend 98
Polygon: Varieté und Dancing in Zürich 98 · Alternative Kultur und Küche: das Rössli in Stäfa am Zürichsee 99 · Treffpunkte in Davos: Cabanna und Carlo's Café Américain 100

Ausflugsfahrten, Wanderungen, Spaziergänge 102
Panoramafahrt mit dem Glacier Express 102 · Via-Mala-Schlucht: Blick in den Abgrund 104· Zürich per Schiff 106 · Die Eremitage in Arlesheim: Romantik pur 108 · Aktivurlaub vom Feinsten: Radwandern um den Bodensee 109 · Über Stock und Stein im Appenzellerland 111

Nord- und Ostschweiz von A bis Z 113
Von Jürg Bürgi, Claudia Brunner, Rudolf Matter

Informationen für die Nord- und Ostschweiz 114

Anreise114: Mit dem Auto 114 · Mit der Bahn 115 · Mit dem Flugzeug 116 **Auto** 116 **Bahn** 117 **Busse** 118 **Camping** 118 **Diplomatische Vertretungen** 118 **Einkaufen** 119 **Einreise** 120 **Essen und**

Trinken 120: Schweizer Spezialitäten 121 · Schweizer Weine 122 **Feiertage** 123 **Ferienwohnungen** 123 **Ferienzeiten** 123 **Feste und Veranstaltungen** 124 **Fluggesellschaften** 125 **Fremdenverkehrsbüros** 125 **Friedhöfe** 126 **Geld** 126 **Hotels** 127 **Informationsbroschüren** 128 **Jugendherbergen** 128 **Karten und Pläne** 129 **Kuren** 129 **Leihfahrzeuge** 129 **Literatur** 130 **Medizinische Hilfe** 131 **Messen und Märkte** 131 **Militär** 132 **Notrufnummern** 132 **Pflükken und Sammeln** 132 **Polizei** 132 **Post und Telefon** 133 **Reisezeit und Klima** 134 **Rundfunk und Fernsehen** 134 **Sport** 135 **Sprachen** 136 **Trinkgeld** 137 **Zeitungen und Zeitschriften** 137 **Zoll** 138

Städte in der Nord- und Ostschweiz 139

Basel 139

Auskunft 140 · Aussichtspunkte 140 · Auto 140 · Banken 142 · Camping 142 · Einkaufen 142 · Essen und Trinken 143 · Feste 145 · Führungen 146 · Galerien 146 · Hotels und Pensionen 146 · Kirchen 147 · Konzerte 148 · Medizinische Hilfe 149 · Messen und Märkte 149 · Museen 149 Nachtleben 151 · Öffentliche Verkehrsmittel 152 · Parks 152 · Polizei 152 · Post 152 · Radtour 153 · Rheinschiffahrt 153 · Sehenswürdigkeiten 153 · Spaziergänge 155 · Sport 156 · Taxi 156 · Telefon 156 · Theater und Kino 156 · Tiergärten 157 · Wanderung 157 **Ziele in der Umgebung:** *Arlesheim und Dornach* 157 · *Augusta Raurica* 158 · *Bernau* 159 *Colmar* 159 · *Delémont* 159 · *Ecomusée de Haute Alsace* 160 · *Freiberge* 160 · *Kanton Jura* 160 · *Liestal* 161 · *Mariastein* 161 · *Mulhouse* 161 *Ottmarsheim* 163 · *Porrentruy* 163 · *Rheinfelden* 164 · *Ronchamp* 164 *Saignelégier* 164 · *St. Ursanne* 165

Chur 165

Auskunft 168 · Auto 168 · Essen und Trinken 168 · Hotels und Pensionen 169 · Kirchen 169 · Medizinische Hilfe 169 · Museen 169 · Nachtleben 169 · Öffentliche Verkehrsmittel 170 · Polizei 170 · Post 170 · Rätoromanisch 170 · Sehenswürdigkeiten 171 **Ziele in der Umgebung:** *Andeer* 172 · *Appenzell* 172 · *Arosa* 172 · *Bad Ragaz* 173 · *Disentis/Mustér* 174 · Fläsch 175 · *Flims* 175 · *Greina* 176 · *Ilanz* 176 · *Juf* 177 *Laax* 177 · *Lenzerheider-Valbella* 177 · *Maienfeld* 178 · *Mesocco* 178 *Reichenau* 179 · *Rheinschlucht* 179 · *Sargans* 179 · *Savognin* 179 *Sedrun* 180 · *Senda Sursilvana* 180 · *Splügen* 180 · *Tiefencastel* 181 *Tomasee* 181 · *Trun* 181 · *Vals* 182 · *Via-Mala-Schlucht* 182 · *Waltensburg/Vuorz* 182 · *Werdenberg* 183 · *Zillis* 183

Davos 183

Auskunft 184 · Bergbahnen 184 · Essen und Trinken 184 · Hotels 185 Kirchen 186 · Medizinische Hilfe 186 · Museen 186 · Nachtleben 186

Öffentliche Verkehrsmittel 186 · Polizei 186 · Post 186 · Sehenswürdigkeiten 186 · Sport186 · Wanderungen 187 **Ziele in der Umgebung:** *Albulabahn* 187 · *Bergün* 187 · *Filisur* 188 · *Flüelapaß* 189 · *Frauenkirch* 189 · *Grüsch* 189 · *Klosters* 189 · *Küblis* 191 · *Monstein* 191 · *Preda* 191 *Schiers* 191 · *Schlappinatal* 192 · *Schmitten* 192 · *Sertig-Dörfli* 192 · *Vereina* 192 · *Wiesen* 193 · *Zügenstraße* 193

St. Moritz 193

Auskunft 194 · Auto 194 · Einkaufen 195 · Engadiner Architektur 195 Essen und Trinken 196 · Hotels 196 · Kirchen 197 · Museen 197 · Polizei 197 · Post 197 · Sport 197 · Telefon 198 · Volksbräuche 198 **Ziele in der Umgebung:** *Bergell* 198 · *Berninapaß* 198 · *Bivio* 199 · *Celerina* 199 *Fextal* 200 · *Ftan* 200 · *Guarda* 200 · *Lü* 200 · *Maloja* 200 · *Müstair* 201 *Muottas Muragl* 201 · *Nationalpark* 202 · *Pontresina* 202 · *Poschiavo* 203 · *S-chanf* 204 · *Samedan* 204 · *Samnaun* 205 · *Scuol* 206 · *Sils* 206 *Silvaplana* 207 · *Soglio* 208 · *Sta. Maria* 208 · *Stampa* 209 · *Tarasp* 209 *Zernez* 210 · *Zuoz* 210

Zürich 211

Auskunft 214 · Aussichtspunkt 214 · Auto 214 · Einkaufen 215 · Essen und Trinken 216 · Feste 221 · Führungen 221 · Hotels und Pensionen 222 · Konzerte 223 · Märkte 224 · Medizinische Hilfe 224 · Museen 224 Nachtleben 226 · Öffentliche Verkehrsmittel 227 · Polizei 227 · Post 227 Sehenswürdigkeiten 228 · Taxi 228 · Telefon 228 · Theater 228 **Ziele in der Umgebung:** *Baden* 229 · *Bodensee* 230 · *Diessenhofen* 230 · *Einsiedeln* 230 · *Gottlieben* 230 · *Kaiserstuhl* 230 · *Klausenpaß* 230 · *Königsfelden* 230 · *Kyburg* 230 · *Lenzburg* 230 · *Rapperswil* 230 · *Regensberg* 230 · *Schaffhausen* 230 · *Stäfa* 231 · *Steckborn* 231 · *St. Gallen* 231 *Stein am Rhein* 231 · *Wildhaus* 232 · *Winterthur* 232

Der gute Tip von MERIAN nach Orten 233

Register 234

Karten und Pläne

Umschlagkarten: Nord- und Ostschweiz · St. Moritz · Davos · Basel Zürich

Im Text: Chur 167

Hinweise zur Benutzung

Was Sie erwartet:

Erste Begegnung mit der Nord- und Ostschweiz Das bedeutet Einstimmung auf die Reise und erste Fühlungnahme mit einem Land, das es über die Klischees hinaus zu entdecken gilt.

Geschichte und Gegenwart Hier werden Zusammenhänge zwischen gestern und heute aufgezeigt, die zum Verständnis der aktuellen Situation des Landes beitragen sollen.

Der gute Tip von MERIAN Das sind Empfehlungen, wie es sie bisher in keinem Reiseführer gab. MERIAN stellt hier seine Dreisterne-Objekte vor: ausgewählte Hotels und Restaurants, Dornröschenorte, interessante Kirchen und Museen, kulturelle Veranstaltungen, Originelles und Kunstvolles, Vorschläge für Wanderungen und Ausflugsfahrten.

Die Nord- und Ostschweiz von A bis Z
Eine Fülle von Informationen, alphabetisch geordnet und gewichtet, bringt das vierte Kapitel des Führers, das aus zwei Teilen besteht: »Informationen für die gesamte Region« und »Städte in der Nord- und Ostschweiz«. Die Rubrik »Essen und Trinken« beschreibt die regionale Küche und erläutert Spezialitäten des Landes. Damit Sie alles Wissenswerte zum Thema Essen und Trinken schnell finden, sind die entsprechenden Seiten mit einem roten Rand versehen. Im zweiten Teil werden die zentralen Städte beschrieben und die jeweiligen wichtigen Adressen genannt. Diese von uns ausgewählten Städte zeichnen sich alle durch ihre relativ verkehrsgünstige Lage aus, die sich für Ausflüge zu den empfohlenen »Zielen in der Umgebung« anbietet.

Wie ausgewählt wurde:
Wir haben in diesem Führer nur solche Geschäfte, Hotels und Restaurants aufgeführt, die vor dem kritischen Auge und Gaumen der Autoren bestehen konnten. Natürlich ist eine solche Auswahl immer subjektiv, aber wenn das Preis-Leistungs-Verhältnis stimmt, kann man mit Sicherheit von einer angemessenen Empfehlung sprechen.

Warum Preise und Preiskategorien angegeben werden:
Wir nennen in diesem Führer nicht nur Öffnungszeiten, sondern auch Preise und Preiskategorien. Zugegeben: Preise verändern sich, und zwar meist schneller als uns lieb ist. Trotzdem können sie Ihnen als erste Kalkulationsgrundlage dienen.

Abkürzungen:

ACS	Automobil-Club der Schweiz
ADAC	Allgemeiner Deutscher Automobil-Club
Aug.	August
DB	Deutsche Bundesbahn
Dez.	Dezember
Di	Dienstag
Do	Donnerstag
DRS	Deutsche und Rätoromanische Schweiz
DZ	Doppelzimmer
EZ	Einzelzimmer
Feb.	Februar
Fr	Freitag
geschl.	geschlossen
Jan.	Januar
JH	Jugendherberge
Mi	Mittwoch
Min.	Minuten
Mo	Montag
N	Nationalstraße
Nov.	November
Okt.	Oktober
PTT	Post, Telefon, Telegraf
SA	Società Anonima
Sa	Samstag
SBB	Schweizerische Bundesbahnen
Sept.	September
sfr	Schweizer Franken
So	Sonntag
SRG	Schweizerische Radio- und Fernsehgesellschaft
St.	Sankt
Std.	Stunde
TCS	Touring Club der Schweiz
ü. M.	über Meeresspiegel
Zi	Zimmer

An unsere Leserinnen und Leser:
Bitte schreiben Sie uns, welche Berichtigungs- und Ergänzungsvorschläge Sie haben und was Ihnen am vorliegenden Band besonders gefällt.
Für Ihre Stellungnahme dankt Ihnen:

Gräfe und Unzer Verlag GmbH
Reiseredaktion
Stichwort: dtv MERIAN
Postfach 400709
8000 München 40

Liegt Ihnen auch die neueste Ausgabe dieses Reiseführers vor?

Erste Begegnung mit der Nord- und Ostschweiz

Von Michael Maria Mont

Wer der weit verbreiteten Meinung ist, daß in dem kleinen, überschaubaren Land strikte Ordnung herrsche und dem kreativen Chaos keine Nischen zur Entfaltung bleiben, der irrt. Zugegeben, der Organisationsgrad ist beträchtlich, die Anstrengungen, das Staatswesen auszugestalten, sind gewaltig. Kein Lebensbereich bleibt unberührt, und manchmal drängt sich der Verdacht auf, das Land verbrauche seine ganze Phantasie allein dafür. Hinter diesen Mühen steckt jedoch – neben dem klimatisch bedingten Zwang zu Vorratshaltung und vorausschauender Lebensweise – republikanischer Geist und damit Sinn für Gerechtigkeit und Ausgleich.
Welches Gebiet darf als Nordschweiz, welches als Ostschweiz bezeichnet werden? Jeder Schweizer wird diese Frage anders beantworten, abhängig davon, wo er zu Hause ist: Für die Berner und die Nordschweizer aus Basel beginnt die Ostschweiz spätestens in Zürich. Der Bewohner St. Gallens hingegen, Ostschweizer par excellence, fühlt sich schon in Winterthur nicht mehr daheim. »Echte« Ostschweizer bestreiten zudem, daß die Bündner zu ihnen gehören – und nicht einmal die Bündner selbst legen Wert darauf, fühlt sich das Bündnerland doch gern autark ...
Eine Abgrenzung der Begriffe ist plötzlich leicht, wenn es um den Wein geht. Von der Bündner Herrschaft (jenem Gebiet um Maienfeld, wo das wohl bekannteste Frauenzimmer der Schweiz, das Heidi, gelebt haben soll) bis an den Bodensee und weiter nach Westen bis ans Rheinknie von Basel wachsen dieselben Traubensorten: Riesling Sylvaner (in Deutschland Müller-Thurgau genannt) und Blauburgunder. Die Schweizer Önologen kümmern sich deshalb wenig um kantönli-kleingeistige Grenzquerelen und reden von »Ostschweizer Weinen«. Der Anbau des Weins orientiert sich an der Generallinie des Rheins. Folgt man ihr, so lassen sich die Gebiete der Nord- und Ostschweiz, geographisch auch Nordostschweiz genannt, in Fließrichtung aufzählen: Graubünden, St. Gallen, die beiden Appenzell, Thurgau, Schaffhausen, Zürich, Aargau, Basel-Landschaft und Basel-Stadt.

Hier stimmen Postkartenidyll und Wirklichkeit vielerorts noch überein:
blühender Birnbaum im Appenzellerland

Meine ganz persönliche Ostschweiz ist viel kleiner, und ihr Zentrum ist St. Gallen, die Stadt meines heimlichen Heimwehs. Unterhalb des Berneggwaldes führt ein Weg zur Falkenburg, angelegt an jenem Hügelzug, der die Stadt nach Süden abschirmt. Es gibt keinen schöneren Ort, um St. Gallen zu betrachten und zugleich etwas Abstand davon zu bekommen. Hier liegt einem die Stadt zu Füßen, und von hier aus ist auch das mittelalterliche St. Gallen erkennbar. Der Klosterbezirk mit der einmaligen Stiftsbibliothek schließt sich daran an. Hier oben, auf der Falkenburg, habe ich gestanden in meiner Erinnerung – einen Sommer und einen Herbst lang – und habe auf Marianne gewartet, meine Jugendliebe...

Gegenüber der Falkenburg erhebt sich der Rosenberg, der die Stadt nach Norden schützt. Dort wohnten früher die Stickereibarone. Heute steht da die Hochschule der Wirtschaftswissenschaften, eine nordamerikanisch angehauchte Kaderschmiede. St. Gallen, scheinbar peripher gelegen, ist eng verbunden mit den Zentren Basel und Zürich im Westen sowie mit Chur und dem Ferienkanton Graubünden im Süden.

Basel, das »Tor zur Schweiz«, durch das Rohstoffe und Massengüter eingeführt werden, ist zugleich wohl die intellektuellste Stadt im deutschsprachigen Raum der Schweiz. In diesem Stadtstaat bestehen keine Berührungsängste gegenüber den bildenden Künsten, dem Theater oder der Musik. Die geographische Lage der Stadt – am Rand des Landes, am Rhein, im Schnittpunkt der Grenzen Deutschlands, Frankreichs und der Schweiz – zwingt zur Auseinandersetzung mit einer großen Anzahl von Fremden, Ausländern, Zugezogenen. Daß die Stadt dies auch immer als Chance begriffen hat, macht ihre Stärke aus. Und es hat Tradition: Es war schon so, bevor Basel sich 1501 der Eidgenossenschaft anschloß – aus sicherheitspolitischen Überlegungen, nicht etwa aus Liebe. Auch danach blieb die Stadt offen für freie Geister. Hier lebten Erasmus von Rotterdam und Paracelsus. Letzterer strapazierte die Toleranz seiner Zeitgenossen wohl doch zu sehr: Er machte in seiner Eigenschaft als Basler Stadtarzt den Kurpfuschern und Pillendrehern das Leben so schwer, daß er schließlich bei Nacht über die Stadtmauern klettern mußte, um seinen Kopf zu retten.

Kritiker von Pharmazie und Chemie haben auch heute noch einen schweren Stand in der Stadt. Basel ist die Apotheke der Welt. Hier wurden die ersten Vitamine synthetisiert, das DDT erfunden und das LSD entdeckt. Medikamente wie das Valium sind weltweit bekannt. Die chemische Industrie sorgt für die wirtschaftliche Blüte der Stadt – und sie versetzt sie gelegentlich in Angst und Schrecken. So etwa,

Das Benediktinerkloster war einst die Keimzelle der Stadt St. Gallen. Die Stiftskirche entstand zwischen 1775 und 1766

wenn gedroht wird, sich mit der Produktion ins Ausland abzusetzen; wenn chemische Reaktionen plötzlich nicht mehr in erwarteten Bahnen verlaufen und Giftstoffe freigesetzt werden – oder wenn es gar einen Großbrand mit verheerenden ökologischen Folgen gibt wie 1986 bei Sandoz. Die Basler müssen für ihren Wohlstand einiges in Kauf nehmen. Die Chemie ist immer gegenwärtig. Es wird behauptet, daß es Basel ohne sie nicht gäbe; daß die Stadt dann nur ein Dorf mit zwei Zollhäuschen wäre. Trotz der allgegenwärtigen Großkonzerne war Basel nicht das Schicksal Zürichs beschieden: Basel hat sich nicht internationalisieren lassen, sondern seine Eigenart bewahrt.

Das Baseldeutsch klingt in den Ohren der übrigen Schweizer spitz. Es ist im Rhythmus flott und scheint sich für Spottverse hervorragend zu eignen. In kultivierter Form kann man dies zumindest einmal im Jahr genießen, wenn während der drei Fasnachtstage im Fernsehen und in den Tageszeitungen die Schnitzelbänke veröffentlicht werden.

Damit sind wir bei einem ernsten Punkt angelangt: Die Basler Fasnacht, Naturereignis und zugleich heilige Kuh, darf nicht mit Faschingsveranstaltungen in Deutschland verglichen werden. Die Basler Fasnacht bricht erst über die Stadt herein, wenn die alemannische Fasnacht ausgetobt hat. Der reformatorische Ursprung ist heute noch greifbar, genau wie der militärische Charakter der Trommler und Pfeifer mit ihren traurigen Märschen. In der Fasnacht scheint mit einemmal das melancholische Gemüt der Menschen auf, die am Ende der oberrheinischen Tiefebene leben, innerlich nach Norden blicken und dem Lauf des Rheins folgen; die instinktiv darum wissen, daß ihr kultureller Nährboden in der Rheinebene liegt und nicht etwa im Süden, im Innern der Schweiz. Doch da ist die Landesgrenze, und diese Situation, dieses Überlappen des politischen und kulturellen Stammlandes, macht aus dem Stadtstaat gleichsam eine Insel. Die Basler sind Insulaner, neugierig und vorsichtig zugleich. Das erleichtert allen Nicht-Baslern die Eingewöhnung. Es ist nicht besonders schwierig, um sogenannte Berufs-Basler einen Bogen zu machen, und wenn das gelingt, erfährt man die Stadt zu Recht als offen und sensibel.

Basels Rivalin hieß lange Jahre Zürich. Inzwischen haben sich die Städte derart verschieden entwickelt, daß der eifersüchtige Vergleich immer mehr zur Farce wird. Zürich ist nicht durch geschickte Politik zur heutigen Bedeutung gelangt; die Wirtschaft hat die Gravita-

Zürich, die Wirtschaftsmetropole der Schweiz, hat sich seinen mittelständischen Charme bewahrt: Limmatufer mit Großmünster

tion gebracht. Die Stadt ist zusammen mit dem Umland, dem Kanton, der wirtschaftlich leistungsfähigste Motor der Wohlfahrtsgesellschaft Schweiz. Industrie und Dienstleistungen aller Art (gern finanzieller Ausrichtung) erzeugen aufgrund ihres Erfolgs eine Sogwirkung, die in der übrigen Schweiz leicht als bedrohlich empfunden wird. Zürich hat aber auch einen hohen Preis dafür zu zahlen. So ist zum Beispiel aus der berühmten Zürcher Bahnhofstraße ein des Nachts toter Boulevard geworden, weil sich »gewöhnliche« Vergnügungsstätten wie Restaurants und Kinos auf dem überteuerten Pflaster nicht mehr haben halten können. Tagsüber aber gehört die Straße zu den Sehenswürdigkeiten der Limmatstadt. Die Geschäfte stellen ihre Waren nach dem neuesten Geschmack aus. Meist sind die Preise zum Erbleichen; Schmuck, Uhren, Stoff und Leder dominieren und haben gerade eben noch Platz zwischen den vielen Banken. Vor diesen Instituten ein paar Minuten zu verweilen lohnt sich: Es gehen da Leute ein und aus, wie man sie aus den Filmen kennt; Leute, die der von Friedrich Dürrenmatt geprägten Bezeichnung des »Raubaffen« sehr nahe kommen.

Aber Zürich ist nicht allein die Stadt des Geldes und der Machtkonzentration auf kleinstem Raum, die wohl im Handels- und Industrieverein eine treffende Verkörperung erfährt. Zürich stellt mit seiner Quirligkeit der behäbigen Bundesstadt Bern eine erfrischende Unkompliziertheit entgegen. Der Zürcher ist weniger dickschädelig und daher agiler als der Berner. Zugleich ist er weniger dünnhäutig und bei weitem nicht so verletzlich wie der Basler. Der Zürcher gilt als typischer Deutschschweizer. Er erscheint unter Schweizern als unbekümmert, liebenswürdig und etwas laut. Nicht zuletzt deshalb hat Zürich das Zeug zur Weltstadt im Taschenformat.

In Zürich stehen die wichtigste Universität im Land, die größte Technische Hochschule und die bedeutendste Schauspielbühne, auf der einst die emigrierten deutschen Protagonisten das Beste gaben. Zürich ist die Stadt der Kunstgalerien, und Zürich ist nach Genf die kulinarischste Stadt der Schweiz. Die gastronomische Landschaft ist vielfältig. Es findet sich für jeden Geschmack und auf jedem Niveau das passende Lokal. In Zürich erscheint zudem die »Neue Zürcher Zeitung« und damit jenes Blatt, das weltweit über die größte Zahl exklusiv arbeitender Auslandskorrespondenten verfügt. Das dokumentiert das enorme Informationsbedürfnis der Zürcher und der Schweizer als Kleinstaatler überhaupt.

Was Baslern und Zürchern gemein ist, sind die Ferien im Bündnerland. Zusammen mit den St. Gallern fahren sie in dieses Gebirgsland, das von einer ganz eigenen, großen Schönheit ist. Im Bünd-

Blitzblanke Bergidylle – und mittendrin der Viehmarkt von Appenzell

nerland, das von den sogenannten »Unterländern« meist über die Pforte Chur erobert wird, fehlt das urbane Moment. Einzig Chur, die alte Bischofsstadt, versucht sich in Andeutungen darin.
Wer sich das Bündnerland erschließen will, der lasse das Privatfahrzeug stehen. Die reizvollste Art, in die Täler und zwischen die Berge zu gelangen, bietet die Rhätische Bahn. Auf Schmalspurgleisen ringelt sie sich um jeden größeren Felsen. Eine Fahrt in einem der Speisewagen ab Chur ist für mich auch heute noch eines der köstlichsten Reiseerlebnisse. Und wenn etwa auf der Fahrt von Chur nach St. Moritz ausgerechnet über dem halsbrecherischen Landwasserviadukt der Oberkellner die Grappa aus großer Höhe in das fingerhutkleine Gläschen sprudeln läßt, dann ist die Reise auf ihrem Höhepunkt angelangt, und die Fahrgäste glauben etwas von einem gemeinsamen und gütigen Schicksal zu spüren.
Nachdem der Zug durch den Albulatunnel gezuckelt ist, tut sich der helle Bogen des Engadins auf. Nun ist es nicht mehr weit nach St. Moritz, wo es neben einigen Bündnern wieder jene Leute zu sehen gibt, die wir vor den Portalen der Zürcher Banken beobachtet haben. Doch jetzt tragen sie Sonnenbrillen. Sie sind braungebrannt und freuen sich aufs Pferderennen auf dem gefrorenen St. Moritzer See, auf eine der großartigen und immer originalen Partys im Palace-Hotel,

In St. Moritz werden sogar Pferderennen als »Wintersport« betrieben

und immer sind sie froh darüber, ungestört unter ihresgleichen sein zu können.

In St. Moritz kann aber auch Ferien verbringen, wer sein Geld selber verdient. Darauf ist die Hotellerie ebenfalls eingerichtet, und die Landschaft und die einmalige Luft sind ohnehin für alle jene wie geschaffen, die sich und ihrer Gesundheit etwas zuliebe tun möchten. Im Engadin ißt, wandert und schläft man gut. Alle anderen Wünsche erfüllen sich da wie von selbst.

Geschichte und Gegenwart

Von Eva Geel

Ein allgemeines Wehklagen hebt an im Lande. Es geht um Großes, um nichts Geringeres als um die Zukunft der Schweiz. Was soll, so klagt man furchtsam allenthalben, fürderhin aus der Eidgenossenschaft werden, diesem gebirgigen Kleinstaat im Herzen Europas, wo noch schneeverhangene Gipfel und grüne Auen locken, wo Kühe geruhsam kauen und Friede sich in die Seele des Beschauers senkt? Was soll aus einem Land werden, wo sich seit Jahrhunderten mannhafte Kerle mit Mistgabel oder Sturmgewehr, je nach Zeitgeist, gegen fremde Herren wehren, hart arbeiten und ansonsten schlichten Herzens Gold horten und Käse essen?

Es droht Gefahr: Europa. Der Beitritt zum einigen Europa, heißt es, bedeute das Aus für den »Sonderfall Schweiz«, wie er durch die Köpfe von In- und Ausländern spukt. Ginge es beim Beitritt zu Europa nur um dieses eine Problem, so wäre es keines. Denn dieses sondergefällige Bild der schön gewehrigen Schweiz war nie Wirklichkeit.

Die Geschichte der Eidgenossenschaft, wie sie erst kürzlich andächtig begangen wurde, ist ein Konstrukt des letzten Jahrhunderts. Damals formierte sich die Schweiz, wie andere europäische Nationen auch, zum modernen Bundesstaat. Doch anders als andere Staaten konnte das schweizerische Identitätsgefühl nicht auf der gemeinsamen Sprache, der gemeinsamen Kultur oder der gemeinsamen Rasse aufbauen. Denn in der Schweiz parlierten die Menschen in vier verschiedenen Sprachen, fühlten sich vier verschiedenen Kulturen zugehörig. Also mußte das benötigte Gefühl der Zusammengehörigkeit anders hergestellt werden – ein historischer Mythos wurde gebastelt, eine historische Mär, die auf drei zentralen Elementen beruht: Zum einen existierte in der Schweiz vor vielen hundert Jahren eine freie Gemeinschaft von gleichgesinnten Bauern und Hirten. Zum andern wurde die idyllische Gruppe von außen bedroht, in Sage und Literatur verkörpert durch den schurkigen Landvogt Gessler, der als Repräsentant der habsburgisch-österreichischen Macht von Volksheld Tell zum Teufel respektive ins Jenseits gejagt wurde. Und zum dritten gründete die Gemeinschaft ein demokratisches Staatsgebil-

Bis zu zehn Meter lang können die traditionellen Schweizer Alphörner sein, die meist aus dem Stamm einer Tanne geschnitzt werden

de, um auch weiterhin fremde Herren erfolgreich vergraulen zu können.
Keine Frage, das Selbstbild schmeichelt und ist auch in modernen Zeiten durchaus von Nutzen. Heute sind die fremden Herren nicht mehr die Österreicher, sondern Faschisten, Kommunisten oder eben EuropäerInnen. Oder, wie es ein rechter Politiker und EG-Gegner mit Bezug auf den Zweiten Weltkrieg prägnant formulierte: »Es waren (damals) Barbaren, Nationalsozialisten. In der EG handelt es sich um zivilisierte Staaten.« Ein Trost, immerhin.

Gründungssage und Wirklichkeit

Der historische Stichtag für die Legenden-Fertigung ist der 1. August 1291. Zu diesem Zeitpunkt haben sich, so bezeugt eine Urkunde, die drei Innerschweizer Orte Uri, Schwyz und Unterwalden zu einem Beistandspakt zusammengeschlossen. Militärisch motiviert und kulturell unbeleckt, nahmen sie unerschrocken den Kampf auf gegen die Großmacht Habsburg, die in Person ihrer Landvögte wild und böse wütete im Lande der Eidgenossen. So will es die Sage (»Sag, Vater, was lodert am Berge im Wind?/Das heilige Feuer der Freiheit, mein Kind«), und so wird es noch heute an jedem ersten August mit Höhenfeuer, Feuerwerk und Redeschwall gefeiert. Die historische Wirklichkeit will es anders; ein solcher Beistandspakt war damals durchaus üblich.
Ursprung der Legende könnte ein anderer Vorfall sein. Im 14. Jahrhundert hatte sich die Familie Attinghausen in Uri das einflußreiche Amt des Landammannes einverleibt und versuchte, mit Hilfe einiger einflußreicher Bauernfamilien eine dynastische Herrschaft aufzubauen. Diesem lokalen Machtstreben setzte die Bevölkerung per Aufstand ein gewaltsames Ende. Nicht der helvetische Widerstand gegen auswärtige Tyrannen also, sondern ein lokaler Aufstand gegen einen hausgemachten Potentaten hat wohl Geburtshilfe bei der Entstehung der Schweiz geleistet. Und dabei wurde auch nicht die hierarchische Gliederung der Gesellschaft in Frage gestellt, sondern schlicht Widerstand gegen Veränderung geleistet.
Mit gutem Grund. Denn die Zeichen der Zeit standen auf Sturm. 1291 war das Gebiet der heutigen Schweiz aufgeteilt in viele kleine Besitztümer von Adeligen, Klöstern und Bischöfen und überlagert von vielen Rechten verschiedener Herren. Und in ganz Europa kämpften diese hohen und niederen Adeligen um Macht, Land und Leute. Während sich im übrigen Europa meist die Landesherren – Könige und

Der nationale Mythos vom Volkshelden Wilhelm Tell wird in farbenprächtigen Historienspielen aufrechterhalten

Fürsten – durchsetzten, spielten in der Schweiz bald die aufstrebenden Städte eine zentrale Rolle. Die städtischen Handwerker und die Kaufleute, die mit dem Fernhandel in den Osten gutes Geld machten, wurden zum dynamischen Element der mittelalterlichen Wirtschaft. Die Städte, vor allem Bern und Zürich, dehnten ihr Territorium immer mehr aus. Sie profitierten vom allmählichen Niedergang des ländlichen Adels, der Länderei um Länderei verpfänden oder verkaufen mußte. Manches Mal eroberten die Städte die begehrten Gebiete gewaltsam oder brachten sie im Bedarfsfall auch durch politische Ränke oder schlichte Erpressung unter Kontrolle. Auch dies ist in den Grundzügen ein ganz normaler gesamteuropäischer Vorgang. Der Sonderfall Schweiz fand also – noch – nicht statt.

»Kuhschweizer« kontra Ritter-Bauern

Dennoch – um 1300 war die Schweiz noch größtenteils bäuerlich, und langsam entwickelte sich ein gemeinsames Bewußtsein, notgedrungen fast, denn die adelige Politpropaganda begann, über die tumben »Kuhschweizer« herzuziehen. Dieser Kollektivanwurf wurde später von den Schwaben noch erweitert; sie schmähten die Eidge-

Eigenwillig und stolz: Die Schweizer Bergbauern sind ein ganz besonderer Menschenschlag

nossen mit der offenbar unglaublich üblen Anschuldigung »Melkerknaben«. Im 16. Jahrhundert stimmten dann auch die Städter in die Bauernbeschimpfung ein. Denn, welch ein Graus, die Landbevölkerung wußte nicht einmal gefällig mit Messer und Gabel zu hantieren. Die Bauern schienen nur wenig besser als das unvernünftige Vieh, das sie nährte.

Besagte Kuhschweizer setzten diesen Verbalattacken ihr ganzes Selbstbewußtsein entgegen. Und das war vor allem bei den Bergbauern nicht gering. Sie entwickelten einen ritterlich-aristokratischen Stolz, der dem des niederen Adels sehr nahe kam. Schließlich durften sie sich im Unterschied zu den Flachlandbauern bewaffnen und in relativer Freiheit ihre unwegsame Scholle bestellen und Vieh züchten. Der karge Boden bot auch Vorteile. Denn in den ertragsarmen Alpengebieten mußten die Menschen den Boden solidarisch und gemeinschaftlich bewirtschaften. Das Zusammengehörigkeitsgefühl war dementsprechend groß, um so mehr als die unzugängliche Region vom Lehenswesen kaum erfaßt wurde. Deshalb konnten sich in der Innerschweiz starke lokale Kräfte entwickeln. Und auf die stießen die österreichischen Habsburger, als sie im 14. Jahrhundert versuchten, sich den direkten Zugang zu den überaus einträglichen Alpenpässen zu sichern und ihre verschiedenen Rechte und Besitzungen in diesem Teil ihres Reiches zu vereinheitlichen.

Morgarten und das geknüttelte Habsburg

Gegen den neuen Anspruch der alten Herrschaft setzten sich die Innerschweizer jedoch zur Wehr. Raufhändel waren häufig. Als die Schwyzer raubzugartig gegen das reiche Kloster Einsiedeln zogen, bot dies dem Herzog von Habsburg willkommene Gelegenheit, die mißliebigen Innerschweizer zur herrschaftlichen Räson zu bringen. Bei Morgarten am Aegerisee kam es 1315 zur Schlacht. Die Sage berichtet, was sich zugetragen hat: »Wie eine angelassene Lawine fuhren die Hirtenvölker der drei Länder zu Tal auf das überraschte und erschrockene Heer des Herzogs Leopold hinab.« Sie hätten mit »ihren blitzenden Hellebarden und gezähnten Knütteln gar tüchtig und erbarmungslos« den »Menschenbrei« gerührt und zur kopflosen Flucht gezwungen. Die Eidgenossen gingen, wen wundert's, mit beträchtlich gestärktem Selbstbewußtsein aus dem Kampf hervor.

Und damit schlossen sich die drei Waldstätte zu einem trutzigen Schutzbund zusammen, der ihnen innere Sicherheit und eine gemeinsame Außenpolitik liefern sollte.

Die Alpenfeste, ökonomisch so begehrt als Handelsverbindung und militärisch so schwierig einzunehmen, prägte schon früh das Wirtschaftsleben in der Schweiz. Nicht nur garantierte sie den Kaufleuten in den Städten steigende Einkünfte, sondern lieferte den Berglern zudem ein willkommenes Zusatzeinkommen. Die Gemeinden stellten in Saumgenossenschaften den Transport über die gefährlichen Schluchten und Höhen der Alpen sicher; und sie verdienten tüchtig daran. So gut, daß sich einige Gemeinden sogar von Abgaben losoder in die Reichsunmittelbarkeit zurückkaufen konnten. Das heißt, sie waren künftig nur noch direkt dem Herrscher des Deutschen Reiches unterstellt und nicht mehr zusätzlich einem adeligen Lehensherrn.
Doch trotz dieses Unabhängigkeitsstrebens und trotz Morgarten drohten die Habsburger noch immer, ihre Herrschaft auszubauen. Gut 70 Jahre nach Morgarten wagten sie einen zweiten Waffengang gegen die Innerschweizer. Die drei Urkantone wurden unterstützt von der Stadt Luzern, die zwar zum habsburgischen Einflußbereich gehörte, wirtschaftlich aber die gleichen Interessen hatte wie die Waldstätte. Zudem hatten sich die Innerschweizer durch ausgedehnte Paktiererei mit Zürich, Glarus, Zug und Bern verbunden. Die Schlacht fand 1386 bei Sempach statt. Und wieder wurden die obrigkeitlichen Truppen geschlagen, diesmal mit verheerenden Folgen für Habsburg: Herzog Leopold III. fand den Tod, die habsburgische Macht brach zumindest im westlichen Landesteil zusammen. Und die eidgenössischen Orte machten sich, nicht faul, das Vakuum zunutze und griffen sich einige der praktisch wehrlosen habsburgischen Gebiete, wie den Thurgau oder den Aargau.

Helvetische Kriegsknechte machen Europa unsicher

Und damit begann eine ausgedehnte schweizerische Militär- und Expansionspolitik. Die eidgenössischen Orte schlugen sich Seite an Seite mit den Herzögen von Mailand und im Namen des deutschen Königs mit Karl dem Kühnen von Burgund und seinen Heerscharen. Noch heute lernen die Schulkinder mit einem stolzen Spruch, was der Krieg gegen die tapferen Eidgenossen den burgundischen Herrschern gekostet habe: »Bei Grandson das Gut, bei Murten den Mut, bei Nancy das Blut.« Doch nicht nur fremden Herren wurde der Krieg angesagt. Wenn es um Land und Macht ging, schlugen sich die Eidgenossen auch schon mal untereinander die Köpfe ein. Überhaupt entwickelte sich das Geschäft mit dem Krieg zu einem rentablen

Die Rüstungen im Schweizerischen Landesmuseum in Zürich erinnern an die Zeit, da eidgenössische Kriegsknechte als Söldner in ganz Europa kämpften

Tagewerk der männlichen Bevölkerung. Zu Hunderttausenden verdingten sich die Schweizer an fremde Herren. Für gutes Geld nahmen sie auch in Kauf, daß sie auf dem Schlachtfeld manches Mal »freundeidgenössischen« Berufskollegen gegenüberstanden, die sie vom Leben zum Tode befördern mußten. Ganz Europa lehrten diese Söldner das Fürchten.

Erst in der frühen Neuzeit waren die eidgenössischen Kriegsknechte den modernen Kampfmethoden nicht mehr gewachsen, und 1515 bei Marignano wurden sie blutig zusammengehauen. Damit verabschiedeten sich die Schweizer Orte auch von ihrer Großmachtpolitik. Dafür blieben sie bis ins 19. Jahrhundert das Soldatenmagazin Europas; allerdings mußten sie schon mal, wie in Neapel, mangels Krieg etwas unheldenhaft Strümpfe stricken, um die Langeweile zu überwinden.

Die Städte

Der Unterschied zwischen den wirtschaftlich dynamischen, aufstrebenden Städten und den bäuerlich-traditionellen Landkantonen begann sich immer mehr zu vergrößern. Die einzelnen Orte machten jeweils individuelle und von ihrer Interessenlage bestimmte Politik. Zwar oft zufällig, doch dafür stetig breitete sich ein filigranes Bündnisnetz über das Gebiet der heutigen Schweiz aus. Die Städte übernahmen immer mehr die Führung in diesem Staatenbund. Und das bedeutete Herrschaft der Zünfte. Denn in den Hauptorten hatten sich in internen Auseinandersetzungen vielfach die Händler und Handwerker an die Macht gebracht. In Zürich, Basel und St. Gallen etwa spielten sie eine zentrale wirtschaftliche und politische Rolle. In anderen Städten allerdings, wie beispielsweise in Bern, wurde der Große Rat nicht von den Zünften, sondern von einem patrizischen Regiment bestellt, das durch Heiratspolitik und ausgeklügelte Vetternwirtschaft mißliebige Außenseiter von der Macht fernhielt. Eine Stadtaristokratie setzte sich fest, die sich vor allem mit Solddienst und der Verwaltung und Eroberung von Untertanengebieten beschäftigte.

Raufhändel und lose Sitten

Wenn man nicht seine Kriegsdienste im Ausland verkaufte, war der bäuerliche Alltag eher gleichförmig, durchbrochen nur von einer verschwenderischen Festkultur, die das Leben mit kirchlichen Riten, üppigen Freß- und Saufgelagen, blutigen Kampfspielen, erotischen Ausschweifungen und ausgelassenen Umzügen auflockerte. Sogar in Badehäusern wurde weniger der Hygiene als der Geselligkeit gefrönt. So schreibt ein italienischer Reisender, einigermaßen schokkiert ob soviel Sinnenfreude, 1417 aus dem Kurort Baden nach Hause: »Lächerlich ist es anzusehen, wie beides, alte Mütterchen und junge Mädchen vor den Augen aller hinabsteigen und sich, nackt, wie sie sind, den Blicken der Männer preisgeben.« Die nach Geschlecht getrennten Badenden könnten durch Fensterchen miteinander schäkern und sich, wie es häufig geschehe, sogar berühren. Und Gipfel des Voyeurismus: Über den Bädern habe man »Galerien gebauet, wo sich Mannespersonen zum Zuschauen und Plaudern ein-

Die beschauliche alte Bischofsstadt Chur ist der Hauptort Graubündens, des größten Kantons der Schweiz

PHILIPS
für licht
PHILIPS
MS Riviera ZH 62

Ländliche Volksfeste bieten Gelegenheit, bäuerliche Trachten vorzuführen und das Brauchtum zu pflegen

finden«. Und als er feststellen muß, daß die ganze Karessiererei noch nicht einmal eifersüchtige Ehemänner auf den Plan ruft, bleibt ihm nichts als der Ausruf: »Oh, Sitten, wie unähnlich den unsrigen!« Wenn vielleicht auch nicht in amourösen Eifersuchtsszenen, so tobten sich die Männer doch allemal in Raufhändeln und Gewalttätigkeiten aus. Denn stellt man sich die Schweiz nun, den Worten unseres italienischen Gewährsmannes entsprechend, als Hort des Friedens vor, so irrt man tüchtig. Totschlag und Brandstiftung galten zwar auch während der Fastnacht als verboten, doch Prügel und das Abdecken von Dächern liefen unter der Rubrik »Scherz«. Höhepunkt einer solchen, angeblich harmlosen Verlustiererei war der Saubannerzug von 1477, als innerschweizerische Freischaren trunken von Alkohol und Streitlust nach Genf zogen und die schockierte Stadt zur Zahlung einer Kriegsentschädigung zwangen.

Die Kluft zwischen Stadt und Land wächst

Die staatlich sanktionierte Prügelei zahlte sich aber auch in einem durchaus legalen Bereich aus. Auf dem Land bildete sich eine Oberschicht heraus, deren Vermögen vor allem auf Solddienst und Viehzucht beruhte. Die städtische Elite hingegen verdankte ihren Wohlstand Handel und gewerblicher Produktion. Und dabei geriet das Land langsam ins Hintertreffen. Denn die städtischen Verlagsunternehmer kontrollierten einen großen Teil der ländlichen Heimarbeiter und deren Produktion. Und auch beim zunehmend staatlich organisierten Solddienst stellte das Land vielfach nur mehr das Fußvolk, derweil die gutbezahlten Offiziere aus der Stadt stammten. Als Landbesitzerin belegte die Stadt die Bauern überdies noch mit Steuern und Abgaben. Kein Wunder also, daß die Spannungen stiegen. Die Bauern wehrten sich mit aller Kraft mit Aufständen und Krawallen gegen die Machtkonzentration in den Händen der Städter, die versuchten, die alten Rechte der Bauern einzuengen. Die Zürcher Bauern etwa rückten vor ihre Hauptstadt, als Bürgermeister Hans Waldmann die Gegend mit rücksichtsloser Gewalt unterdrückte, die Hunde der Bauern abschlachten ließ, weil die das Jagdvergnügen der Gnädigen Herren störten, und sich gleichzeitig auch noch maßlos an französischen Pensionsgeldern bereicherte. Die erbosten Landwirte vereinigten sich mit erzürnten Handwerkern, ergriffen Waldmann und machten ihm den definitiven Garaus. Die Stadt Zürich gedenkt heute nicht stolz der Rebellen, sondern des gierigen Sohnes: Waldmann schmückt hoch zu Roß den Platz vor dem Stadthaus.

Basel, die Stadt am Rhein, gelangte bereits im Mittelalter als Handelsplatz zu Bedeutung

Die Reformation

Die Bauern gehörten langfristig zu den Verlierern. Im Bauernkrieg von 1653 wurden sie endgültig »gebodigt«. Auch die inneren Orte, meist bäuerlich strukturiert, erlebten Rückschläge. Während der Reformation zeichnete sich eine Spaltung der Eidgenossen ab: Die Stadtkantone wurden mehrheitlich reformiert, allen voran die Kantone Zürich und Genf mit Huldrych Zwingli und Johannes Calvin. Die Bewegung propagierte ein neues Arbeitsethos – fortan galt Arbeit als geheiligt und Müßiggang als Sünde. Als Zürich, das in der Restschweiz noch heute als Ort sinnenfeindlicher Plackerei gilt, den Reislauf verbot, kam es zum Eklat. Die katholische Innerschweiz, existentiell abhängig vom Solddienst, mochte sich das nicht gefallen lassen und verbrannte zur Strafe einen evangelischen Pfarrer. Die Protestanten stürmten dafür ein Kloster. Schließlich kam es zum Krieg – Zürich zog gegen die Innerschweiz. Doch die Ur-Eidgenossen waren sowohl besser motiviert als auch organisiert und zwangen Zwingli und seine Truppen wie weiland Habsburg in die Knie. Doch auch damit konnten die Landkantone ihren Niedergang nicht aufhalten.

Tagsatzung, Zünfte und Widersprüche

Die Eidgenossenschaft bestand im 17. Jahrhundert aus 13 Orten von Uri bis Basel, von Freiburg bis Appenzell. Per Bündnis waren sie verbunden mit Orten wie Genf, Neuenburg, St. Gallen und den zwei großen Alpenrepubliken Wallis und Graubünden. Auf der untersten hierarchischen Stufe standen die kantonal oder gemeinsam verwalteten Untertanengebiete, »gemeinsame Herrschaften« genannt. Alles war auf Harmonie angelegt: Im höchsten gemeinsamen Entscheidungsgremium, der Tagsatzung, hatte jeder Ort eine Stimme, ungeachtet Größe oder Wichtigkeit; jeder Entscheid mußte einstimmig gefällt werden, sonst war er ungültig. Die Innerschweizer, Appenzeller, Bündner und Walliser verwalteten sich selbst und konnten ihrem Mut oder Unmut an öffentlichen Landsgemeinden Luft machen. Im Mittelland hingegen waren die Menschen auf die Gnade der städtischen »Gnädigen Herren« angewiesen.
Und die zeigten sich nicht immer von der menschenfreundlichsten Seite. Die ständische Gesellschaft geriet im 17. und 18. Jahrhundert in immer größere Widersprüche. Die Zünfte verhinderten mit strengen Regelungen und Kontrollen jegliches Wachstum in ihren Bran-

chen. Zugleich wurde das Zunftsystem durch die entstehende Textilindustrie unterlaufen. Und die Bevölkerung nahm zu – unablässig. Die Schweiz konnte ihre Bewohner nicht mehr ernähren, sie wurde ein Auswanderungsland. Zuhauf zogen die, wie man sie heute nennen müßte, Wirtschaftsflüchtlinge ins entvölkerte, kriegsversehrte Süddeutschland, nach Preußen oder noch weiter in den Osten. Gleichzeitig vollzog sich in der Landwirtschaft ein Strukturwandel.

Die bäuerliche Welt wird umgebaut

Zwar erregte der Schweizer Bauer in ganz Europa Bewunderung – aber zu Unrecht. Denn der Respekt galt einer kleinen Minderheit von begüterten und relativ gebildeten Großbauern. Der große Rest war bei weitem nicht so gut gestellt. Viele mußten sich ganz oder teilweise als Halbbauern oder Tagelöhner durchschlagen. Und ihre Situation verschlechterte sich zunehmend. Denn die Großbauern begannen, rationelle Anbaumethoden einzuführen. Der Gemeindebesitz, auf den viele der kleineren Bauern angewiesen waren, verschwand allmählich und wurde individualisiert – ebenso wie der Profit. Die sozialen Ungleichheiten verschärften sich massiv. Randgruppen wie Heimatlose, Bettler, Fahrende wurden verfolgt, eingesperrt oder auf venezianische Galeeren verfrachtet. Um eine Rechtfertigung waren die Machthaber nicht verlegen. Wer arm war, war faul und selbst schuld. Das mußte bestraft werden.

Napoleon, Nationalgefühl und eine neue Verfassung

Das politische System war aus dem Gleichgewicht und brach alsbald zusammen. Als Napoleon 1798 Truppen gegen die Schweiz schickte, erging sich die Tagsatzung noch einmal in unerschütterlicher Bundestreue und glühendem Nationalgefühl – und löste sich auf. Berner und Innerschweizer leisteten zwar, von der Obrigkeit angestachelt, ebenso erbitterten wie erfolglosen Widerstand, aber ein Großteil des Volkes begrüßte die Besatzer freudig und tanzte um die Freiheitsbäume. Napoleon verpaßte der Schweiz gleich eine neue revolutionäre Struktur und eine zentralistische Verfassung, in der alle Kantone gleichberechtigt waren. Doch der Zentralismus von Napoleons Gnaden behagte den Eidgenossen überhaupt nicht. Staatsstreich folgte auf Staatsstreich. In einer zweiten Verfassung garantierte der beunruhigte französische Herrscher den Kantonen mehr Autonomie.

Im idyllisch gelegenen Dorf Gais gibt es eine große Zahl der typischen Appenzeller Häuser zu bewundern

Nicht nur auf militärisch-politischem Gebiet sorgte Napoleon für Aufbruchstimmung. Mit der französischen Besatzung entdeckten die Eidgenossen ihr modernes Nationalgefühl. Bereits im 18. Jahrhundert hatten Künstler Alpen und Heimat zum Thema gemacht. Nun wurden nationale Traditionen zu Volksfesten erhoben; in Schlachtenfeiern wurde patriotischer Siege gedacht, Denkmäler für ebensolche in Stein gemeißelt. So erinnert etwa das Luzerner Löwendenkmal an den aussichtslosen Kampf, mit dem die Schweizergarde in aufrechter absolutistischer, wenn auch reichlich reaktionärer Manier den französischen König vor dem aufgebrachten Volk retten wollte.

Die Schweiz in der Restauration

Die Reaktion triumphierte gesamteuropäisch. Bereits 1815 wurde ein geschlagener Napoleon auf Nimmerwiedersehen nach St. Helena verfrachtet und Europa im alten königlichen Glanz restauriert. Die Sieger zeichneten die Landkarte neu, die Schweiz wurde in ihren heutigen Grenzen festgelegt. Bern mußte die beiden Kantone Aargau und Waadt aus der Kolonialherrschaft entlassen und bekam dafür den Jura zugesprochen. Was rund 150 Jahre später für beträchtlichen Aufruhr sorgte, als die französischsprachigen Jurassier und Jurassierinnen gegen den Willen der herrschenden Berner ihre Autonomie und einen eigenen Kanton erzwangen.

Die bürgerliche Revolution

Trotz Restauration setzten sich auch nach 1815 die Ideen der Französischen Revolution immer mehr im Volke fest. In einigen Kantonen vertrieben die Liberalen die Konservativen von der Macht, manchmal mit Hilfe von Gewalt. Die politischen Spannungen entluden sich – wiederum unter konfessionellen Vorzeichen – in einem Bürgerkrieg, der 1847 mit dem Sieg der Liberalen endete. Sie setzten die neue bürgerliche Ordnung als revolutionäre Vorkämpfer schon ein Jahr vor den europäischen 48er Revolutionen durch.
Damit war der Weg frei für den modernen bürgerlichen Bundesstaat Schweiz. Und das hieß: zentrale Regierung (siebenköpfiger Bundesrat) in Bern, große Autonomie der Kantone, gemeinsame Verfassung, Abschaffung der Binnenzölle und Vereinheitlichung der Maße und Gewichte. Die Katholisch-Konservativen fügten sich, ohne Begeisterung, versteht sich, in das neue Staatsgebilde. Konfessionelle Aversionen hielten sich noch lange. Bis vor kurzem machten sich beispielsweise die Bauern aus Appenzell-Innerrhoden einen Spaß daraus, ihre Felder just zu dem Zeitpunkt zu begüllen, an dem die reformierten Außerrhodener zu einem feiertäglichen Spaziergang in die weite, reine Natur aufbrachen. Doch immerhin wurden die Interessen der Katholisch-Konservativen gegen die liberal-freisinnige Übermacht im neuen Bundesstaat auf einer allgemeinen Ebene berücksichtigt. In der kleinen Kammer des Parlaments, dem Ständerat, waren alle Kantone ungeachtet ihrer Größe mit zwei Stimmen vertreten.

»Ideologiemanagement by Granit« und Wirtschaftskrise

Die Ruhe, die das freisinnige Regiment der Schweiz bescherte, währte nicht lange. Die neue, wache Schweiz der 48er Revolution, die sich bei den freiheitsliebenden Hirtenvölkern der Alpenregion eine geistige Heimat suchte, erstarrte in der »Gletscherkälte des Hochgebirges«, wie es der Historiker Jakob Tanner ausdrückte. Innenpolitisch setzte ein »Ideologiemanagement by Granit« (Tanner) ein: militärische Härte gepaart mit kultureller Einfallslosigkeit. Und das hielt nun den wahren Schweizer Geist aufrecht, der in den siebziger Jahren des 19. Jahrhunderts allerdings schwer erschüttert wurde. Eine schwere Wirtschaftskrise ließ das Vertrauen schwinden in die Regierenden und in deren Ideologie einer harmonischen bürgerlichen Gesellschaft, die die allgemeine Glückseligkeit gepachtet hatte und auch gleich für die nahe Zukunft versprach. Denn die industrielle Welt hatte ungeahnte und unvorhergesehene Integrationsschwierigkeiten mit sich gebracht.

Nach 1815 kamen aus England billige, maschinengefertigte Produkte. Die Folgen waren katastrophal. Statt beispielsweise mit der Handspindel im eigenen Heim zu schaffen, dabei noch nach den Kindern, dem Haushalt und vielleicht auch noch dem Garten schauen zu können, mußten die Spinnerinnen und Spinner nun an die Fabrikmaschine; und sie konnten noch froh sein darüber. Viele andere verloren durch die Mechanisierung Arbeit und Brot. Ganze Gegenden verelendeten. Die Schweizer Unternehmer rüsteten sich auf Kosten der Arbeiter industriell auf. Denn die einzige Möglichkeit, mit der industriellen Vormacht England mitzuhalten, war, billig zu produzieren. Und das bedeutete unbarmherzige Ausbeutung. Bis zu 15 Stunden und mehr mußten Erwachsene und Kinder sechs Tage in der Woche für wenig Lohn schuften. Die Arbeitsbedingungen waren schlecht; Dreck, Lärm und Gestank schädigten die Gesundheit. Und so mancher Fabrikherr erschlich sich noch etwas Gratisarbeit, indem er die Fabrikuhren manipulierte.

Die Opfer der Industrialisierung

Was blieb, war die Revolte. 1832 stürmten Handweber die erste mechanische Weberei in Uster – vergeblich. Der Maschinensturm konnte die Entwicklung nicht mehr aufhalten. Und diese Entwicklung brachte ihre Opfer nicht nur am Arbeitsplatz zur Strecke: Die Arbeiter begannen, den Frust ihrer anstrengenden und eintönigen Arbeit in hochprozentigem Alkohol zu ertränken. Betrunkene, die lieber im Wirtshaus saßen, statt sich bei Frau und Kindern für den nächsten Arbeitstag zu erholen, konnten die Unternehmer in ihren Fabriken jedoch nicht gebrauchen. Das Bürgertum begann, meist in Person karitativ mitfühlender Frauen, sich im Kampf gegen den Alkoholismus zu engagieren. Und ein Sündenbock für den Trend zur Flasche war auch schnell gefunden – die Frauen waren's, die den Manne zum

Deutlich italienischen Einfluß zeigt das pittoreske Soglio, hoch über der Meira im Bergell

Branntwein trieben. Ein Fabrikinspektor rapportierte 1884 betrübt, daß »Mädchen, die stets in der Fabrik gearbeitet, nie dazu kommen, die Kochkunst zu erlernen, und durch ihr Ungeschick den Mann ins Wirtshaus treiben, das ihn allmählich zum Schnapser heranzieht«.

Das neue Frauenbild

Das durfte nicht sein. Flugs stampften bürgerliche Frauenvereine und der Bund lehrreiche Koch- und Hauswirtschaftsschulen aus dem Boden, wo den Frauen nicht nur nützliche Rezepte, sondern nebenbei auch noch Pünktlichkeit, Ordnung, Sauberkeit und Sparsamkeit beigebracht wurden. Doch nicht nur zwecks Verbreitung bürgerlicher Tugenden geriet das arbeitende Frauenvolk ins öffentliche Blickfeld. Es wurde auch als neuer Massenmarkt entdeckt: Gas- und Elektroherde, Gemüsekonserven, Eingemachtes und Instantprodukte eroberten den Markt. Das weibliche Leben wurde damit allerdings nicht einfacher, denn nun wurden die Standards der Haushaltsführung immer höher gesetzt.
Das Militär mischte im allgemeinen Lehrprogramm für Frauen eifrig mit und ließ sie, wenigstens die bedürftigen, Socken für die Schweizer Soldaten stricken. Denn man hatte festgestellt, daß jeder vierte Soldat, da fußwund, den Feind nicht mehr mit der gebotenen Akkuratesse ins Visier nehmen konnte. Um die Soldatenfüße angemessen zu schützen, mußten die Frauen für schlechten Lohn eine neue, rationelle Strickmethode lernen und sich an Fleiß, Ordnung und Pünktlichkeit im Dienste des Vaterlands gewöhnen; Eigenschaften, die sie selbstverständlich an ihre Kinder weitergeben sollten. Auch sonst durften Frauen immer gern einspringen, wenn Not am Manne war, durften beispielsweise Lohnarbeit leisten, wenn die Männer im Krieg an der Grenze standen. Kamen die Männer zurück, mußten die Frauen ihre Arbeitsplätze wieder aufgeben. Da wundert es kaum, daß die Frauen auch politisch nicht für voll genommen wurden: Das Stimmrecht auf Bundesebene erhielten sie erst 1971. Der Kanton Appenzell-Innerrhoden verweigerte ihnen das kantonale Stimmrecht als Kuriosum der standhaft männlichen Art noch rund zwanzig Jahre länger.

Eine veränderte Welt

Doch nicht nur die Frauen, auch die Männer wurden angepaßt an die neuen Bedürfnisse der industrialisierten Welt. Das Fabrikwesen ver-

Schweizer Käse, ein Produkt von Weltruf: Straßenverkauf in Saas Fee

änderte die Lebensgewohnheiten ganzer Bevölkerungsschichten. Die Fabrikpfeife gab nun den Takt an, in dem alle Arbeiter kollektiv zu werken hatten. Die Mahlzeiten konnten nicht mehr wie früher lange vorbereitet werden. Die Ernährungsgewohnheiten änderten sich ebenso wie Kleidungs- und Schlafgewohnheiten oder die Vorstellung von Hygiene, Freizeit und Brauchtum.

Neue Industrien und eine neue Landwirtschaftspolitik

Die soziale Not war groß. Nur wenige profitierten von der wirtschaftlichen Umwälzung. Neue Industrien wie etwa die Maschinen- und die Eisenbahnindustrie, später die chemische Industrie, die heute noch das Bild von Basel prägt, setzten sich durch. Der Staat begann oftmals, wie beim Verbot der Kinderarbeit, gegen den erklärten Willen der Unternehmer die krassesten Mißstände gesetzlich abzufedern. Und die betrafen nicht nur den industriellen Bereich. Die neuen Transportwege brachten auch die Schweizer Landwirte in arge Nöte. Billiges Getreide aus Übersee ließ die Preise innerhalb von zwanzig Jahren um die Hälfte fallen. Die Schweizer Bauern reagierten konsequent. Sie stiegen auf Viehwirtschaft um, um mit Fleisch, Milch und Milchprodukten Geld zu verdienen. Man kennt den Mechanismus: Bald gab es zuviel Fleisch, Milch und Milchprodukte. Der Bund leistete Hilfe mittels einer ausgeklügelten – und bis heute umstrittenen – Subventionspolitik. Dies geschah auf Drängen einer einflußreichen Bauernlobby und dank des romantisierten Bauernbildes, das sich die Schweiz geschaffen hat.

Von diesem Bild konnte sich nun die Welt gleich vor Ort überzeugen. Denn der Tourismus wurde durch Eisenbahn und Dampfschiffe zum kommerziell überaus ersprießlichen Massenphänomen. Im 18. Jahrhundert noch Kletterplatz für sportfanatische Oberschichtsengländer, wurde die Schweiz mit ihren historischen Stätten und der unverbauten Natur à la Alpenkind Heidi nun zum Freiluftpark Europas.

Der Erste Weltkrieg

Doch in diesem bewunderten Land drohten immer mehr Leute zu verhungern. Sie zogen ins neue Dorado, nach Amerika. Ironie der Geschichte: Einige dieser Auswanderer kehrten im Ersten Weltkrieg als Soldaten wieder auf europäischen Boden zurück. Wären sie in der Schweiz geblieben, hätten sie zwar armseligst darben müssen, wären aber vom Krieg verschont geblieben, denn auf Schweizer Boden wurde im Ersten Weltkrieg nicht gekämpft. Doch die Spannungen zwischen Deutsch- und Welschschweiz waren groß. Die Deutschschweizer Bevölkerung schlug sich verbal auf die Seite des deutschen Kaiserreichs, dieweil die Welschen es mit den Franzosen hielten. Und da machte es die Sache nicht einfacher, daß ein autoritärer Bundesrat den einschlägig bekannten »Franzosenfresser« Ulrich Wille zum obersten Kriegsherrn bestellte. Wille bewunderte öffentlich die straffe deutsche Disziplin, das geordnete Heerwesen, natürlich die Kaiserfamilie, mit der er verbandelt war, und propagierte erfolglos den Kriegseintritt der Schweiz auf deutscher Seite. Nach dem Krieg erweiterte er sein Feindbild noch etwas – er war maßgeblich dafür verantwortlich, daß die Arbeiter, die 1918 während des Generalstreiks für höhrere Löhne und bessere Arbeitsbedingungen auf die

Straße gingen, von den Truppen der Schweizer Armee unterworfen wurden. Sein Sohn blieb der Familientradition treu; er bekannte sich bereits früh zu den Ideen von Adolf Hitler und setzte sich später für das Programm »Kinder der Landstraße« ein, das es der karitativen, also »wohltätigen« Organisation Pro Juventute ermöglichte, zum Beispiel Fahrenden ganz legal ihre Kinder wegzunehmen, damit man sie in Heimen zu »besseren« Menschen bekehren konnte.

Bürgerblock gegen Sozialisten

Denn alles, was unorthodox oder gar sozialistisch war, wurde in jenen Jahren nach dem Krieg scharf bekämpft. Das Bürgertum wußte genau, wo der Feind saß, nämlich links. Folgerichtig krachte es kräftig im politischen Gebälk. Die Liberalen, die sich bis dahin dank des Mehrheitswahlrechts an der Macht gehalten hatten, mußten nach dem Krieg das Verhältniswahlrecht einführen. Und mit einem Schlag saßen die Sozialisten in großer Zahl im Parlament. Die bürgerlichen Parteien schlossen sich jedoch zu einem Block zusammen, um die Arbeitervertreter auch künftig von der Macht fernzuhalten. Und da trafen dann auch erstmals die Interessen von katholischer Kirche und liberalem Staat wieder zusammen. Die Schweizer Bischöfe etwa waren gar nicht zimperlich, als sie 1920 gegen die Sozialisten wetterten, weil die des Teufels seien, und guten Christen die Teilnahme in sozialdemokratischen Organisationen verboten.

»Geistige Landesverteidigung«

Die konsequente Strategie zahlte sich aus. In den dreißiger Jahren ließen sich Sozialdemokratie und Arbeiterorganisationen in den Staat integrieren; allen voran der Verband der Metall- und Uhrenarbeiter, der 1937 einen Vertrag mit den Unternehmern verabschiedete, der Streik als Kampfmittel ausschloß und den Arbeitsfrieden propagierte. Damit verdiente sich die Linke das Wohlwollen des bürgerlichen Staates. Sie wurde 1943 mit dem ersten Bundesratssitz belohnt. Die ganze Schweiz schloß sich in den dreißiger und vierziger Jahren unter dem Eindruck äußerer Bedrohung unter einem neuen Kulturkonzept zusammen wie unter einer ideologischen Käseglocke: Unter dem Stichwort »Geistige Landesverteidigung« und im staatlichen Auftrag konstruierten Ideologen und Kulturproduzenten eine neue – alte – schweizerische Identität. Sie setzten auf bewährte Begriffe wie Heimat, Wehrhaftigkeit und Freiheit und mischten sturen Nationalismus und Militarismus geschickt mit Intoleranz, Rassismus und der Vorstellung einer mythischen Volksgemeinschaft. Zwar grenzte sich die »Geistige Landesverteidigung« klar vom Faschismus ab, doch sie beruhte zum Teil auf derselben Blut-und-Boden-Ideologie, die ganz Europa ins Unglück stürzen sollte.

Die Schweiz und die Flüchtlinge

Die Schweiz geriet in diesem selbstgefälligen Bild der »Geistigen Landesverteidigung« zum Born allumfassender Harmonie. Das konnte schon mal in die völlige Absurdität führen: 1939 zierten hehre Worte die Landesausstellung in Zürich: »Die Schweiz als Zufluchtsort Vertriebener, das ist unsere edle Tradition. Das ist nicht nur unser Dank an die Welt für den jahrhundertelangen Frieden, sondern auch besondere Anerkennung der großen Werte, die uns der heimatlose Flüchtling von jeher gebracht hat.« Der pathetische Spruch, der für das 19. Jahrhundert noch zutreffen mochte, war nun eine schlichte Lüge. Nur wenige Monate zuvor hatte die offizielle Schweiz Hitler-Deutschland dazu überredet, Pässe jüdischer Personen mit einem roten, drei Zentimeter hohen »J« zu kennzeichnen. Damit konnten unerwünschte Personen, wie es alle Juden waren, an der Grenze aussortiert und nach Deutschland zurückgeschickt werden. Ziel der Aktion: Die »Verjudung der Schweiz«, wie es Fremdenpolizei-Chef Heinrich Rothmund ausdrückte, sollte verhindert werden.
Weitherziger als der Bundesrat war die Bevölkerung. Sie zwang die Regierung, die Grenzen wenigstens teilweise zu öffnen, und sorgte dafür, daß in der Schweiz rund 115000 Flüchtlinge den Krieg überlebten – statt der geplanten 7000, die dem Bundesrat gerade noch tragbar schienen. Jüdisches Gold fand leichter den Weg ins Land. Denn die Eidgenossenschaft avancierte zum Goldumschlagplatz Nummer eins. Die Deutschen tauschten hier Gold gegen harte Devisen, mit denen sie in Drittländern kriegswichtige Güter einkaufen konnten. Und bereits damals wußte man, daß dieses Gold zum Teil aus den Vermögen von enteigneten oder umgebrachten Juden stammte.

Eine ganz alltägliche Schizophrenie

Während die offizielle Schweiz mit Deutschland Geschäfte machte, Waffen und Waren lieferte und sich ein Teil der wirtschaftlich-politi-

Nicht nur im Winter ist das beschauliche Ftan im Unterengadin ein beliebtes Ferienziel

schen Elite für die Anpassung an Nazi-Deutschland aussprach, standen die Soldaten an den kriegsumtosten Grenzen und schauten bang ins brennende Europa. Der Wehrwille war stark, ebenso groß wie der Widerspruch zwischen amtlich abgesegneter Handelspolitik und rhetorischer Beschwörung des Widerstandes, zwischen öffentlich postulierter Moral und ökonomischer Wirklichkeit. Diese Schizophrenie erscheint fast wie eine historische Konstante in der Eidgenossenschaft – die sogenannten »guten Dienste« als Ablaß, um sich von den Sünden loszukaufen. Der Schweizer Dramatiker Friedrich Dürrenmatt tat das von einem Schweizer gegründete und von Schweizern geleitete Rote Kreuz gar schlicht als »Nachtapotheke« ab, die helfe, der Schweiz einen harmlos-nützlichen Anstrich zu geben, derweil sie doch eigentlich ein Wolf sei.

Gleichgültigkeit und Entfremdung

Kein Wunder, reagieren viele nur noch mit Achselzucken, wenn die Diskrepanz zwischen öffentlicher Moral und Realität wieder einmal offenkundig wird. So wie etwa nach dem Wirtschaftsboom der fünfziger und sechziger Jahre, als die erste Krise die Schweiz durchrüttelte und Hunderttausende ausländischer Arbeiter ohne großes Federlesen nach Hause geschickt wurden, nachdem man sie zuvor mit großem Aufwand und vielen Versprechungen geholt hatte. Oder so wie zu Beginn der neunziger Jahre, als gleich drei Skandale das politische System durcheinanderschüttelten: Elisabeth Kopp, die erste Bundesrätin der Schweiz, hatte ihren Ehemann mit Insider-Informationen versehen und mußte zurücktreten; die Existenz einer Geheimarmee wurde bekannt, die ohne Wissen des Parlaments den Widerstand im kriegerischen Ernstfall vorbereitete; und schließlich flog eine großangelegte Datenschnüffelei auf – der Staat hatte seit Jahren im ganz großen Stil Informationen über kritische Bürger und Bürgerinnen gesammelt. Die Empörung war kurzfristig jedesmal groß, doch zu fest haben sich die Akzeptanz helvetischer Doppelmoral und die Resignation ins politische Gebälk eingefressen – nur manchmal durchbrochen von Jugendunruhen wie etwa in den frühen siebziger und achtziger Jahren.

Zusammen mit der Gleichgültigkeit und der Bereitschaft zur Stimmenthaltung wächst auch die Entfremdung vom Staat. Zwar feierten viele beim offiziellen 700-Jahr-Fest der Eidgenossenschaft mit, doch von vielen Kulturschaffenden wurde es boykottiert. Und die Armee, früher die »heilige Kuh« der Schweizer Identität, wird mittlerweile von mehr als einem Drittel der Schweizerinnen und Schweizer als überflüssig erachtet. Dies wiederum beunruhigt Behörden und Parteien. Die Unsicherheit ist groß dieser Tage, wohin die Schweiz gehen soll. Und die vielen Fragen um ein einiges Europa machen es nicht leichter. Um noch einmal Friedrich Dürrenmatt zu zitieren: Der prognostizierte, die Schweiz werde sich einmal »wie ein Stück Zucker im Wasserglas auflösen«.

Der gute Tip von MERIAN

Von Jürg Bürgi, Jürg-Peter Huber, Rudolf Matter
und Christoph Schneider

Kirchen und Klöster

Im Bann der Schwarzen Madonna: Kloster Einsiedeln

Im Hochtal des Alpbachs und des Sihlsees, zwischen bewaldeten Kuppen und sattgrünen, fettgedüngten Weiden liegt Einsiedeln. Wuchtig, geschlossen, kompakt steht dem Ort das Kloster gegenüber. Es ist seit mehr als einem Jahrtausend ein Zentrum der Marienverehrung und Wallfahrtsort, war jahrhundertelang Hüter von Kultur und Wissenschaft und nicht zuletzt ein Schwerpunkt wirtschaftlicher und politischer Macht.

Das Benediktinerkloster zeigt sich heute in barockem Gewand. Brände hatten die älteren Anlagen immer wieder beschädigt, die Feuchtigkeit des Moorbodens war in die Mauern gedrungen. Im 18. Jahrhundert empfanden die Brüder aus vornehmen Familien, Kirche und Kammern den Bau nicht mehr als standesgemäß, die Stallungen waren zu eng, die Werkstätten zu düster. Abt Maurus von Roll ließ ab 1702 mit der »großen Kelle anrichten«. Die Architektur ist hausgemacht: Bruder Kaspar Moosbrugger aus dem vorarlbergischen Bregenzerwald war 1681 als Novize in Einsiedeln eingetreten. In Fischingen und Muri hatte er seine Gesellenstücke als Baumeister geliefert; der Neubau des Klosters wurde zu seinem Hauptwerk.

Er verlieh der Architektur Bewegung, indem er die Gewölbe versetzte und stufte, mit der Kuppel den Eindruck monotoner Länge verwischte und im herrlichen Chorgitter auch optisch eine Grenze setzte. An der reichen Ausstattung wirkten italienische und süddeutsche Meister mit, unter ihnen die Brüder Asam.

Das Ziel der Pilger ist die Gnadenkapelle mit der Schwarzen Madonna. Die schwarz bemalte Figur stammt aus dem 15. Jahrhundert. Ihr ursprüngliches gotisches Gewand wird seit der Barockzeit durch Prunkkleider ersetzt, die von einem Kämmerer je nach Anlaß und Kalender sorgsam ausgewählt werden. Normalerweise empfängt die Madonna ihre Anbeter als Himmelskönigin in einem schweren Brokatgewand, mit Krone und Zepter. Die Gnadenkapelle ist der historische Kern der ganzen Anlage. Denn schon der Klostergründer Eberhard aus Straßburg errichtete 934 die erste Erlöserkapelle an der Stelle der Einsiedelei, die Einsiedeln den Namen gab.

Die weithin sichtbaren Türme der Klosterkirche von Einsiedeln weisen den Pilgern den Weg zur Schwarzen Madonna

Der Einsiedler war der heilige Meinrad, Mönch aus dem Kloster Reichenau. Um 835 war er in den »Finstern Wald« gezogen, um den vielen Besuchern seiner ersten Klause am Etzel zu entrinnen. 861 wurde er von zwei Räubern erschlagen. Der Legende nach flohen sie nach Zürich, wurden aber von Meinrads zwei Raben verfolgt, gestellt und hingerichtet.
Aus der Stätte des Rückzugs ist eines der großen Wallfahrtszentren in Europa geworden. Mit einer grandiosen Geste empfängt das Barockkloster die Pilger: Wie zwei Arme senken sich die Rampen auf den weiten Klosterplatz hinunter, auf dem der Liebfrauenbrunnen heilkräftiges Wasser spendet. Handfester sorgen freilich die unzähligen Gaststätten im Ort für das leibliche Wohl der Gläubigen. Und rund alle fünf Jahre dient der Klosterplatz als Kulisse für das bekannte Laienspektakel »Großes Welttheater« des spanischen Dichters Calderón.

Kloster Einsiedeln
Wallfahrtsleitung
8840 Einsiedeln

Tgl. 10–21 Uhr
Tel. 055/61431
Anfahrt: 40 km südöstlich von Zürich.

Der karolingische Bilderzyklus von Müstair: Kloster St. Johann

Das Münstertal gehört zu den abgelegensten Talschaften der Schweiz, mit dem Engadin durch die Ofenpaßstraße verbunden. Müstair liegt dem Veltliner Hauptort Sondrio näher als der Bündner Kapitale Chur. Im Tal des Rom, nur einen Kilometer von der Grenze zu Italien entfernt, liegt das Kloster St. Johann. Vor der Kulisse meist schneebedeckter Dreitausender breitet sich die kleine Anlage aus, dominiert von einem gotischen Wohnturm, dem massigen spätmittelalterlichen Glockenturm bei der Kirche mit drei Apsiden. Daraus wird deutlich: Die Zeit ging nicht spurlos an St. Johann vorbei. Brände erforderten Neubauten, und Modeströmungen machten auch vor den Klostermauern nicht halt.
Die Kirche verrät allerdings schon äußerlich das frühromanische Bauschema. Und der Innenraum zeigt trotz gotischer Elemente die Merkmale des Dreiapsidensaals nach churrätischem Muster. Der Hauptschatz dieser Kirche wurde aber erst 1896 wiederentdeckt. Der Verputz im Gewölbe verdeckte karolingische Wandmalereien. Dem Geist der Zeit entsprechend wurden sie flugs freigeschlagen und wie eine Trophäe ins Landesmuseum Zürich gebracht (→ Der gute Tip S. 68). Um 1950 schließlich wurden unter gotischen Übermalungen weitere Fresken aus der Gründungszeit des Klosters freige-

Die Klosterkirche St. Johann in Müstair beherbergt eine kunsthistorische Sensation: einen Bilderzyklus aus karolingischer Zeit

legt. Sie bilden den umfassendsten Bilderzyklus aus karolingischer Zeit. Man mag heute die späteren Übermalungen als unsensiblen Akt empfinden, sie konservierten aber auch das karolingische Erbe. Gewiß haben durch die Freilegung die Farben an Pigment und damit an Leuchtkraft etwas verloren, und einige Felder verblaßten bis zur Unkenntlichkeit oder wurden irgendwann zerstört. Doch in erdigen Farbtönen vermitteln die Bilder noch immer die Botschaft aus der Zeit um 800: Szenen aus dem Leben Davids, Jesu und Darstellungen des Jüngsten Gerichts. Die Gestalten sind gedrungen, mit runden Köpfen. Staunen ob der erlebten Wunder steht in den Gesichtern. Im Gegensatz zu den jüngeren romanischen Figuren (12. Jh.), die seltsam gestelzt an den Wänden zu schweben scheinen, wirken die karolingischen lebendig und erdverbunden. Und wenn man später in einer der einfachen Gaststätten sitzt oder durch die Dörfer des Münstertals wandert, meint man einzelne Köpfe am Mauerwerk von St. Johann gesehen zu haben.

Benediktinerinnenkloster
St. Johann
7531 Müstair
Tel. 082/85265
Tgl. 7–20 Uhr

Anfahrt: 63 km südöstlich von Davos, 68 km nordöstlich von St. Moritz.

Liebe statt Krieg: die Glasfenster der Stiftskirche Königsfelden
Man nähert sich der Stätte durch den Park der Psychiatrischen Klinik zwischen alten Kastanienbäumen und Linden. Die Kirche stößt an ältere Klinikbauten, die zum einstigen Kloster gehörten. Es bestand nicht lange, rund zweihundert Jahre, löste sich 1528 auf. Erhalten blieb ein Zeugnis von Liebe und Schönheit. Doch am Anfang stand ein Königsmord.

Am 1. Mai 1308 rächte sich Johann Parricida an seinem Onkel, Albrecht dem I., seit 1298 deutscher König, für die Vorenthaltung seines Erbteils. Die Tat beim Reußübergang bei Windisch ließ die Eidgenossen aufatmen: Der Habsburger König hatte ältere Freiheitsbriefe für Schwyz und Uri nicht anerkannt und schien kein Ausscheren aus dem Reich zu dulden. Bei aller Bestürzung über das dramatische Ereignis zeigten sich aber auch die Kurfürsten nicht unglücklich: Sie hatten den Aufstieg der Habsburger Dynastie argwöhnisch verfolgt und kürten Heinrich den VII. von Luxemburg zu Albrechts Nachfolger.

Königin Elisabeth, die Witwe Albrechts I., stiftete 1310 in der Nähe des Tatorts und der Habsburg das Doppelkloster Königsfelden. Es wurde von Franziskanern und Klarissinnen bewohnt. Die Kirche entstand in der schlichten Form der Bettelorden als gotische Pfeilerbasilika mit einer flachen Holzdecke. Um 1330 wurde der Chor geweiht. Der Kontrast zur übrigen Kirche ist überwältigend. Elf hohe, bemalte Maßwerkfenster verleihen dem Raum mystisches Licht. Und die Bildgeschichten zum Leben Christi, der Apostel, der Heiligen Anna, Klara, Franziskus und Nikolaus sowie von Johannes dem Täufer gehören zu den edelsten und anmutigsten Schöpfungen der Gotik. Sonnenlicht flutet durch Paradiesgärten, über fließende Gewänder, läßt die Heiligen lächeln, stimmt heiter und mild.

Elisabeth starb 1313. An ihre Stelle trat ihre Tochter Agnes, die junge Witwe des Königs von Ungarn. Sie trat nie in das Klarissinnenstift ein, aber von ihrem »Hüslin« innerhalb der Klostermauern betrieb sie während eines halben Jahrhunderts Politik. Im Interesse des Hauses Habsburg selbstverständlich. Es war eine Politik des Ausgleichs, friedfertig, diplomatisch klug und deshalb erfolgreich. Selbst die Eidgenossen trauten dieser Frau. Erst nach ihrem Tod 1364 brachen sie Habsburgs Macht in den alten Stammlanden der Dynastie.

Im Park von Königsfelden singen Amseln, rauscht der Wind in den hohen Bäumen, schlendern Klinikinsassen und Besucher.

Stiftskirche Königsfelden
5200 Windisch
Di–So 10–12, 14–16 Uhr, Mo geschl.

Anfahrt: 8 km westlich von Baden, 30 km nordwestlich von Zürich.

Dornröschenorte

Regensberg: Lebendiges Mittelalter

Wer die Zürcher Altstadt, ihre schmalen Gassen und die alten Häuser mag, der wird vom kleinen Regensberg, 18 Kilometer nordwestlich der Metropole gelegen, begeistert sein: Der Ort, eines der am besten erhaltenen mittelalterlichen Landstädtchen des ganzen Landes, wurde um 1244 von den Freiherren von Regensberg gegründet. Er liegt am dem östlichen Rand der Lägern, eines langgezogenen Ausläufers der Juraberge, die das Schweizer Mittelland gegen Norden begrenzen. Das geschlossene Ortsbild Regensbergs wird vom Schloß mit seinem mächtigen, für diese Gegend ungewöhnlichen runden Bergfried dominiert. Im Schloßhof befindet sich ein Sodbrunnen, der mit seinen 57 Metern tiefer sein soll als jeder andere in der Schweiz. Mittelalterlicher Tradition entspricht die Zweiteilung der Siedlungsanlage in einen befestigten, hier »Oberburg« genannten, und einen außerhalb der Verteidigungsanlagen liegenden Teil, die »Unterburg«. Ursprünglich lebten die Herrschaften und ihr Gesinde im Schutz der Schloßmauern, während sich am Fuß des Hügels allmählich Handwerker und Händler ansiedelten. Das Schloß dient seit 1833 als Erziehungsanstalt, heute als Sonderschule. Die Kirche stammt aus der Gründerzeit von Regensberg, wurde aber 1506 erneuert und umgebaut. Unter den sehr schön renovierten Bürgerhäusern ist der Riegelbau der »Roten Rose« von 1540 besonders beachtenswert.

Anfahrt: Regensberg liegt nordwestlich von Zürich (18 km) und ist mit dem Auto über die Kantonsstraße Nr. 17 Richtung Dielsdorf (dort links abzweigen) erreichbar. Auch mit öffentlichen Verkehrsmitteln (S-Bahn und Bus) gelangt man über Dielsdorf nach Regensberg.

Kaiserstuhl: stille Wacht am Rhein

Nahezu lautlos schweben die Maschinen über Hochwald und Rhein, die Räder schon ausgefahren, um auf dem Flughafen Kloten zu landen. Sonst herrscht Stille in dieser Vierhundertseelenstadt. Aus den alten Häusern dringen Alltagsgeräusche: Menschenstimmen, Tellergeklapper, mißtöniger Flötenklang. Durch Blumen- und Kräutergärten schleichen wohlgenährte Katzen; in der steilen Hauptgasse hallen die Schritte weniger Touristen. Sie bewundern kurz das mittelalterliche Obertor, aus massiven Flußsteinen ausgeführt und bis auf halbe Höhe von Efeu überwuchert; den achteckigen Muschelkalktrog des Widderbrunnens (1620), den spätgotischen Gasthof »zur Krone«, das ehemalige Amtshaus des Klosters St. Blasien (1564); den überraschenden Rokokopalast Mayenfisch (18. Jh.). Weite Kellertore verraten die Pflege des Weins, der aus geschützten Rebhängen am Rhein stammt. Der Fluß strömt träge zwischen Uferwanderwegen und üppigem Auenwald. Jenseits der Brücke, auf deutschem Boden, die mächtige Burg Röteln. Die Zöllner kennen keine Hektik; am Morgen und Abend passieren vor allem badische Berufspendler die Grenze.

Die aargauische Kleinstadt wurde um 1254 tatsächlich als Brückenkopf gegründet und diente den Eidgenossen vortrefflich im Schwabenkrieg. Weitere politische und wirtschaftliche Impulse erreichten Kaiserstuhl nicht. Selbst der Tourismus, von dem am Hochrhein Stein am Rhein und Eglisau profitieren, verschonte den Ort. So halten hier vor allem Wanderfreunde ihre verdiente Rast. Frische Forellen im Restaurant »Alte Post« oder Käsespezialitäten in der ehrwürdigen »Krone« – für Speis und Trank ist jedenfalls gesorgt. Und stolz erwähnt der Verkehrsverein zwei Antiquitätenboutiquen, eine Konditorei, einen Kiosk und ein Lebensmittelgeschäft.

Mögen an Schönwettersonntagen auch einige Wagen mehr durch die Rheinstraße rollen oder Schulklassen durch die Hauptgasse lärmen, bei Sonnenuntergang wird es still in Kaiserstuhl, beginnen die Fledermäuse auszufliegen.

Verkehrs- und Verschönerungsverein
8434 Kaiserstuhl
Tel. 01/942155
Anfahrt: 30 km nördlich von Zürich.

Kleinste Stadt der Schweiz: Werdenberg

Bei der Anfahrt im Rheintal ist zwar der Schloßturm Werdenbergs am Rand von Buchs kurz auszumachen, doch bald wird der flüchtige Eindruck von Autobahnschildern und Allerweltsbauten verwischt. Der Grenzort Buchs ist das Osttor der Schweiz: Sitz von Zollbehörden, Transportfirmen und einer höheren technischen Lehranstalt. Je nach Wechselkurs ist Buchs das Einkaufsparadies der Vorarlberger. Die Bahnhofstraße zeigt ein provinzielles Nebeneinander von bescheidenen Villen aus den zwanziger, dreißiger Jahren und modernen Konsumtempeln.

Vom Ende dieser Bahnhofstraße sind es zu Fuß zehn bis fünfzehn Minuten bis Werdenberg. Der Spazierweg führt um den kleinen, von En-

Die im 13. Jahrhundert gegründete Schloßburg beherrscht die Silhouette von Werdenberg, der kleinsten Stadt der Schweiz

ten bevölkerten Werdenberger See. Werdenberg schmiegt sich ans Nordufer. Die kleinste Stadt der Schweiz zählt genau 34 Häuser und knapp 100 Einwohner. Im Wellenschlag des Sees spiegelt sich eine Häuserzeile mit verwunschenen Vorgärten; sie setzt sich ein Stück weit nordwärts fort.

In diesem Zwergstädtchen gilt das Schrittmaß. Werdenberg ist ein wahres Freilichtmuseum für den Hausbau des Spätmittelalters und der Renaissancezeit – die Volkskundler erkennen Fachwerkhäuser, Block- und Bohlenständerbauten. Daneben gibt es einzelne Steinhäuser. Manche Häuser – vorbildlich restauriert – stehen schief vor Alter; wuchtige Balken stützen Holzarkaden; Blumen schmücken die kleinen Fenster. Weder Putzigkeit noch Selbstbeschränkung waren Ziele der Stadtgründung im 13. Jahrhundert. Die Grafen von Werdenberg herrschten über ein ausgedehntes Lehensgebiet, waren dyna-

stisch mit den Grafen von Montfort, von Vaduz und Sargans verknüpft. Doch das Rheintal geriet an den Rand der Reichspolitik und der Haupthandelsrouten. Landwirtschaftlich war es wenig ergiebig, ließen doch die Rheinhochwässer die Ebene versumpfen. Und Föhnstürme ließen manches Dorf in Flammen aufgehen. Werdenberg blieb davon wie durch ein Wunder verschont. Ein steiler, kieselgepflasterter Weg führt durch Gärten und den Rebberg zum Schloß. Es wurde als mittelalterliche Burg um 1230 gegründet, war später Vogteisitz. Wie haben Bauern und Dienstleute wohl beim Aufstieg geschwitzt, wenn sie auf der Burg Rechenschaft ablegen oder eine Bitte vorbringen mußten!
Das Schloß birgt heute das Rheintalmuseum. Es dokumentiert die Wohnkultur vergangener Zeiten und den Kampf mit dem ungebändigten Rhein.

Schloß Werdenberg
9470 Werdenberg
Tel. 085/72950

April–Okt. tgl. außer Mo 9.30 bis 17 Uhr; Eintritt 2 sfr
Anfahrt: 50 km nördlich von Chur, 50 km südlich von St. Gallen.

Guarda: Bilderbuchdorf im Unterengadin
Neben Johanna Spyris »Heidi« ist »Schellenursli« von Selina Chönz eines der beliebtesten und schönsten Schweizer Kinderbücher. Besonders eindrücklich sind in der Geschichte über den Engadiner Frühlingsbrauch »Chalanda Marz« die Bilder Alois Carigiets mit den riesigen, Geborgenheit und Sicherheit ausstrahlenden Bauernhäusern mit den dicken Mauern, die das Heimatdorf des kleinen Urs prägen. Der Ort ist nicht erfunden: Er heißt Guarda und liegt im Unterengadin, wo sich der Ehemann der Autorin als Architekt jahrzehntelang für die Restaurierung der alten Bausubstanz einsetzte. Das Dorfbild zeigt wieder den ganzen Reichtum der Engadiner Architektur: Schon im 14. Jahrhundert sind Wohnhaus und Stall in dieser Gegend aus praktischen Gründen unter einem Dach vereinigt. Seit dem 17. Jahrhundert betritt man die Häuser durch einen breiten, hohen Korridor, den Sulèr, der im Sommer auch den Heuwagen als Durchfahrt in die angebaute Scheune dient. Links und rechts der Einfahrt befinden sich die Stube und ein Schlafgemach sowie die Küche mit der Speisekammer. Außen sind die Häuser mit dem traditionellen Sgraffito-Schmuck verziert. Den besonderen Stolz der Bäuerinnen bilden die prächtigen Nelken, die von den tiefen Fensternischen herunterhängen. Die palastartigen Bauten, wie sie das Ortsbild von Guarda und anderen sorgfältig renovierten Dörfern des Engadins prägen, gehörten zum kleinsten Teil gewöhnlichen Bauern, vielmehr präsentierten

sie Besitz und Geschmack von Patriziern und bischöflichen Beamten. Beachten Sie auch die sorgfältig aus großen Kieseln gepflasterten Einfahrten, die in der Mitte oft eine flache Treppe aufweisen, um den Zugang bei Eis und Schnee zu erleichtern.

Verkehrsverein
7545 Guarda
Tel. 084/92342
Anfahrt: Das ursprünglich als Straßendorf angelegte Guarda ist von der heutigen Talstraße aus über einige Serpentinen leicht zu erreichen, ebenso leicht wie mit der Bahn; ca. 46 km nordöstlich von St. Moritz.

Diessenhofen: wehrhaftes Bürgerstädtchen am Oberrhein

Am Rhein, etwa zehn Kilometer östlich von Schaffhausen, liegt das alte Brückenstädtchen Diessenhofen, das sich um eine Burg der Grafen von Kyburg entwickelt hat. So müssen im späten Mittelalter viele Kleinstädte am Hoch- und Oberrhein ausgesehen haben: In der Mitte eine breite Marktgasse und mehrere parallel verlaufende Straßen, die durch eine einzige Quergasse verbunden sind. Das Ortsbild prägen Bürgerhäuser aus spätgotischer Zeit. Ein schönes Beispiel ist der Unterhof (Obere Kirchgasse 15), eine burgähnliche Anlage aus dem 12. Jahrhundert, die später mehrfach umgebaut wurde. Besonders eindrücklich sind die Wandmalereien im Erdgeschoß des Palas aus dem 14. Jahrhundert. Sehr sehenswert ist das hochragende Siegeltor, ein Zeitglockenturm, der im 16. Jahrhundert als Binnentor gebaut wurde. Weitere bemerkenswerte Baudenkmäler sind das Vordere (oder Konstanzer) und das Hintere (oder Petershauser) Amtshaus. Die Kirche St. Dionysius wurde erstmals im Jahr 757 erwähnt. Mehrere Um- und Neubauten im 12., 14. und 15. sowie im 19. Jahrhundert führten zur heutigen, von einem neugotischen Spitztonnengewölbe geprägten Form. Die hölzerne Rheinbrücke von 1292 wurde 1799 von durchmarschierenden Russen zerstört; ihre Nachfolgerin, 1814 bis 1818 errichtet, wurde im Zweiten Weltkrieg durch amerikanisches Bombardement schwer beschädigt, aber schon 1945 wiederhergestellt. Es lohnt sich, sie zu einem Rundgang im gegenüberliegenden deutschen Gailingen zu benutzen. Sehenswert sind dort die um 1100 erbaute Nikolauskapelle und der 1676 angelegte jüdische Friedhof. Im 19. Jahrhundert besaß der Ort etwa gleich viele jüdische wie christliche Einwohner.

Anfahrt: Diessenhofen liegt 10 km östlich von Schaffhausen am Rhein. Der Ort ist mit der Bahn (Linie Schaffhausen–Kreuzlingen) in 13 Min. oder mit dem Auto auf der Kantonsstraße Nr. 13 erreichbar (ca. 60 km nordöstlich von Zürich).

Burgen und Schlösser

Waldfestung Kyburg bei Winterthur

Wanderer, die von Winterthur den Eschenbergwald durchqueren, finden sich plötzlich vor einem Märchenschloß wieder. Aus den alten Buchen- und Eschenbeständen ragen, halb vom Laub verdeckt, die wuchtigen Wälle der mittelalterlichen Waldfestung heraus: aus klobigen Gesteinsbrocken gefügte Grundmauern, die von Türmchen späterer Epochen gekrönten Kernbauten, Bergfried und Palas (Hauptgebäude). Die Anlage wendet sich nach Süden, dem ehemaligen Städtchen Kyburg zu, das ursprünglich als Vorburg diente und 1444 weitgehend zerstört wurde.

Die Burg gehört zu den Brennpunkten der mittelalterlichen Schweiz. Um das Jahr 1000 wohl wurde sie Stammsitz der namengebenden Grafen, die auch die Territorien der Lenzburger (1172) und der Zähringer (1218) zu ihrem Machtbereich hinzugewannen und bis Mitte des 13. Jahrhunderts rund ein Dutzend Städte gründeten, darunter Winterthur sowie die heutigen Kantonshauptorte Frauenfeld und Aarau.

Eine mittelalterliche Waldfestung mit bewegter Vergangenheit ist die Kyburg bei Winterthur, die heute als historisches Museum dient

Doch 1264 starben die Kyburger in der männlichen Linie aus. Die Erbschaft übernahmen die Habsburger. Damit gelangte die Kyburg kurz ins Rampenlicht europäischer Geschichte, denn 1273 wurde Rudolf von Habsburg deutscher König. Und die Reichskleinodien ruhten für einige Jahre in der Schloßkapelle, wo gotische Malereien höfische Anmut widerspiegeln.

Im 15. Jahrhundert erwarb Zürich das Schloß und setzte dort seine Statthalter ein. Sie pflegten neben ihren Geschäften die Jagd und ein beschauliches Leben.

Die eigenen Schritte hallen im weiten, leicht abfallenden Burghof, der Sodbrunnen scheint unergründlich, die Außengräben und Wehrgänge wirken gespenstisch. Dazu passen die Waffensammlung des Museums, die glänzenden Hellebarden, Speere und Harnische, die Eiserne Jungfrau, dieses gräßliche Folterinstrument. Doch die historische Sammlung zeigt auch freundlichere Aspekte des Lebens im Mittelalter: Wohnräume, interessante Dokumente, Gebrauchsgegenstände des Alltags. Und immer wieder schweift der Blick zu den Fenstern hinaus in die Kronen der Bäume.

Schloß Kyburg
8311 Kyburg
Tel. 052/294664
Tgl. außer Mo 10–12, 13–16 Uhr
Eintritt 2 sfr

Anfahrt: 15 km nordöstlich von Zürich, 6 km südlich von Winterthur.

Geschichte und Kultur im Schloß Lenzburg

Die imposante Höhenburg auf dem Hügel ist von der Autobahn wie vom Zug aus unübersehbar. Der Kanton Aargau spielte wegen seiner zentralen Lage zwischen Bern, Basel, Zürich und der Innerschweiz stets die Rolle eines Durchgangskorridors. Deshalb verwalteten die Kantone der alten Eidgenossenschaft dieses Territorium bis 1798 mehrheitlich als gemeinsames Untertanengebiet. Lenzburg liegt mittendrin an der Mündung zweier Mittellandtäler ins Aaretal. Die wichtigen Handelsrouten des Mittelalters und der Neuzeit verliefen durch Aare- und Seetal. Sie berührten Lenzburg nicht direkt – die Stadt entwickelte sich deshalb nicht zu einem starken Wirtschaftszentrum –, ließen sich aber von der Feste aus leicht kontrollieren.

Die Lenzburg entstand als Stammsitz der gleichnamigen Grafen im 11. Jahrhundert. 1173 erbte Kaiser Friedrich I. Barbarossa die Burg, die dann, zuerst als Lehen, an die Habsburger ging. 1415 wurde der Aargau durch die Eidgenossen erobert; bernische Statthalter ließen die Landvogtei errichten. Im 19. Jahrhundert diente die Anlage als Erziehungsanstalt im Geiste Pestalozzis, dann erwarben sie Private. Ei-

Vom kleinen französischen Garten des Schlosses Lenzburg aus genießt man einen imposanten Fernblick über den Aargau

ner der Eigentümer war Friedrich Wedekind – sein Sohn, der Dichter Frank Wedekind, verbrachte hier einen Teil seiner Jugendzeit –, ein anderer der amerikanische Polarforscher Lincoln Ellsworth. Seit 1956 gehört die Lenzburg dem Kanton Aargau und damit der Öffentlichkeit.

Geschichte ist hier vielfältig erlebbar. Im gotischen Ritterhaus (14. Jh.) finden Konzerte, Theateraufführungen, Lesungen statt. Das Stapferhaus (16. Jh.), ursprünglich ein Wirtschaftsgebäude, dient als Begegnungszentrum. Das Landvogteigebäude (15. Jh.), Palas und Schloßturm (12. Jh.) schließlich bergen das *Historische Museum Aargau.* Und die Ostbastion ist Wechselausstellungen vorbehalten. Die Landvogtei wurde als Wohnmuseum eingerichtet: Es vermittelt Wohn- und Alltagskultur vom Mittelalter bis ins 19. Jahrhundert. Die spätmittelalterliche Küche ist noch immer betriebsfähig. Ein Teil dieser Abteilung ist den Kindern gewidmet. Sie finden hier Kulissenelemente, Kostüme und Raum, um nach ihren Vorstellungen Ritter, Königin oder Burgfräulein zu spielen. Im Hauptgebäude und Bergfried sind kunstgeschichtliche Kostbarkeiten wie Altarfiguren, Monstranzen usw. untergebracht, Kostüme, Dokumente, Zeugnisse der Alltagskultur sowie eine reichhaltige Waffensammlung. Wenig erbaulich: die einstigen Kerker.

Barock gezähmte Natur verkörpert der überraschend große französische Garten. Und mächtige Kastanienbäume spenden Schatten. Auch für das leibliche Wohl ist in stimmigem Rahmen gesorgt: Zum Rosengarten gehört eine Cafeteria.

Schloß Lenzburg
Tel. 064/512044 (Schloßwart)
April–Okt. tgl. außer Mo 9.30–12, 13.30–17 Uhr
Anfahrt: 30 km westlich von Zürich.

Historisches Museum Aargau
Tel. 064/514392
April–Okt. tgl. außer Mo 9.30–12, 13.30–17 Uhr

Schloß Sargans, Felsenburg und Regionalmuseum

Hier trifft das Klischee der »kühnen Burg« zu: Schroff und abweisend ragt der Bergfried (12. Jh.) auf einem Felssporn weit über das Bündner Rheintal und das Städtchen Sargans hinaus. Mit seinem Schrägdach aus dem frühen 17. Jahrhundert spiegelt er im kleinen die Kontur des Gonzen wider, des eisenhaltigen Berges, der hier wie ein Keil das Rheintal vom Seeztal trennt. Die Felspyramide gipfelt in 1800 Meter Höhe über dem Meeresspiegel.
Die Grafen von Werdenberg-Sargans zeigten ein sicheres Gespür für Strategie, als sie hier ihren Stammsitz errichten ließen. Sie kontrollierten die Handelsrouten zwischen dem Bodenseeraum und Zürich

Steil ragt der Bergfried von Schloß Sargans über dem gleichnamigen Städtchen im Bündner Rheintal empor

im Norden und Graubünden beziehungsweise den Alpenpässen im Süden. Weder Appenzeller noch Eidgenossen vermochten je die Burg zu stürmen. 1483 wurde die Region jedoch Untertanengebiet der Eidgenossen; bis 1798 residierten ihre Vögte im ausgebauten Schloß. Die Ständewappen zieren die Südwand des Palas.
Das Schloß Sargans dient heute freundlicheren Zwecken als einst. Historische Räume bilden ein stimmungsvolles *Restaurant.* Und der Bergfried birgt das *Museum Sarganserland.* Die moderne Konzeption trug dem Regionalmuseum die Auszeichnung »Museum des Jahres« des Europarates ein sowie 1987 die Aufnahme unter die (damals) 37 besuchenswertesten Museen der Welt.
Auf Effekthascherei haben die Ausstellungsmacher verzichtet. Die historischen und volkskundlichen Themen sind anschaulich und gut ausgeleuchtet in Szene gesetzt, knapp in ihrem Umfeld erläutert. Man lernt Besonderheiten der lokalen Fauna und Flora kennen, erfährt Wissenswertes über den Söldnerdienst der Renaissance- und Barockzeit, das Leben in Burgen und Klöstern, den Bergbau am Gonzen sowie die Alp- und Forstwirtschaft, die jahrhundertelang den Alltag der Menschen in dieser Gegend prägten.
Dieses Museum als Fenster zur Vergangenheit erlaubt auch stets den Bezug zur Gegenwart. Ein Blick aus den Fenstern des Burgturms zeigt das Sarganser Leben: die belebten Gassen der Altstadt mit dem Mosaik von Hausdächern aus verschiedenen Epochen; die Wildbäche und Schneerunsen am Falknis, Kühe auf sattgrünen Talweiden; man hört die Motorsägen im Wald – und manchmal die Jagdflugzeuge über dem Tal.

Schloß Sargans
7320 Sargans
Tel. 085/25330
Museum Sarganserland
Von April bis Mitte Nov. tgl. 9.30–12, 13.30–17.30 Uhr
Eintritt 3,50 sfr (Kinder 2 sfr)

Restaurant Schloß Sargans
Tel. 085/21488
Von April bis Mitte Nov. Di–So 9–23.30 Uhr, Mo 9–17 Uhr
Anfahrt: 23 km nordwestlich von Chur.

Originelles und Kunstvolles

Das Firmament von Zillis

Wenige Kilometer südlich der Via Mala, der legendenumwobenen Schlucht des Hinterrheins, liegt Zillis. Die Kirche auf einer Wiese unterhalb des Dorfes wirkt asketisch. Nur der Spitzhelm auf dem schlanken romanischen Glockenturm verleiht ihr etwas Kokettes. Und die schiefen Grabsteine auf dem Friedhof tanzen aus der Reihe des Festgefügten.

Eine der vielen Armeleutekirchen, könnte man meinen, denn Dörfer, die etwas auf sich hielten, gestalteten ihre Kirchen möglichst nach dem herrschenden Stil um. In Zillis leistete man sich im Verlauf der Jahrhunderte nur einen spätgotischen Chor, in der Barockzeit eine schön geschnitzte Kanzel und geschwungene Formen im Gestühl. Das Äußere blieb unverputzt und läßt das streng gefügte Mauerwerk erkennen. Die Fundamente von St. Martin weisen auf die Zeit um 500 n. Chr. zurück. Man sieht dieser kleinen Kirche von außen nicht an, daß sie die Mutterkirche des Schams, der ganzen Talschaft war.

Mehr als 150 farbige Miniaturen aus dem 12. Jahrhundert zieren die Decke der äußerlich unscheinbaren Kirche St. Martin in Zillis

Ebensowenig vermutet man hinter dieser Fassade eine kunsthistorische Sensation.
Den schlichten Innenraum deckt ein Firmament aus 153 Bildfeldern. Die farbigen Miniaturen auf Holz entstanden um 1160. Sie wirken auf uns als reich dekorierte, bunte, anschauliche Bilderbibel. Denn die meisten Szenen schildern das Leben Christi, wie es die Evangelien überliefern, von der Verkündigung über die Weihnachtsgeschichte und die Flucht nach Ägypten, die Taufe, Krankenheilungen, der Versuchung durch den Teufel bis zur Passion. Seltsamerweise fehlt die Fortsetzung der Passionsgeschichte wie Grablegung und Auferstehung. Der Dornenkrönung folgen Episoden aus dem Leben St. Martins, des Kirchenpatrons. Und in der zweiten Bildreihe vom Chor her sind die Könige David, Salomon und Rehabeam zu erkennen.
Ob Christus, Maria, Heilige oder Sünder, Legionäre oder Pharisäer – es sind rundschädlige, knochige Bauern, die sich an diesem Deckenhimmel langsam und schwerblütig zu bewegen scheinen. Sie unterscheiden sich kaum voneinander und zeigen alle denselben starren, ja stumpfen Blick. Und dennoch muß man sie in ihrer Gutmütigkeit gern haben. Ein Spiegelbild der Talbewohner?
In merkwürdigem Kontrast dazu stehen die 48 äußeren Tafeln, welche die biblischen Geschichten umrahmen: eine Welt der Fabelwesen, Ungeheuer, des Teufels und – des Meeres.
Die romanische Holzdecke von Zillis entpuppt sich als weit mehr als eine naive Bilderbibel: Sie liefert ein Abbild des Kosmos. Einerseits entspricht die Bildanordnung dem mittelalterlichen Weltbild: Die Erde wurde als rechteckige Platte in einem weiten Meer voller Ungeheuer gesehen. Andererseits durchdringen sich in dieser Darstellung Gut und Böse, aber auch Himmel und Erde. Das zentrale Feld stellt die Versuchung Christi dar, und der Teufel zeigt dabei auf die Welt. Das Böse ist nicht nur an den Rand gedrängt; es wohnt im Kern und befindet sich hier mit dem Guten im Gleichgewicht.
Über das Schicksal der Welt herrscht dennoch kein Zweifel. Denn die Mittelachsen der 153 Felder bilden – es wird durch Ornamentbänder betont – ein Kreuz.
Man verläßt die Martinskirche mit steifem Nacken und großem Respekt vor dem unbekannten Meister von Zillis.

Kirche St. Martin
7432 Zillis
Tgl. 7–20 Uhr

Anfahrt: 32 km südwestlich von Chur

Weit entfernt von sinnenfeindlicher Studierstube: der prunkvolle Barocksaal der Stiftsbibliothek St. Gallen

Dorado für Bücherfreunde: die Stiftsbibliothek St. Gallen

Der Klosterbezirk liegt heute abseits des geschäftigen Treibens der Ostschweizer Metropole St. Gallen. Zwar spiegelt die Kathedrale in barockem Ebenmaß den Glanz des ehemaligen Stifts wider und bildet den Mittelpunkt einer Diözese, die Klostergebäude jedoch dienen seit dem 19. Jahrhundert der kantonalen Regierung und verschiedenen Ämtern, und im nüchternen Klosterhof picknicken Beamte, Sekretärinnen, Kinder auf dem Schulausflug.

Der Weg zur weltberühmten Stiftsbibliothek führt durch ein kühl-funktionales Treppenhaus. In einem ebenso schlichten Flur erhält man die Eintrittskarten, schlüpft unter den strengen Blicken des Personals in übergroße Filzpantoffeln und schlurft direkt ins Paradies für Bücherfreunde.

Der herrliche Barocksaal (1759) läßt keine Gedanken an Staub, vergilbtes Papier, an Bildungsmief und Klosterzucht aufkommen. Die prachtvollen Schränke mit vergoldeten Kapitellen, die reich verzierte Holzbalustrade im Obergeschoß, das kunstvoll gelegte Parkett (deshalb die Pantoffeln), rosa Stukkaturen und die Deckengemälde vermitteln reine Sinnenfreude.

Zu Tausenden stehen die schweinsledernen Folianten mit Goldprägung in den Regalen. Von den eigentlichen Kostbarkeiten sind allerdings nur wenige Exemplare in Schaukästen zu bewundern: Früh- und hochmittelalterliche Handschriften. Über zweitausend Handschriften birgt die Bibliothek, darunter wunderbarerweise etliche aus der Frühzeit des Klosters. Ein Ire, der heilige Gallus, hatte sich um 612 ins abgelegene Steinachtal begeben, um von seinem Gebetshaus aus die Alemannen zu missionieren. 747 unterstellte der heilige Otmar die Gemeinschaft der Benediktinerregel. Im 9. und 10. Jahrhundert machte das Stift mit Mönchen wie Notker dem Stammler, Tuotilo oder den Ekkehards europäische Kulturgeschichte. Daß mit der nahen, ebenso glanzvollen Reichenau ein reger Austausch bestand, wundert nicht – auch Evangelienbücher aus Frankreich, England und Irland fanden den Weg nach St. Gallen.

St. Gallen unterhielt selbst eine gutdotierte Schreibstube. Im Skriptorium wurden Werke nicht nur kopiert, sondern für vornehme Auftraggeber auch mit farbigen Darstellungen wie etwa der Evangelisten sowie mit kunstvollen Initialen illustriert. Tuotilo schuf für das Evangelium Longum um 900 sogar einen Elfenbeineinband.

Die Mönche schrieben im Frühmittelalter mit der Rohrfeder, später mit der Gänsefeder, dem Kiel, auf Pergament. Die Tinte bereiteten sie selbst zu, manche Farben für Miniaturmalereien dagegen stammten oft aus fernen Ländern: Lapislazuli oder Ultramarin zum Beispiel aus Afghanistan.

Die stille Schreibarbeit im Dienste Gottes am Schrägpult und bei schlechtem Licht war für die Profis in den Skriptorien keineswegs immer ein Honiglecken. Hielt doch ein St. Galler Schreiber in einer Glosse fest: »Ich, Eadbert, malte dieses Buch nicht ohne körperliche Mühe mit Gottes Hilfe zu Ende.« Das war vor 1100 Jahren. Das Buch besteht noch heute.

Stiftsbibliothek St. Gallen
Klosterhof 6d
9000 St. Gallen
Tel. 071/225719

Mai–Aug. Mo–Sa 9–12, 14 bis 17 Uhr, So 10–12 Uhr, 14–16 Uhr; Sept./Okt. So 10–12 Uhr; Nov. geschl.
Anfahrt: Über die Autobahn N 1, 81 km östlich von Zürich.

Museen

Museum für Gegenwartskunst in Basel

Fast scheint es, nach Jahrhunderten gewerblicher Betriebsamkeit sei im alten Quartier St. Albantal wieder die beschauliche Ruhe eingekehrt, die im Mittelalter das Uferheiligtum St. Albans am Rhein umgeben haben mag.

Selbstverständlich sind die Vorzüge und Reize dieses vergessenen Viertels längst entdeckt und auch genutzt worden, in einem Fall sogar in besonders glücklicher Art und Weise: mit dem 1980 eingeweihten Museum für Gegenwartskunst.

Mit leichter Hand, so scheint es, mischten die Basler Architekten Wilfried und Katharina Steib die Elemente der umliegenden Gewerbebauten mit modernen Materialien und Formen, fügten sie spielerisch zu einem Neuen, überbrückten den Wassergraben zwischen alt und neu mit einer Brücke aus Glas. Glas beherrscht auch den Eingangsbereich, weckt die Neugier der Passanten, lädt ein, hineinzuspähen in den vertieft liegenden Ausstellungsraum. Es lohnt sich, der Verlok-

Im Museum für Gegenwartskunst in Basel ergänzen sich Ausstellungsräume und Exponate zu einem Gesamtkunstwerk

kung nachzugeben, sei es des aktuellen Kunstschaffens wegen, sei es, um die außergewöhnliche Architektur von innen zu erleben. Das eine ist allerdings kaum vom anderen zu trennen. Der Bau bringt die ausgestellten Werke optimal zur Geltung, tritt gleichsam in einen subtilen Dialog mit ihnen. Beim Gang durch die abwechslungsreich gegliederten Räume bieten sich Ausblicke ins Freie, Gelegenheiten, auf einen Augenblick innezuhalten und Abstand zu nehmen. Die Kunstsammlung umfaßt vor allem Werke der siebziger und achtziger Jahre des 20. Jahrhunderts aus den Beständen der öffentlichen Kunstsammlung, der Emanuel-Hoffmann-Stiftung und der Sammlung Panza. In wechselnden Ausstellungen und Präsentationen werden laufend neueste Arbeiten gezeigt: Bilder, Skulpturen, Installationen, Filme, Videos.

Museum für Gegenwartskunst
St.-Alban-Rheinweg 60
4052 Basel

Tel. 061/238183
Tgl. außer Mo 11–17 Uhr
Eintritt 5 sfr, Kinder 3 sfr

Schweizerisches Landesmuseum in Zürich

So würde man heute ganz gewiß kein Museum mehr bauen: gleich neben dem Zürcher Hauptbahnhof erhebt sich als burgartiges Stilgemisch das im Jahre 1898 eröffnete Landesmuseum. Der hohe Turm, gotische Fassaden und Türmchen, barocke Giebel und Mansarden – alles ist falsch, dem Geist des Historismus entsprungen. Im Bau sollte sich nach dem Willen der Architekten die Vielfalt der inneren Schätze spiegeln. Tatsächlich birgt er die bedeutendste kulturgeschichtliche Sammlung der Schweiz. Es ist nicht ganz einfach, sich ohne Plan im Labyrinth der Säle, Korridore und kleinen Kabinette zurechtzufinden. Doch weckt das Pseudoschloß auch Entdeckerfreude.

Die Sammlung enthält Objekte von der Altsteinzeit (Faustkeil von Schlieren, um 100000) bis zum 19. Jahrhundert. Aus der Eingangshalle gelangt man ins Mittelalter. Man bewundert die karolingischen Wandmalereien aus dem bündnerischen Müstair, die romanischen Madonnen, die gotischen Altäre. Dabei mag der Gedanke aufkommen: Warum schmücken diese Kostbarkeiten nicht die Dorfkirchen, aus denen sie stammen? Nun, in der Gründungsphase des Museums, Ende des 19. Jahrhunderts, und bis weit in unser Jahrhundert hinein, herrschte ein Kulturimperialismus im Kleinen. Zu schnell ließ sich manch ein armes Bergdorf dazu überreden, gegen scheinbar viel Geld eine verstaubte, längst als altmodisch empfundene Kultfigur ans Museum zu verkaufen, um mit dem unerwarteten Erlös

Eine Fundgrube für Geschichtsinteressierte, das Schweizerische Landesmuseum in Zürich: hier Waffen aus römischer Zeit

etwa eine elektrische Beleuchtung im Ort zu installieren. Die Ernüchterung folgte später, in einzelnen Fällen sind Anträge auf Rückerstattung gestellt worden.

Bis ins 13. Jahrhundert war die deutschsprachige Schweiz Teil des Deutsch-Römischen Reiches. Und viele Kleinkunst-Werke zeugen von den vielfältigen Handelsbeziehungen mit Frankreich, Deutschland und Italien. Da gibt es Zunftbecher aus venezianischen Goldschmieden, Altarbilder aus Schwaben, Teppiche aus Flandern. Die einheimischen Meister richteten sich stets nach dem gängigen Geschmack.

Mag die Alte Eidgenossenschaft auch in manchem abseits der großen europäischen Politik gestanden haben, durch das Söldnerwesen war sie jahrhundertelang mit den Höfen, Kasernen, mit Triumphen und Niederlagen auf den Schlachtfeldern des Kontinents verknüpft. Als weltgewandter Haudegen präsentiert sich der Söldnerführer Wilhelm Frölich auf einem Renaissancegemälde, und die Museumsabteilung »Schweizer in fremden Diensten« zeigt Eidgenossen in französischen, päpstlichen, österreichischen, russischen Uniformen. Einige Räume nehmen Kostüme des 18. und 19. Jahrhunderts sowie Volkstrachten ein. Kinder mögen über altes Spielzeug staunen oder über den keltischen Goldschatz aus Erstfeld. Und wer einen langen Regennachmittag im Landesmuseum verbracht hat, eingetaucht in längst vergangene Zeiten, wird sich gerne und gut in der freundlichen Cafeteria stärken.

Schweizerisches Landesmuseum
Museumstr. 2
8001 Zürich

Tel. 01/221 10 10
Tgl. außer Mo 10–17 Uhr
Eintritt frei

Textilmuseum St. Gallen

In dem Bau aus der Zeit der Gründerjahre pulsierte einst das Herz der internationalen Stickerei-Metropole St. Gallen, die hier ihr kreatives Potential, Zeichner und Entwerfer, ausbilden ließ. In der florierenden Stickerei-Industrie bestand für solche Fachleute große Nachfrage. Die kreativsten von ihnen bestimmten schließlich, was in Wien und Paris, Deauville und Karlsbad in der guten Gesellschaft die neueste Mode zierte.
Mit dem Ersten Weltkrieg brach praktisch über Nacht der internationale Markt für St. Gallens Spitzenprodukte zusammen. Eine Epoche war zu Ende, die Mode änderte sich radikal, und die einseitig ausgerichtete Ostschweizer Textilindustrie versank in eine tiefe Krise, aus der sie sich nie mehr ganz erholt hat.

Die Kunststickerei machte St. Gallen einst weltberühmt. An die Blütezeit dieser Handwerkskunst erinnert das Textilmuseum

Im traditionsreichen Haus an der Vadianstraße betreibt das »Kaufmännische Directorium« noch immer eine Ausbildungsstätte (Fachschule für textiles Gestalten). Zunehmend wichtiger wurden aber deren Textilsammlung und Fachbibliothek, was zur Einrichtung des Textilmuseums führte. Die – öffentlich zugängliche – *Fachbibliothek* im ersten Stock verfügt als besondere Spezialität über eine ausgedehnte Kollektion von Textilproben in Musterbüchern. Das Textilmuseum präsentiert hauptsächlich Ausstellungsstücke aus Sammlungen verschiedener Textilindustrieller, welche diese zu Studienzwekken zusammengetragen haben. Staunend steht man vor den Wundern alter Handwerkskunst, feinster Nadelarbeiten, die oft genug bei schlechter Beleuchtung entstanden und manche ihrer Herstellerinnen das Augenlicht kosteten. Mit Interesse verfolgt man die Entwicklung von der Hand- zur Maschinentechnologie, studiert die Hilfsmittel und Spezialwerkzeuge, Zeugnisse einer frühindustriellen Welt. Kaum mehr vorstellbar, daß ihr Gebrauch bis in die jüngste Vergangenheit jedem Kind vertraut war, da die Textilindustrie den Alltag der ganzen Region beherrschte. Wie sehr sich die Zeiten gewandelt haben, macht die Präsentation einiger moderner Stickerei-Erzeugnisse deutlich. Welten liegen zwischen den exklusiven Modestoffen von heute und den duftigen Märchenträumen der Jahrhundertwende, von den aufwendigen filigranartigen Handarbeiten ganz zu schweigen. Form- und Farbempfinden, Materialien, Herstellungsprozeß und die Bedeutung der Kleidung spiegeln die veränderte Lebensauffassung wider. Durch das antiquierte Treppenhaus verläßt man das Reich des »Kaufmännischen Directoriums« und landet wieder in der Gegenwart, bereichert um einen Einblick in ein faszinierendes Stück Kultur- und Sozialgeschichte.

Textilmuseum
Vadianstr. 2
9000 St. Gallen
Tel. 071/221744
Eintritt 4 sfr

Museum: 1. April–31. Okt. Mo–Sa, 1. Nov.–31. März Mo–Fr, jeweils 10 bis 12, 14–17 Uhr
Bibliothek: Mo–Fr 10–12, 14–17 Uhr
Anfahrt: Über die Autobahn N 1, 81 km östlich von Zürich.

Den Anfängen des Kurbetriebs auf der Spur: Bädermuseum in Bad Pfäfers

Der wohlbekannte Nobelkurort Bad Ragaz in der Nähe von Chur bezieht sein Heilwasser seit 1840 aus Quellen der höher gelegenen Taminaschlucht. Früher mußten die Kurgäste hinauf nach Bad Pfäfers kraxeln oder sich mit Fuhrwerken dorthin kutschieren lassen. Schon im 13. Jahrhundert waren der Ort und seine heilsame Quelle bekannt. Später trafen sich hier die Humanisten zur Erholung und wohl auch zu Debatten hoch über dem Rheintal. Auch der in Einsiedeln geborene Paracelsus, der seinerzeit heftig umstrittene und in seiner Bedeutung erst in unserer Zeit wiederentdeckte einstige Stadtarzt von Basel, hielt sich während einiger Zeit in Pfäfers auf. 1630 wurde das Wasser erstmals aus der Schlucht herausgeleitet und zu Beginn des 18. Jahrhunderts ein Bad- und Kurhaus gebaut. Dort, im heutigen Restaurant Bad Pfäfers, befindet sich ein eindrückliches kleines Museum, das die Ursprünge des Kurbetriebs vergegenwärtigt. Ausgestellt sind auch Dokumente der Benediktinerabtei, die schon 740 begründet wurde. Eine Paracelsus-Gedenkstätte erinnert an den großen Gelehrten des späten Mittelalters. Versäumen Sie nicht, die frühbarocke Klosterkirche zu besichtigen. Sie ist als erstes Gotteshaus in der Schweiz nach dem sogenannten »Vorarlberger Schema« gebaut: eine Wandpfeilerhalle mit Emporen auf Doppelarkaden unter einem Tonnengewölbe.

Altes Bad Pfäfers
7310 Bad Ragaz
Tel. 085/91260
Mai–Okt. 10–17.30 Uhr, Führungen nach Vereinbarung

Anfahrt: Von Chur per Auto oder Bahn nach Bad Ragaz. Vom Bahnhof Bad Ragaz zu Fuß oder mit dem Bus nach Pfäfers; ca. 16 km nördlich von Chur.

Ein neues Haus für die Bilder des großen Expressionisten: Ernst-Ludwig-Kirchner-Museum in Davos

Als Ernst Ludwig Kirchner, einer der bedeutendsten Vertreter des deutschen Expressionismus, schon ziemlich berühmt war, notierte der Maler, daß er am einsamsten immer unter vielen Menschen gewesen sei. Und weil er sich in eine »beobachtende Unsichtbarkeit« zurückgezogen habe, habe er auch andere einsam gesehen, selbst wenn sie sich gegenseitig berührten. Abgesehen von der damals modischen Pose des Visionärs, offenbart sich hierin die Weltsicht des Künstlers Kirchner, der selbst Analytiker und Patient zugleich war.
Wegen eines Nervenzusammenbruchs und eines Lungenleidens kam Kirchner 1917 nach Davos. Am 15. Juni 1938 erschoß er sich, achtundfünfzigjährig, im benachbarten Frauenkirch.
Das Museum, das Davos ihm zu Ehren gebaut hat und das im September 1992 eröffnet wurde, hat beste Voraussetzungen, ein bedeutendes Kirchner-Zentrum zu werden. Der diskrete Zweckbau enthält mit rund 500 Werken die umfangreichste öffentliche Kirchner-Samm-

Dank der heilkräftigen Engadiner Gebirgsluft avancierte Davos schon vor über 100 Jahren zum Luftkurort

lung überhaupt, darunter natürlich auch jene Bilder, auf denen der Expressionismus über der Davoser Bergwelt wetterleuchtet. Film- und Videovorführungen ergänzen das Angebot, und wer kunsthistorisches Interesse nachweisen kann, bekommt auch die 160 Skizzenbücher aus dem Nachlaß gezeigt. Darin findet sich der Beleg, daß die Gemeinde Davos an Ernst Ludwig Kirchner nicht nur einen großen Maler, sondern auch einen guten Kunden hatte: Zwischen den Skizzen liegt die Bestellung an ein Delikatessengeschäft über sechs Flaschen Burgunder und zwölf Flaschen Dom Perignon.

Ernst-Ludwig-Kirchner-Museum
Ernst-Ludwig-Kirchner-Platz
7270 Davos Platz
Tel. 081/432202

Di–So 14–18 Uhr
Eintritt 7 sfr, Gruppen (ab 15 Personen) 5 sfr pro Person

Handwerk zum Anfassen:
Schweizerisches Papiermuseum in Basel

Folgender Tip wäre nicht möglich ohne das sprichwörtlich geduldige Produkt, dem diese Institution sich widmet: dem Papier. Das Papiermuseum im St.-Alban-Tal wurde im Jahr 1980 eingerichtet und dokumentiert auf äußerst sinnfällige Weise die Technik- und Kulturgeschichte dieses Materials. Auf vier Stockwerken erlebt man altes Handwerk zum Anfassen: Satz- und Papierherstellung, Drucktechnik, Buchbinderei. Wer will, kann sich aktiv daran beteiligen und eigenhändig seinen Namen drucken. Theorie und Praxis kommen da aufs Kurzweiligste und vor allem Kinderfreundlichste zusammen. Wo das Stampfwerk der Papiermühle lärmt, wird Handwerksgeschichte lebendig, und Schritt für Schritt verschwindet in dieser kleinen Welt für Druck und Papier die Grenze zwischen Handwerk und Kunst.

Ganz nebenbei ist das Basler Papiermuseum auch eine soziale Institution von einiger Produktivität. 1983 wurde es von der Schweizerischen Eidgenossenschaft als Eingliederungsstätte und geschützte Werkstatt für Behinderte anerkannt. Als privates Unternehmen nimmt es Aufträge entgegen und betreibt einen gutsortierten Laden: Im Angebot finden sich sowohl berufsspezifische Spezialliteratur als auch geeignetes Schreibgerät für jene, die sich auf den hauseigenen, edlen Papieren in Schönschrift üben wollen.

Schweizerisches Papiermuseum/
Museum für Schrift und Druck
St.-Alban-Tal 35/37
4052 Basel
Tel. 061/2729652
Fax 061/2720993

Di–So 14–17 Uhr
Eintritt 7 sfr, Ermäßigung 4 sfr, Familienkarte 20 sfr
Bei Gruppen wird um 14tägige Voranmeldung gebeten.

**Mekka für Jazz-Freaks:
das Schweizer Jazzmuseum in Arlesheim**

Dem jazzbegeisterten Werber John Schmid und seinen Freunden ist es zu verdanken, daß es in Arlesheim bei Basel das Schweizer Jazzmuseum gibt, das erste im ganzen Land. Nach dem Umzug seiner Agentur stellte Schmid den früheren Firmensitz, die 1932 gebaute Villa des Senffabrikanten Thomi (Thomi + Franck), dem Verein »Pro Jazz Schweiz« für zunächst fünf Jahre zur Verfügung. Museal soll es in den lichtdurchfluteten Räumen auf keinen Fall zugehen. Es gibt sowohl Platz für Konzerte als auch für ein umfangreiches Schallplatten- und Dokumente-Archiv. Es ist den Museumsgründern besonders wichtig, nichts Verstaubtes zu konservieren; vielmehr wollen sie allerlei Begegnungsmöglichkeiten schaffen: Kenner können zum Beispiel Live-Mitschnitte der legendären Band von Clifford Brown und Max Roach aufstöbern, die nie im Handel waren; interessierte Laien dürfen sich Längstbekanntes von Louis Amstrong, Miles Davis oder Count Basie anhören. Das umfangreiche Text-, Bild- und Tonmaterial aus den letzten 60 Jahren, darunter 500 Videos und 6000 Musikkonserven sowie unzählige Zeitungs- und Zeitschriftenausschnitte, Plakate, Fotos und Bücher, bildet den Hauptfundus für die regelmäßigen Wechselausstellungen. Sie beschränken sich nicht auf die einheimische Musikgeschichte, was schon daran zu erkennen ist, daß dem legendären Lionel Hampton eine permanente Schau in einem eigenen Zimmer gewidmet ist. Da die Sammlung ehrenamtlich betreut wird und kaum auf staatliche Förderung hoffen kann, müssen sich Besucher mit spärlichen Öffnungszeiten abfinden. Wer sich weder dienstags oder freitags noch Mittwoch abends freinehmen kann, darf sich um einen individuellen Besichtigungstermin am Wochenende bemühen.

Schweizer Jazzmuseum
Stollenrain 10
4144 Arlesheim
Tel. 061/701 81 08
Di und Fr 11–15, Mi 19–21 Uhr

Anfahrt: Mit der Straßenbahn Nr. 10 vom Basler Aeschenplatz aus (bis Haltestelle Stollenrain, Fahrtdauer ca. 20 Min.).

Restaurants

Vom Arbeiter- zum Künstlerviertel:
Szenelokal J.O.S.E.F in Zürich

Die Farben Gelb und Grün dominieren im Restaurant J.O.S.E.F an der Ecke Gasometer-/Josefstraße im Zürcher Stadtviertel »Kreis 5«. Das kleine Lokal existiert erst seit Sommer 1990. Drei junge Gastronomen haben sich hier gefunden. Peter Rihm pflegt eine moderne, internationale Küche mit saisonalen Produkten zu moderaten Preisen. Auf der Karte stehen zum Beispiel italienische Pasta (Nudeln mit Lachs und Gemüsestreifen oder Panzerotti gefüllt mit Ricotta und Spinat) neben Gerichten, die den Einfluß der asiatischen Küche verraten (Geflügelbrust sweet and sour) und einem klassischen Rib-Eye-Steak. Rihm offeriert immer auch eine vegetarische Leckerei. Sein Partner Eric Blass betreut die Gäste: als Absolvent der renommierten Lausanner Hotelfachschule professionell, aber unkompliziert. Beim zweiten Besuch werden die Gäste als alte Bekannte begrüßt und ganz selbstverständlich geduzt. Klar, daß auch die Zürcher Schickimickis hier zu finden sind (schließlich gibt es in der Stadt nicht allzu viele Lokale dieser Art).

J.O.S.E.F liegt im Trend und profitiert von seiner Lage: Der »Kreis 5«, auch Industriequartier genannt, ist ein ehemaliges Arbeiterviertel zwischen Eisenbahnlinien und vielbefahrenen Straßen. Heute leben hier viele junge Leute und Ausländer. Sie haben Verständnis für die Junkies, deren Refugium der »Kreis 5« seit der Schließung des »Drogenparks« am Platzopitz geworden ist. In leerstehende Industriehallen sind Galerien eingezogen, das »ch tanztheater« hat einen alten Bau zum »Theater Westend« umgestaltet; Künstler, Filmemacher und Journalisten haben im »Kreis 5« attraktive Arbeitsplätze zu günstigen Mieten gefunden. Altes wird aber nicht nur neu genutzt, es wird auch massiv umgebaut. Am Escher-Wyss-Platz, benannt nach helvetischen Industriepionieren, werden städtebauliche Wahrzeichen errichtet: Der Tessiner Architekt Mario Botta zum Beispiel baut ein Wohn- und Geschäftshaus, und auf dem Areal der ehemaligen Seifenfabrik »Steinfels« entsteht ein Zentrum mit Hotel, Geschäften, Galerien und Räumen für eine Tanzschule. 1993 soll ein Großkino mit 10 Sälen eröffnet werden. Kurz: Die City verlagert sich von der langweiligen Bahnhofstraße in das vitale frühere Arbeiterviertel.

Ein Spaziergang vor oder nach dem Essen im J.O.S.E.F macht Sozial- und Wirtschaftsgeschichte anschaulich: Zürich, eine Stadt im Wandel.

J.O.S.E.F
Gasometerstr. 24
8005 Zürich
Tel. 2716595

Sa mittag und So geschl.
Mittags: 3. Kategorie
Abends: 2. Kategorie

Tafelfreuden im Weinberg:
Restaurant Zur Mühle in Fläsch, Graubünden

Am Fuß des Fläscherbergs, im nördlichsten Zipfel Graubündens, hat sich zwischen Rebbergen eine Gaststätte der feinen Art etabliert, das Restaurant Zur Mühle. Reizvoll ist es, das Lokal außerhalb des Dorfes zu Fuß aufzusuchen, etwa vom alten Städtchen Maienfeld her oder wenigstens vom hübschen Weindorf Fläsch aus. So nimmt man die schöne Umgebung wahr, um sich dann, erfüllt von Eindrükken, mit noch mehr Lust den exquisiten Tafelfreuden zu widmen. Für den kleinen Gaumenkitzel ist der Garten ideal, in dem mittags bei schönem Wetter eine kleine Karte aufliegt. Das eigentliche Mittagessen und die berühmten vier- bis siebengängigen Abendmenüs werden im Speisesaal aufgetragen, einem modernen, hell und freund-

Für die Bündner Köstlichkeiten, die im Restaurant Zur Mühle in Fläsch serviert werden, nimmt so mancher Gourmet eine weite Anfahrt in Kauf

lich gehaltenen Anbau aus den achtziger Jahren. Die Devise der gepflegten Küche – Kenner zählen sie zu den besten der Schweiz – heißt: marktfrisches Saisonangebot. Dementsprechend wechselt die Speisekarte täglich und ist bewußt klein gehalten. Dafür fällt die Weinkarte um so reichhaltiger aus. Naheliegend, denn man sitzt mitten in den Reben der Bündner Herrschaft. Einheimische Spezialitäten bilden den Schwerpunkt des Angebots, und den Beziehungen zu den Weinbauern der Umgebung wird viel Aufmerksamkeit geschenkt. Die Leidenschaft des Küchen- und Kellermeisters gilt den italienischen Weinen.

Restaurant Zur Mühle
7306 Fläsch
Tel. 085/91054
Betriebsferien: Jan. 3 Wochen, Juli/August 2 Wochen; sonst tgl. geöffnet

Mittags: 2. Kategorie
Abends: 1. Kategorie
Anfahrt: 23 km nördlich von Chur.

Speisen unter Denkmalschutz: Restaurant Drachenburg und Waaghaus in Gottlieben am Bodensee

Am schönsten ist die Annäherung an Gottlieben mit dem Schiff. Mit blumengeschmückten Terrassen heißen die Uferrestaurants die Reisenden willkommen. Am Wasser flanieren Gäste, und der Platz hinter dem Landungssteg ist von stattlichen alten Häusern gesäumt. Sie bilden zusammen das kleine Imperium des Hotels und Restaurants Drachenburg und Waaghaus, dem drei Tagesrestaurants mit Seeterrassen und zwei Hotels angehören. Es hat wesentlich dazu beigetragen, Gottlieben zu einem beliebten Touristenziel zu machen. Schön und einladend wirkt das breite Waaghaus, ein Riegelbau aus dem 17. Jahrhundert. Doch die herrschaftliche Drachenburg, etwas exzentrisch mit ihren zwiebelgekrönten Erkern, beeindruckt noch mehr. Auch sie stammt aus dem 17. Jahrhundert und steht unter Denkmalschutz. Den einschüchternden Namen verdankt sie den Drachenwasserspeiern, die erst 1884 angebracht wurden. Seit der Jahrhundertwende beherbergt sie einen Gastbetrieb, zum Glück für alle, die gerne hinter schöne Fassaden spähen.

Der Ambiance des Ortes und der ehrwürdigen Bauten entsprechend, wird in allen drei Restaurants eine traditionelle Küche gepflegt. Der Lage an See und Rhein trägt das reiche Fischangebot Rechnung. Da locken etwa der Pot-au-feu von Bodenseefischen, sautierte Felchenleber, verschiedene Zubereitungen von Felchen und Egli (Flußbarsch) oder die Bodenseefischplatte mit Rotwein. Am Untersee wird ein leichter, fruchtiger Wein gezogen. Man sollte ihn hier kosten, auf der Karte sind einige weiße und rote Spezialitäten aufgeführt.

Fischspezialitäten aus Rhein und Bodensee munden im historischen Interieur der Drachenburg in Gottlieben besonders gut

Die lichte Uferlandschaft läßt sich unmittelbar beim Mahl auf einer der Terrassen genießen. Die Interieurs von Waaghaus und Drachenburg bieten traditionsbewußte bürgerliche Gastlichkeit.

Hotel Drachenburg und Waaghaus AG
8274 Gottlieben
Tel. 072/691414
Ganzjährig außer Weihnachten
Drachenburg tgl. außer Mo

1. Kategorie
Kleine Karte mit kalten und warmen Gerichten 10–35 sfr
Anfahrt: 75 km nordöstlich von Zürich.

Kreationen von Meisterhand: Restaurant Charon in Basel

Charon hieß der Fährmann in die Unterwelt der alten Griechen. Doch nicht auf ihn bezieht sich der Name des kleinen Restaurants beim berühmten Basler Spalentor. Charon (sprich: Scharo mit nasalem O) hieß vor Jahrzehnten der damalige Wirt – er kam aus der französischen Schweiz und lieh dem Lokal seinen Namen.

Ganz den diesseitigen Freuden gibt sich hin, wer heute bei Urs Weidmann im Charon zu Gast ist. Die Wanderjahre führten Weidmann zu den Großen seines Fachs: zu Eckart Witzigmann nach München, zu Guy Savoy nach Paris und auch zu Fredy Girardet nach Crissier, bevor er in seine Heimatstadt zurückkehrte und als Küchenchef in Hans

Stuckis »Bruderholz« wirkte. Im Januar 1989 übernahm Weidmann zusammen mit seiner Frau Mary, die den Service betreut, das Lokal. Hier führt er nun nicht mehr eine große Brigade, die nur das Beste und Teuerste auftragen läßt, sondern pflegt mit seinem kleinen Team die klassische Küche, die sich wieder größter Beliebtheit erfreut: natürliche, frische Produkte nach alter Schule (zum Glück mit weniger Rahm) verarbeitet, internationalen Einflüssen nicht abgeneigt.
Die Karte verrät weise Beschränkung: Zur Auswahl stehen außer einem Überraschungsmenü sechs Vorspeisen und neun Hauptgänge mit Fisch oder Fleisch. Kräftiges wie ein Rindshuft-Medaillon an einer Balsamico-Sauce steht ebenso zur Wahl wie etwa eine ganze gebratene Baby-Seezunge. Die Weinkarte ist eher bescheiden, bietet gute italienische Weine zu günstigen Preisen. Das Charon besuchen vor allem Einheimische: Die sparsamen Basler schätzen Weidmanns einzigartige Leistung, für 22 Franken ein exquisites, dreigängiges Mittagsmahl auf den Tisch zu bringen. Reservierung unbedingt erforderlich.

Restaurant Charon
Schützengraben 62
4051 Basel
Tel. 2619980

So, Mo und im Juli geschl.
Mittags: 3. Kategorie
Abends: 1. Kategorie

Engadiner Spezialitäten: Chesa Marchetta in Sils Maria
Seit Jahren werden hier Tag für Tag die gleichen drei oder vier typischen Engadiner Gerichte angeboten. Maria und Christine Godly behandeln ihre Gäste gelegentlich – nun ja, sagen wir mal: nonchalant. Doch an einen Abend in der Chesa Marchetta denkt man mit leiser Wehmut zurück, auch wenn der Engadin-Aufenthalt schon längst wieder passé ist. Wer einmal an einem eisig-kalten Winterabend in dem alten Steinhaus am Dorfplatz von Sils Maria eingekehrt ist, wird wiederkommen. Im winzigen, aber wunderschönen Raum mit den vier Tischen fühlt man sich geborgen vor aller Unbill der fernen Welt.
Ab 16 Uhr werden Reservierungen entgegengenommen: Die Dame am anderen Ende des Telefons wird Sie darauf aufmerksam machen, daß heute bloß ein Menü zu haben ist, und sie wird erwarten, daß Sie gleich Ihre Bestellung aufgeben: Saltimbocca mit Spinatknöpfli (eine Art Spätzle) oder Rahmschnitzel mit Risotto oder »Plains in Pigna« (eine pikante Rösti-Variante) mit Engadiner Wurst. Welche der Spezialitäten die Schwestern Godly am Tag Ihres

In Sils im Engadin suchte einst auch Friedrich Nietzsche Erholung.
Die kleine Kirche St. Lorenz steht im Ortsteil Sils-Baselgia

Besuchs auch zu servieren geruhen, es wird Ihnen schmecken. Beschließen Sie das einfache Mahl mit Engadiner Beeren, hausgemachtem Eis oder einem kräftigen Schluck Grappa.

Chesa Marchetta
7514 Sils Maria
Tel. 45232 (in der Hochsaison meist auf mehrere Tage ausgebucht)

Nur abends, 22. April–16. Juni und 14. Okt.–15. Dez. geschl.
1. Kategorie
Anfahrt: 10 km südlich von St. Moritz.

Räucherlachs und Gänseleber aus eigener Produktion: Alte Post in Klosters

John Ehrat, der schnurrbärtige Wirt der Alten Post, hat sich nach einer erfolgreichen Karriere in der internationalen Hotellerie in den etwas abgelegenen Ortsteil Aeuja (sprich: Öia mit Akzent auf dem Ö) im noblen Klosters zurückgezogen und ein Feinschmeckerlokal ohne Allüren eröffnet. Seit die Gastro-Päpste der »Nouvelle cuisine« abgeschworen haben, erhält Ehrat für seine ungekünstelte, kräftige Küche Jahr um Jahr mehr Punkte in den Restaurantführern. Bereits legendär geworden sind seine Schweden- und Lammbuffets, die sich an den Samstagabenden in der Saison abwechseln: Tragen Ehrat und seine Mitarbeiter einmal Lammgerichte in unübersehbarer Menge auf, biegen sich die Tische das andere Mal unter den Köstlichkeiten aus dem hohen Norden. Unter wahren Kennern gilt der Lachs aus Ehrats eigener Räucherei als unschlagbar, ebenso wie seine hausgemachte Gänseleber-Terrine. Beide Produkte und eine Reihe von Bündner Spezialitäten werden auch über die Gasse verkauft.

Restaurant Alte Post
Doggilochstr. 136
7250 Klosters-Aeuja
Tel. 691716

Mo und Di, Mai und Nov. geschl.
1./Luxuskategorie
Anfahrt: 10 km nördlich von Davos.

Kaffeehaus mit Charme und Tradition: Confiserie Schober in Zürich

Die Confiserie Schober in der Napfgasse gehört noch zu jenen selten gewordenen Kaffeehäusern, die sich einer Tradition verpflichtet fühlen, derzufolge man Kaffee noch mit »C« und Tee mit »Th« schreibt. Dabei versprüht das Schober eher den altjüngferlichen Charme einer Konditorei mit Erfrischungsraum denn jenen eines eleganten Wiener Kaffeehauses. Beim Eintritt in den Verkaufsraum gerät der Besucher in die Süßwarenwelt des 19. Jahrhunderts: Das denkmalgeschützte Interieur erinnert an Marzipanbildhauerei, eine verkäufliche Dekoration von Kuchen und Konfitüren türmt sich auf Theken und Regalen. Selbst die verschnörkelten Jugendstillampen

des angegliederten Cafés findet hier kein Gast kitschig. An den Wänden hängen Erinnerungsstücke: Hinweise auf die Qualität von »ächtem Zürcher Zwieback und prima Triebschnitten«, alte Fotos vom Schoberschen Betrieb, der 1975 den Besitzer wechselte, sowie die alte, aber immer noch gültige Bitte, nicht zu rauchen.
Der Kaffee, nebenbei gesagt, ist gut (»natur«, »crème« oder »au lait« die Portion zu 5,80 sfr); auch beim Tee (5,80 sfr) wird auf Schobersche Qualität Wert gelegt. Als Spezialität gilt aber die heiße Schokolade, die nach der Art von Theodor Schober mit Vollmilch vom Bauernhof aufgegossen wird (5,80 sfr), wobei nach der Rezeptur von Alice Schober die Milch auch durch Kirsch, Cognac oder Williams-Birne ersetzt werden kann. Überhaupt findet man im Schober ein für schweizerische Konditoreien unübliches Angebot an Hochprozentigem. So daß an sieben Tagen der Woche für fast alle Bedürfnisse eines Spaziergängers gesorgt ist, der auf dem Altstadtbummel eine Pause einlegen will.

Confiserie Schober
Napfgasse 4
8001 Zürich

Mo–Fr 8–18.30 Uhr, Sa 8 bis 16.30 Uhr, So 10–17.30 Uhr

Gastronomisch-kulturelles Gesamtkunstwerk: Der Teufelhof Basel

Als Kulturvermittler betätigt sich der frühere Theatermacher Dominique Thommen schon seit Jahrzehnten. Mit seiner jüngsten Kreation, dem Teufelhof Basel, ist er zum Vermittler zwischen verschiedenen Kultursparten geworden. Ganz in diesem Sinn nennt sich das Lokal in Basels Altstadt »Kultur- und Gasthaus«. Es ist *Gourmet-Restaurant, Weinstube, Café*-Bar, *Theater, Kunstgalerie* und *Kunsthotel* in einem. »Wir hoffen, daß die Theaterbesucher auf die Eßkultur und die Gourmets auf die Theaterarbeit und die Kunstzimmer neugierig werden«, wünscht Thommy.
Neugierige können sich freuen, die gebotene Kultur ist durchweg von hoher Qualität, die spürbare Experimentierfreude hat nichts mit Dilettantismus zu tun. Das gilt auch für die drei Restaurationsbetriebe, für Café und Bar wie für die Eßlokale. In der gemütlichen *Weinstube* mit dazugehörigem Innenhof werden kulinarische Leckerbissen aus alltäglichen Zutaten serviert – zu bescheidenen Preisen. Dahinter steht der Spitzenkoch Michael Baader. Im gediegenen *Restaurant* zelebriert er die hohe Schule der Gastronomie. Wer's bewältigt, kann über neun Gänge hinweg, vom Amuse-Gueule bis zu Friandises (die als Überraschung serviert werden), mitzelebrieren. Wem weniger mehr ist, stellt aus dem Angebot eine kürzere Speisenfolge zusam-

Der Teufelhof in Basel, einer der vielseitigsten Gastronomiebetriebe des Landes, nennt sich nicht zu Unrecht »Kultur- und Gasthaus«

men. Ein Fest für Gemüt und Gaumen wird es auf jeden Fall. Selbstverständlich richtet sich die Speisekarte nach dem täglichen Saisonangebot auf dem Markt, da nur Frischprodukte verwendet werden. In allen Lokalen steht dem Gast das umfangreiche und gepflegte Wein- und Spirituosensortiment des Hauses zur Auswahl. Auf die Speisen abgestimmte Weine werden glasweise angeboten. Angenehm gesättigt, fällt es oft schwer, den Heimweg anzutreten. Da sind jene gut dran, die rechtzeitig eins der acht von Environment-Künstlern gestalteten Zimmer des *Kunsthotels* reserviert haben. Selten hat man Gelegenheit, in einem Kunstwerk zu wohnen. Die Zimmer werden nach ein bis zwei Jahren ausgeräumt und von anderen Künstlern neu gestaltet. Qualität, vor allem im Bereich Kleinkunst, wird auch in den beiden *Theatern* geboten. Das untere Theater dient zudem als *Kunstgalerie* mit ständig wechselnden Ausstellungen.

Der Teufelhof Basel, das Kultur- und Gasthaus
Leonhardsgraben 47/Heuberg 30
4051 Basel
Tel. 061/2611010
Fax 061/2611004
Betriebsferien je 2 Wochen im Jan. und Juli

Weinstube: Tellergerichte 6,50 bis 38 sfr
Restaurant: 1./Luxuskategorie
Öffnungszeiten: Weinstube, Café und Bar tgl., Restaurant So und Mo geschl.
Hotel: 16 Betten
2. Kategorie

Hotels

Oase in der Altstadt: Hotel Wellenberg in Zürich

Im Altstadtviertel Niederdorf hat die Postmoderne Einzug gehalten: Der lokale Immobilien-Tycoon Anton Scotoni eröffnete ein Viersternehotel in den oberen Stockwerken eines Gebäudes mit zwei Kinos und einem (mittelmäßigen) italienischen Restaurant direkt am zentral gelegenen Hirschenplatz.
Keine Dutzend-Architektur, gute Materialien, jedes Zimmer ist individuell eingerichtet – und die besonders privilegierten Unterkünfte bieten eine großartige Aussicht über die Dächer der Altstadt von Zürich. Bisher wird das Haus vor allem von jüngeren Geschäftsleuten geschätzt: Zu den »Wellenberg«-Preisen, die auch nach der Einführungszeit tiefer als in vergleichbaren Häusern bleiben sollen, finden sie sonst nirgendwo in Zürich so komfortabel Unterkunft. Die Bedienung ist freundlich und zuvorkommend: Das Frühstücksbuffet (im Preis inbegriffen) wird wochentags um 10, sonntags erst um 11 Uhr abgebaut. Und bei schönem Wetter gibt es Frühstück oder später am Tag einen Drink auf der Altstadt-Terrasse, einer Oase der Ruhe mitten im Trubel.
Das Niederdorf ist die traditionelle Ausgehmeile der Zürcher, und nur die konservativen Aargauer oder Innerschweizer halten es noch für das helvetische Sündenbabel, das mittlerweile eher im Stadt-»Kreis 4« zu finden ist. Leider hat das Viertel in den letzten Jahren einiges von seinem Charme verloren: Die horrenden Mieten in luxussanierten Häusern vertrieben viele langjährige Bewohner, Handwerker und Kleinhändler – mit ihnen ist auch ein Stück kleinstädtische Intimität verschwunden.

Hotel Wellenberg
Niederdorfstr. 10
8001 Zürich

Tel. 01/2624300
Fax 01/2513130
46 Betten
1. Kategorie

Grandiose Bergwelt direkt vor der Tür: Pension Chesa Pool im Fextal

Wer sich im Engadin wohl fühlt (und wer täte das nicht), der wird vom Fextal verzaubert sein. Das Oberengadiner Seitental ist praktisch autofrei; außer den Pferdetaxis (im Sommer Kutschen, im Winter Schlitten) ist die Zufahrt nur Anrainern gestattet. Im ruhigen Hochtal

ist man zu Fuß unterwegs: Nach einem kurzen, steilen Aufstieg vom Dorfplatz in Sils Maria erreicht man die Ebene von Fex-Platta, dann folgt eine kleine Steigung, nach der zwei Wege bequem bis zum alten Hotel am Talende führen: der Fahrweg oder – weit vergnüglicher – der Waldpfad an der Westflanke.
In dieser unvergleichlichen Landschaft des Oberengadins steht ein ganz besonderes Gasthaus: die Chesa Pool, bis vor zwanzig Jahren ein Privathaus, seither eine Pension. Hier werden die Gäste behandelt wie alte Freunde, die Preise sind weit unter dem alpinen Jet-set-Niveau.
Zugegeben: Nicht jeder will auf das eigene Bad im Zimmer verzichten (auch wenn es ein paar wenige Zimmer mit eigenem Bad, sogar ein Appartement mit Küche gibt) und mit (zumindest anfangs) wildfremden Menschen am gleichen Tisch plaziert werden. Dafür fühlen sich die Gäste rasch wie zu Hause. Und das dreigängige Menü, das den Pensionsgästen am Abend vorgesetzt wird (Fleisch oder Fisch und vegetarische Gerichte wechseln sich ab), nimmt es locker mit dem Angebot eines Edelrestaurants auf. Die Weinliste zählt 75 Provenienzen auf. Ebensoviel Gewicht messen die Gastgeber der Teequalität zu. Kurz: In der Chesa Pool kann man es sich wohl sein lassen.
Tagsüber schnallen sich die Gäste vor der Tür die Bretter zur Tagesskitour an, das Haus hat nämlich sozusagen einen Direktanschluß an das 150 Kilometer lange Netz der Oberengadiner Langlaufloipen. Das ganze Jahr über bietet die Chesa Pool immer wieder Spezialwochen an: vom Kletterkurs über das Yoga-Seminar bis zum Weinseminar.

Pension Chesa Pool
Fex-Platta
7514 Sils Maria
Tel. 082/45504
Fax 082/46115
Ganzjährig geöffnet

35 Betten
2. Kategorie
Preise inkl. Halbpension, auch Dreier-, Vierer- und Achterzimmer erhältlich
Anfahrt: 10 km südlich von St. Moritz.

Idyll am Untersee: Seehotel Feldbach in Steckborn

Klösterliche Gelassenheit liegt noch heute über der Halbinsel Feldbach am Untersee. Ein weiter Park mit majestätischen Baumriesen und sattgrünen Rasenflächen beruhigt gestreßte Gemüter, der Blick aufs Wasser entspannt.
Zisterzienserinnen gründeten hier im 13. Jahrhundert ein Kloster. Heute bietet es als Seehotel Feldbach eine stimmungsvolle Unterkunft. Vom ehemaligen Kloster blieb nach einem Großbrand nur das

einstige Beichtigerhaus stehen, ein stattlicher Riegelbau (16. Jh.), das Erdgeschoß aus mächtigen Natursteinen gefügt. Es beherbergt das Restaurant mit Bankett- und Konferenzsälen und eine Bar. Davor liegt, zum See hin, eine großzügige Gartenterrasse. Der Hoteltrakt wurde erst vor wenigen Jahren erbaut, mit viel Feingefühl für die Umgebung. Gekonnt hebt er sich ab von der alten Bausubstanz, sucht keine altertümelnde Anbiederung. Die lichte Architektur, zur heiteren Park- und Gartenlandschaft weit geöffnet, erinnert an ein Gewächshaus. Die freundlichen Zimmer sind größtenteils mit Balkon ausgestattet.
Das Innere des alten Beichtigerhauses, heute Refektorium genannt, ist wohltuend schlicht renoviert, auf Pseudohistorisches wurde verzichtet.
Im Haus verkehren nicht nur ruhebedürftige Kurgäste. Wassersportler aller Art fühlen sich hier wohl. Das Hotel verfügt über eine Liegewiese am See, und der Bootshafen ist in unmittelbarer Nähe. Landratten haben die Wahl zwischen einer reichen Palette an Wanderrouten oder einer Tour mit dem hoteleigenen Fahrrad. Weniger aktiv, aber nicht minder attraktiv, sind Ausflüge per Kursschiff auf Bodensee und Rhein. Die Schiffl ände liegt malerisch im nahen mittelalterlichen Städtchen Steckborn.

Im ehemals klösterlichen Beichtigerhaus in Steckborn am Untersee sind heute Restaurant- und Konferenzräume des Seehotels Feldbach untergebracht

Im Hotel Feldbach sind auch Kinder willkommen, genügend Auslauf ist im großen Park vorhanden.

Seehotel Feldbach
8266 Steckborn
Tel. 054/626262
Fax: 054/612730
Ganzjährig geöffnet
Betriebsferien: Mitte Dez.–Mitte Jan.

58 Betten
2. Kategorie
Halbpension möglich,
Wochenendarrangements
Anfahrt: 64 km nordöstlich von Zürich.

Antiquitäten und Rittersaal:
Hotel Chasa Capòl in Santa Maria im Münstertal

Eigentlich heißt das Haus »Theater Hotel Chasa Capòl et des artistes« und ist zugleich ein Programm. Der Kunst wird ebensoviel Aufmerksamkeit zuteil wie der Gastlichkeit. Das wird schon im Hotelprospekt und im Veranstaltungskalender deutlich, erst recht aber, wenn man die Schwelle des tausendjährigen Hauses überschreitet.
Die Hotelzimmer sind individuell mit antikem Mobiliar eingerichtet und tragen die Namen historischer Persönlichkeiten. Das weckt die Neugier auf die Geschichte des Hauses. Es gibt Führungen durch dieses einzigartige Baudenkmal und ein kleines Museum in der Hauskapelle aus dem 12. Jahrhundert. Verraten sei lediglich, daß 1506 der deutsche Kaiser Maximilian I. hier logierte und auch Minnesänger an dem Ort wirkten. Kaiser sind in letzter Zeit keine mehr abgestiegen, häufig hingegen Nachfahren der Barden nebst Begleitmusikern, Schauspielern und Artisten, welche jährlich zehn bis sechzehn Veranstaltungen im Haustheater bestreiten. Die Aufführungen sind manchmal Teil eines ganzen Tages- oder Wochenendprogramms mit verschiedenen Aktivitäten zu einem Thema, auf das dann sogar die Küche abgestimmt wird.
Das ausgezeichnete Essen wird in den historischen Räumen des Rittersaals oder der Stüva zum festlichen Ereignis, bereichert noch durch die besonderen Schätze des Weinkellers. Dort lagern die im nahen Südtirol kultivierten Eigenbauweine aus rätischen Traubensorten. Auf Wunsch werden Degustationen durchgeführt, und wer ein Souvenir nach Hause tragen will, erhält hier Einheimisches – wie übrigens auch in der Boutique »Butia sur Traschenda«.
Der Frühstücksraum wird »Salottino Veneziano« tituliert – allein der Name verleiht der ersten Mahlzeit schon den Charme, den sie verdient. Zwischen den Essenszeiten ergeht man sich im Hotelpark, spielt Boccia, erfrischt sich im Schwimmbad, besucht die Kunstgalerie oder macht sich auf die Wandersocken. Im Hotel liegt ein Prospekt auf mit über 40 Vorschlägen für Tagestouren, Halbtageswande-

Übernachten wie im Museum, nur etwas luxuriöser: Chasa Capòl in Santa Maria im Münstertal

rungen und Spaziergänge im herrlichen Berggebiet. Von Zeit zu Zeit werden Ferienkurse durchgeführt, zum Beispiel für Kalligraphie oder Filet-Stickerei, eine traditionelle Volkskunst aus der Region.
In der Dépendance Villetta Capolina stehen Ferienwohnungen zur Verfügung, davor ein Garten und eine Liegewiese sowie ein Gartenrestaurant. Dort besteht für Musiker die attraktive Möglichkeit, Übungsstudios oder -klaviere zu mieten.

Hotel Chasa Capòl
7536 Santa Maria im Münstertal
Tel. 082/85264
Ganzjährig geöffnet

40 Betten
1./2. Kategorie
Anfahrt: 62 km östlich von St. Moritz, zwischen Ofenpaß und Umbrailpaß.

Einkaufen

Turbulenter Jahrmarkt mit Tradition: die Basler Herbstmesse

Wenn behauptet wird, während der Herbstmesse liege über ganz Basel ein unwiderstehlicher Duft von gebratenen Mandeln, von Rosenküchlein und heißen Maronen, Zuckerwatte und Türkenhonig, ist das nur wenig übertrieben. Denn ungewöhnlich ist es schon, daß ein Jahrmarkt eine Stadt seit über 520 Jahren jeden Herbst – Ende Oktober/Anfang November – zwei Wochen lang vollkommen in Beschlag nimmt.

Als wär's im Mittelalter, wird die Messe, die immer an einem Samstag um die Mittagsstunde beginnt, durch eine Glocke der Martinskirche eingeläutet. Der Glöckner erhält dabei einen Handschuh, zwei Wochen später, beim Ausläuten, dann den zweiten. Alle großen Plätze sind mit Karussells und anderen Fahrgeschäften, mit Schießbuden und Wurstständen verstellt. Vor dem ehrwürdigen Münster dreht sich ein gigantisches Riesenrad, bei der Mustermesse rast eine Achterbahn neben einer gemütlich drehenden »Resslirytty« (ein altmodisches Karussell mit Pferdchen und Kutschen), und in den Messehallen gibt es Geisterbahnen, Spiegelkabinette und immer noch ein Varieté mit Feuerschluckern und Entfesselungskünstlern. Auf dem Barfüsserplatz schießt ein fliegender Teppich in den Himmel, und daneben prügelt sich, wie zu Großmutters Zeiten, der Kasper mit dem Krokodil.

Am ruhigsten ist es auf dem idyllischen Petersplatz mit nur wenigen Fahrgeschäften, dafür gibt es dort um so mehr Stände, die teils billigsten Kitsch, teils edelstes Kunsthandwerk feilhalten. Eine besondere Anziehungskraft entfaltet in einer Nebenstraße der Keramikmarkt. Hier kommen die Reichen und Schönen zu handbemaltem Bauerngeschirr für die Ferienwohnungen ebenso wie die Hausfrau zu einem längst aus dem Handel gekommenen Kaffeeservice.

Besonders an den Abenden und an den Wochenenden sind die Straßen und Plätze der Stadt Treffpunkt für die ganze Region. Elsässer und Südbadener strömen ebensogern zur »Mäss« wie die Bewohner aus der Umgebung der Stadt. Sie fühlen sich nicht nur durch den Rummel im Freien angezogen, sondern – während der ersten Messewoche – auch von der Warenmesse in den Hallen der Mustermesse, wo Aussteller aus ganz Europa Gelegenheit für manches Schnäppchen bieten.

Gilt noch immer als »die« klassische Meile für elegantes Shopping: die Zürcher Bahnhofstraße

Für Anspruchsvolle: Seidensalon »Fabric Frontline« in Zürich

Im Kreis vier zeigt die Bankenstadt Zürich ihr anderes Gesicht: das proletarische, bunte, internationale. Auf der Langstraße pulsiert Tag und Nacht der Verkehr, hier wird auf der Straße gegessen (biedere Schweizer Würste und orientalische Snacks) und gehandelt (landwirtschaftliche Produkte in allen Preislagen), gestritten und geliebt. Und nur wenige Schritte abseits dieses Sündenbabels, am Ende einer eher ruhigen Querstraße, hat Andy Stutz sein Hauptquartier – wenn Sie in einem Fenster riesige Gartenzwerge entdecken, sind Sie am Ziel.

Stutz ist der erfolgreichste Schweizer Newcomer im internationalen Geschäft mit kostbarer Seide: Seine »Fabric Frontline« – von ihm selbst ebenso unbescheiden wie zutreffend als »The leading avantgarde specialist for luxury silks« bezeichnet – beliefert die erste Garnitur der Mode-Designer Europas mit Seidenstoffen. Material von edelster Qualität, Dessins von größtem Einfallsreichtum: naturgetreu auf buntes Tuch vergrößerte Insekten und Pflanzen, Kreaturen wilder Phantasie, kitschigste Farborgien. Und der Clou: Eine große Auswahl der Seiden, mit denen die Stars der Modeszene arbeiten, liegt im kleinen Laden unterhalb des Ateliers auch für Normalsterbliche zum Kauf bereit. Besonders attraktiv ist der gewaltige Korpus mit einer riesigen Kollektion von Halstüchern und Krawatten, die sich mittlerweile selbst Schweizer Bankdirektoren umzubinden wagen.

Dienerstr. 16
8004 Zürich
Tel. 01/2416455
Fax 01/2422002

Mo–Fr 11–18.30 Uhr, Sa 11–16 Uhr
Krawatten um 120 sfr
Foulards 350–450 sfr

Gallery Shop in Basel:
Künstlerisches für den täglichen Bedarf

Als der ideenreiche Basler Galerist Klaus Littmann seinen Gallery Shop einrichtete, dachte er dabei nicht in erster Linie an jene Leute, die schon alles haben, sondern an alle, die Kunst nicht bloß als etwas von ferne Verehrungswürdiges betrachten. Seiner Überzeugung nach sollte es auch Menschen ohne fette Brieftasche möglich sein, sich den Alltag von zeitgenössischen Kunst-Stücken verschönern zu lassen. Deshalb ließ er seine Künstlerfreunde Gebrauchsgegenstände gestalten, die man anziehen, aufsetzen, anstecken, aufnähen oder aufstellen kann.

Die Kollektion, die ständig erweitert wird, umfaßt zum Beispiel T-Shirts von Bernhard Luginbühl, farbenprächtige Jacken von Keith Haring, Krawatten von Jean Tinguely, Holzbausteine, Halstücher, Pins, Baseballkappen, Uhren, Gläser und Keksdosen. Niki de Saint-Phalle entwarf witzige Parfum-Flacons, mit Motiven von Andy Warhol sind Tagebücher (selbstredend mit leeren Seiten) dekoriert. Puristen mögen über diese Art von Komerzialisierung der Kunst die Nase rümpfen, dabei verdrängen sie, daß auch der Verkauf von Gemälden, Skulpturen und Lithographien längst ein Geschäft wie jedes andere ist. Was Littmann in seinem Gallery Shop feilbietet (Filialen gibt es in Düsseldorf und Passau), ist jedenfalls geschmackvoll gestaltet und – zum größten Teil – für jeden erschwinglich. Das Sortiment umfaßt auch Kunstkarten, Bücher, Videos und CDs.

Elisabethenstr. 40
4051 Basel

Tel. 061/2727400
Fax 061/2718652

Kulturelle Veranstaltungen

Ringkampf im Sägemehl

Schwingfeste vermitteln einen nachhaltigen Blick in die schweizerische Volksseele. In mehreren runden Sägemehlplätzen liefern sich weißgekleidete Turnerschwinger und meistens blaubehemdete Sennenschwinger einen »Gang«, den fünf- bis zehnminütigen Ringkampf. Drei Ringrichter wachen nicht nur über Regeln und Fairneß, sondern benoten Technik und kämpferische Haltung. Gewichtsklassen werden nicht unterschieden, doch Leichtgewichte sind in dieser ländlichen Sportart ohnehin chancenlos. Rohe Kraft allein garantiert jedoch ebensowenig den Erfolg wie pure Masse. Behendigkeit, taktische Intelligenz, Erfahrung und ein sechster Sinn für die Absichten des Gegners kennzeichnen vielmehr die Kranzschwinger – die hochbenoteten Kämpfer, welche im »Ausstich« die Oberhand behalten.

Wer mit beiden Schulterblättern im Sägemehl liegt, hat den Gang verloren. Der Sieger hilft ihm auf die Beine und klopft ihm den Staub vom

Wer zuerst im Sägemehl liegt, hat verloren. Doch auf Schwingfesten wird nicht nur gekämpft, sondern auch gesungen, gegessen und getrunken

Rücken. Ein normales Schwingfest besteht aus fünf Gängen pro Mann (ein eidgenössisches, aus dem der Schwingerkönig hervorgeht, sieben); die beiden Kämpfer mit den höchsten Noten treten zum entscheidenden Schlußgang an.
Soviel zur Theorie. Zum Schwingfest gehört außer den Kampfszenen ein sachkundiges, begeistertes Publikum. Altschwinger kommentieren die Schwünge: Hüfter etwa, Brienzer oder Schlungg. Ein Geruch von Bratwürsten, Bier und Zigarren liegt über dem Platz. Bergbauern sitzen hier im Sonntagsgewand aus schwerem, dunklem Tuch, den Hut aufgesetzt. Jodler besingen sattgrüne Wiesen, gesunden Bauernstand und unverbrüchliche Männerfreundschaft, selbst wenn der Bannwald dahinserbelt, weil die Luftverschmutzung auch die Berggebiete erreicht. Und Fahnenschwinger wirbeln die Flagge mit dem weißen Kreuz auf rotem Grund in diese Alpenluft, als wäre die Schweiz ein heiles Land der Hirten.
Schwingerprofis gibt es nicht. Das hüllt den Volkssport in ein mildes Licht von Idealismus. Auf den Gabentischen drängt sich Bodenständiges: Kuhglocken mit kunstvoll verzierten Bändern, viel Hölzernes – Stühle, Truhen, Tische, Fäßchen; auch mal eine Wanduhr oder sogar ein Moped, je nach Gewerbe der Dorfsponsoren. Den Siegern prestigereicher Schwingfeste, vor allem des eidgenössischen, das bloß alle zwei, drei Jahre stattfindet, gebührt ein »Muneli«, ein Jungstier. Obwohl heute neun von zehn Bauern die Samenbanken beanspruchen, um ihre Kühe zu befruchten. Im liebenswürdigen Rahmen der Folklore hat auch Paradoxes Platz. Daten der wichtigsten Schwingfeste über:

Schweizerische Verkehrszentrale Tel. 01/288 11 11
Bellariastr. 38 Fax 01/288 12 03
8027 Zürich

Hereinspaziert: zu Gast beim Zirkus Knie
Der Zirkus Knie prägte die Träume und Wunschbilder von Generationen von Schweizern. Welches Mädchen wäre nicht fürs Leben gern als Nummerngirl den Manegenrand entlang getrippelt oder sah sich nicht sogar momentlang aufrecht im Glitzerkleid auf einem trabenden Lipizzanerpferd balancieren. Und den Jungs bot eine Rodeovorstellung des Zirkus Knie auf Jahre hinaus das Rüstzeug für Wildwesttugenden wie Lasso- oder Messerwerfen. Niemand stört sich deshalb am Beinamen »Schweizer National-Circus«. Tatsächlich ist der Zirkus Knie ein rein privatwirtschaftliches Familienunternehmen, das keinerlei staatliche Unterstützung genießt. Doch wen interessiert

Der Geruch nach Stall und Manege läßt nicht nur Kinderherzen höher schlagen: Zirkus Knie, ein Schweizer Traditionsunternehmen

schon der Balanceakt auf dem hohen Seil der Marktwirtschaft, wo es um augenfälligere Akrobatik geht.
Denn diese beherrscht die Dynastie seit bald zweihundert Jahren. Als Sohn des Leibarztes von Kaiserin Maria Theresia von Österreich war Friedrich Knie auf dem besten Weg, auch Medicus zu werden. Doch eine Künstlertruppe zog ihn 1803 in Bann; bald gründete er einen eigenen Akrobatentroß. Neben Österreich und Deutschland wurde die Schweiz zum bevorzugten Gebiet für dessen Auftritte. Friedrich starb 1850 in Burgdorf. 1900 wurden die Knies in der Schweiz eingebürgert, und 1919 traten sie erstmals im Zirkuszelt auf. Heute trägt die sechste Kniegeneration die Hauptverantwortung für die Tournee von 250 Artisten und Angestellten. Rund 60 Orte besucht der Zirkus während der Saison, die von Mitte März bis Ende November dauert. Nach wie vor treten Mitglieder der Familie in der Manege

auf. Vor allem die Pferde- und Elefantennummern sind traditionell in Kniescher Hand. Im übrigen besteht das Programm aus Gastspielen internationaler Artisten. Selbst im Zeitalter von Fernsehen und Video bildet der fahrende Zirkus in Dörfern und Städten die Tagessensation. Im Morgengrauen rollen zwei Extrazüge in den Bahnhof ein. Etwa fünf Stunden benötigen die Zirkusarbeiter, um das mächtige Zelt aufzustellen. Und selbst in Zürich treten pflichtbewußte Büroangestellte ans Fenster, wenn Kamele, Elefanten, Zebras, Pferde – Tiere des mobilen Zoos – vom Bahnhof zum Zeltplatz geführt werden: »De Knie isch da!«

Im Winter zieht sich der Zirkus an seinen festen Standort in Rapperswil am oberen Zürichsee zurück. Hier befindet sich der *Knie Kinderzoo*, während der Saison ein beliebtes Auflugsziel. Die Kinder können auf Elefanten und Ponys reiten, ein Piratenschiff besteigen oder die Kunststücke von Delphinen bewundern.

Der Winter aber ist keineswegs Ruhezeit. Dann gilt es, das Material in Ordnung zu bringen, die bevorstehende Tournee zu planen, neue Programmnummern einzuüben. Denn nur zu bald heißt es wieder in der Manege: »Herreinspaziert, meine Damen und Herren!«

Gebrüder Knie
Schweizer National-Circus AG
8640 Rapperswil
Tel. 055/278872
(Billett-Reservierung während der Tournee am jeweiligen Ort)
April–Nov. (außer an Feiertagen)
Tgl. Vorstellungen 15 und 20 Uhr
Eintrittskarten 10–30 sfr
Fahrender Zoo: 5 sfr, Kinder 2,50 sfr

Kinderzoo Rapperswil
Tel. 055/275222
Mitte März–Anfang Nov.
Tgl. 9–18 Uhr
Eintritt 6 sfr (Kinder 3 sfr)
Anfahrt: 30 km südöstlich von Zürich.

Zürcher Theater-Spektakel: ein Fest der Gaukler und Illusionisten

Wer Zürich in der ersten Septemberhälfte besucht, über kulturelle Risikofreudigkeit verfügt und zu touristischer Spontaneität fähig ist, wird am alljährlichen Theater-Spektakel seine Freude haben. Am linken Seeufer beherrscht dann in Zelten und unter freiem Himmel das Alternativtheater die Szene. Das spätsommerliche Nachtleben regt sich ungewohnt fröhlich, und die Mär von der Friedhofsruhe der Zürcher Nächte wird Lügen gestraft.

Ort aller Handlungen ist die sogenannte Landiwiese, an die sich die Kriegsgeneration noch gern als ein Zentrum geistiger Landesverteidigung erinnert (Landesausstellung 1939). Das Spektakel macht die Wiese zur Großbühne. Wenn alle günstigen Umstände zusammenkommen, wird aus dem offiziellen Programm unter Beteiligung allerlei ungeladener Clowns und Kartenleger ein theatralisches Gesamtkunstwerk der besonderen Art. Die Atmosphäre ist ziemlich frei von künstlerischem Hochmut und das begleitende kulinarische Angebot – tendenziell eher exotisch als gutbürgerlich – Jahr für Jahr neu zu rühmen. So sehr, daß sich einige Theaterpuristen schon Sorgen machen, daß ein übermäßiger Restaurationsbetrieb dem ernsthaften Kulturgenuß abträglich sein könne. Die Organisatoren appellieren aber seit 1979 ans kritische Interesse für Theaterexperimente *und* an die kulinarische Genußfähigkeit. Ihre Sorge gilt eher der Finanzierung des Ganzen und dem Gebaren des Zürcher Gemeinderats, der gern ans Sparen denkt, wenn es um Kultur geht.

Zürcher Theater-Spektakel
Landiwiese am linken Seeufer
Ende August / Anfang September

Anfahrt: Bus Nr. 161 oder 165, Straßenbahn Linie 6 oder 7 bis Haltestelle Billoweg oder Bahnhof Wollishofen; zu Fuß vom Bürkliplatz ca. 15 Min.

Am Abend

Polygon: Varieté und Dancing in Zürich
Ein Polygon gehört bereits zu den komplizierteren Figuren der Geometrie und hat, als Symbol betrachtet, etwas schillernd Mehrdimensionales, vor allem in Zürich, wo eher das zwinglianische Rechteck vorherrscht. Wer ein Vergnügungsetablissement Polygon nennt, hat sich also etwas dabei gedacht. Es sollte der Gegenbeweis erbracht werden, daß Zürich zwar immer noch doppelt so groß sei wie der Wiener Zentralfriedhof, aber nur halb so lustig.
Das Polygon, eine Mischung aus diskret funktionierendem Barbetrieb und artistisch-musikalischer Veranstaltung, bietet zwischen Entrée und Finale ein Programm aus Varieté-Klassik: erstaunlichste Equilibristik, schwerarbeitende Jongleure, Taschendiebe, Harlekine und als Margeriten verkleidete Transvestiten. Der Conférencier kokettiert mit den poetischen Klischees des ganzen Gewerbes, und die professionelle Erotik des Tanzensembles (damit keine Mißverständnisse aufkommen) ist absolut jugendfrei. Das durchaus gemischte Publikum sitzt an Marmortischchen, gewissermaßen Aug' in Aug' mit den Künstlern, wobei es passieren kann, daß ein im Aktionsbereich der Artisten sich aufhaltender Zuschauer zu Show-Zwecken herangezogen wird. Nach Ende der Vorstellung darf auf einer handtuchgroßen Fläche getanzt werden.
Seit der ersten Premiere im Dezember 1989 gibt es, wie man hört, ein zum Varieté geradezu bekehrtes Publikum. Der Betrieb läuft so, daß die Geschäftsführung dringend zur rechtzeitigen Tischreservierung rät (für die Vorstellungen vom Wochenende mindestens einen Tag im voraus). Wahrscheinlich liegt das am Charme des Konzepts, am freien Eintritt und den höchst moderaten Preisen. Das gute Verhältnis von Kosten und Qualität verdankt das Polygon dem erstaunlich unauffälligen Sponsoring durch ein Unternehmen für Spielautomaten; Kontinuität wird versprochen – obwohl der Kanton Zürich das Glücksspiel nicht mehr dulden will.

Polygon
Im Rothus beim Rathaus
Marktgasse 17
8001 Zürich

Tel. 01/2521110 und 2521530 (Reservierung)
Mo–Do 21–2 Uhr, Show um 21.30;
Fr, Sa 19–4 Uhr, Shows um 20 und 23 Uhr

Nette Atmosphäre, gute Küche, zivile Preise und regelmäßig Kleinkunstveranstaltungen: das Rössli in Stäfa am Zürichsee

Alternative Kultur und Küche: das Rössli in Stäfa am Zürichsee

Ein stattlicher Landgasthof, eine gemütliche Gaststube, ein Saal, wo regelmäßig kulturelle Veranstaltungen stattfinden, das, und noch einiges mehr, ist das Rössli in Stäfa, seit fünfzehn Jahren selbstverwalteter Betrieb und längst als Treffpunkt der Alternativ-Szene etabliert. Das Restaurant nutzt die schönen alten Räume, die liebevoll instandgehalten werden. In der Wirtsstube wird der Gast an langen Tischen freundlich bewirtet, eher von selbstbewußten Gastgeberinnen als von diensteifrig herumwieselndem Servicepersonal. Hier gilt jeder und jede gleich viel, also duzen sich alle. Ein guter Service ist auch so gewährleistet, und das Angebot von Küche und Keller kann sich sehen lassen. Neben drei Fleisch- und einem Fischgericht werden täglich zwei vegetarische Essen aufgetischt. Suppen, Nachspeisen, Gemüse und Salate der Saison – alles wird aus frischen Zutaten im Haus zubereitet. Auf der Speisekarte finden sich alte, fast vergessene Schweizer Köstlichkeiten wie auch Spezialitäten aus aller Welt.

Bei der Auswahl der Rohstoffe spielen Faktoren wie kurze Transportwege, umweltverträgliche und soziale Produktionsmethoden und saisonales Angebot eine wichtige Rolle. Das gilt auch für die Weinkarte.

Die aufgetragenen Teigwaren werden im selben Haus von der Genossenschaft Pastiamo hergestellt, einem weiteren Selbstverwaltungsbetrieb mit eigenem Laden. Neben Nudeln und Gnocchi locken eine ganze Reihe italienisch inspirierter Köstlichkeiten.
Kultur, vor allem die Förderung lokalen Kunstschaffens, wird im Rössli großgeschrieben. Im Restaurant finden regelmäßig Ausstellungen statt, und im hauseigenen Saal veranstaltet das Kulturkarussell Rössli fünf- bis sechsmal im Monat Aufführungen zu Literatur, Musik und Theater.
Das rechte Zürichseeufer, auch Goldküste genannt, verfügt über etliche Gourmet-Lokale für gehobene Ansprüche. Das Rössli Stäfa bietet eine echte und preiswerte Alternative. Freitags und samstags gibt es sogar einen Nachtbus zum Hauptbahnhof Zürich (ab Rössli 0.15 Uhr).

Restaurant Rössli Stäfa
Bahnhofstraße 1
8712 Stäfa
Tel. 01/9265767

Betriebsferien im Juli/August 2 Wochen, sonst tgl. außer Mo
3. Kategorie
Anfahrt: 22 km südöstlich von Zürich.

Treffpunkte in Davos: Cabanna und Carlo's Café Américain

Aus dem Höhenkurort Davos, dem vornehm-gediegenen Schauplatz von Thomas Manns Roman »Der Zauberberg«, ist eine überlaufene Kongreßstadt geworden. Die Lage auf einer Hochebene, umgeben von einem Kranz von Berggipfeln, ist zwar großartig, die Luft aber längst viel schlechter als in der besser durchlüfteten Großstadt Zürich. Auf kleinstädtischem Niveau, geblieben ist nur das abendliche Ausgehangebot: Wer nach 22 Uhr noch nicht zu Bett gehen will, landet fast zwangsläufig in einer langweiligen Hotelbar.
Deshalb haben Unternehmungslustige jeden Alters allen Grund, Erich Schmid, dem Tausendsassa der lokalen Gastronomie, dankbar zu sein: Schmid führt im Hotel »Europe« an der Promenade nicht nur das Restaurant »Zauberberg« mit der besten chinesischen Küche Graubündens (→ Davos, Essen und Trinken), sondern auch die einzige erwähnenswerte Disko des Ortes, den »Cabanna Club«. Dort herrscht im Winter Hochbetrieb bis in den frühen Morgen. Gespräche lassen sich besser in der »Tonic«-Bar im ersten Stock bei gepflegtem Piano-Jazz führen.
Das weniger tanzlustige Publikum findet sich unter den Arkaden, dem »Europe« gegenüber, im stimmungsvollen »Carlo's Café Américain«, einer geräumigen Bar mit kleinem italienischem Speiseange-

bot. Überregionale Berühmtheit hat sich dieser Nightspot mit einer Blasphemie erworben: Im Kellergewölbe unter »Carlo's«, dem Restaurantteil mit dem sinnigen Namen »Mona Lisa«, zeigt ein Wandbild da Vincis Abendmahl – leicht aktualisiert: Die Jünger lassen es sich bei italienischen Köstlichkeiten gutgehen, und Herr Jesus hat verblüffende Ähnlichkeit mit dem Hausherrn.

Cabanna Club
Im Hotel »Europe«
7260 Davos
Tel. 081/4312 00
Tgl. 23–3 Uhr (Winter), Fr und Sa 23–3 Uhr (Sommer)
»Cabanna Bar« ab 18 Uhr; Mai, Juni und Nov. geschl.

Carlo's Café Américain/Trattoria Mona Lisa
In den Arkaden/Promenade 58
7260 Davos
Tel. 081/431722
Tgl. mittags und abends geöffnet
Tgl. wechselnde Karte, 3. Kategorie

Ausflugsfahrten, Wanderungen, Spaziergänge

Panoramafahrt mit dem Glacier Express

Rund siebeneinhalb Stunden ist der rote Zug der Furka-Oberalp-Bahn unterwegs. Der Glacier Express ist dabei, eine neue Legende des Bahnfahrens zu werden. Wer einen runden Geburtstag oder Hochzeitstag besonders feiern möchte, eine Firma, die ihre Corporate Identity mit dem Betriebsausflug umweltfreundlich aufpolieren will – die Wahl fällt bald auf den Glacier Express. Der Zug fährt von *St. Moritz* nach *Zermatt* und umgekehrt. Er verbindet also zwei Schwerpunkte des »gehobenen Tourismus«.
Trotz des ziemlich hohen Fahrpreises ist der Glacier Express keine Nostalgie-Eisenbahn wie beispielsweise der Orient Express. Die Wagen der drei beteiligten Privatgesellschaften (Rhätische Bahn, Furka-Oberalp-Bahn und Brig-Visp-Zermatt-Bahn) spiegeln schweizerische Funktionalität wider, sind pflegeleicht und komfortabel. Der Geist der »guten alten Zeit« findet sich hingegen in der schmalspurigen Fahrbahn, denn die Gleise der Bergbahnen weisen Meterspur

Ein Erlebnis der besonderen Art ist die zum Teil schwindelerregende Fahrt mit dem Glacier-Express durch die verschneite Hochgebirgswelt

FALSCHES Bild

auf. Und einzelne Strecken müssen mit Zahnrädern überwunden werden.
Das weite, lichte *Engadin* mit seiner geschützten Seenlandschaft verläßt der Zug durch den *Albulatunnel.* Dessen Südrampe besteht aus einigen Höhepunkten für passionierte Freunde der Eisenbahntechnik: die *Kehrtunnels* zwischen *Preda* und *Bergün.* Und bei *Filisur* fährt der Zug langsam über den *Landwasserviadukt,* der den tief eingeschnittenen Fluß 65 Meter hoch überbrückt. Die *Solisbrücke* oberhalb Thusis ist sogar 89 Meter hoch. Bei *Reichenau* wendet sich die rote Wagenschlange nach links und folgt dem Vorderrhein aufwärts. Die »Mondlandschaft« zwischen *Bonaduz* und *Ilanz* beruht auf einem vorgeschichtlichen Bergsturz. Die Schuttmassen stauten einst den Rhein zu einem See auf. Um so stärker wirkte nachher die Erosion. Ilanz nennt sich »die erste Stadt am Rhein«. Weit wichtiger für die Region war jedoch das *Benediktinerkloster* von *Disentis:* über ein Jahrtausend eine Stätte des Glaubens, der Lehre, der Kultur.
Im Vorderrheintal und – jenseits der Pässe – im Rhonetal nutzt der Glacier Express einen tiefen Bruch in den Alpen. Nach dem *Oberalppaß* (2044 m) kurvt die Bahn nach *Andermatt* hinunter, quert den nördlichsten Teil des Kantons Uri nur wenige Kilometer unterhalb des *Gotthardpasses* und biegt im *Urserental* in den über 15 Kilometer langen *Furkatunnel* ein. Sein Westportal liegt bereits im *Wallis. Goms* heißt der oberste Abschnitt des *Rhonetals.* Die Rhone, die den Genfer See speist und in Südfrankreich ins Mittelmeer mündet, sprudelt bei *Gletsch* als Eiswasser aus dem *Rhonegletscher.* Das Goms als weites Trogtal verrät die Wirksamkeit eiszeitlicher Gletscher. Die unbändige Rhone zwang die Siedler, ihre Dörfer hochwassersicher auf Schuttfächern der Nebenbäche anzulegen. Von der Sonne schwarzgebrannte Holzhäuser scharen sich um weißverputzte Dorfkirchen, die manches Kleinod bergen.
Brig ist Ausgangspunkt zum *Simplonpaß.* Dem Paßverkehr verdankt der Ort den größten Privatpalast der Schweiz. Bei *Visp* biegt der Glacier Express ein ins *Mattertal,* erreicht in einer knappen halben Stunde das Ziel: eingebettet in den Kranz von Viertausendern, *Zermatt.*

Glacier Express
Reservierung obligatorisch
Einzelreservationen bei jedem größeren Bahnhof
Gruppenreservierung:
Furka-Oberalp-Bahn
Postfach 256
3900 Brig
Tel. 028/236666

Reservierung Speisewagen:
Schweizerische Speisewagen-Gesellschaft
Oberalpstraße 2
7000 Chur
Tel. 081/221425
Fahrpreis St. Moritz–Zermatt, einfache Fahrt:
1. Klasse 146 sfr, 2. Klasse 93 sfr

Via-Mala-Schlucht: Blick in den Abgrund

Zwischen den weiten freundlichen Talabschnitten des Schams und des Domleschg, im Herzen Graubündens, zwängt sich der Hinterrhein durch grauen Bündner Schiefer. Damit schuf er die Via Mala. Spätestens seit John Knittels gleichnamigem Roman ist die Schlucht berühmt. »Via Mala« heißt »Schlechter Weg«, auch »Böser Weg«. Abgründe der menschlichen Seele in den Abgrund eines tosenden Flusses zu projizieren ist ja auch naheliegend.

Die Schlucht wurde bereits in der Bronzezeit begangen, die Römer passierten sie, und bis um 1300 war die Route von Chur über Domleschg und Schams zu den Pässen San Bernardino und Splügen einer der wichtigsten Alpenübergänge. Im 15. Jahrhundert fuhren Händler mit Wagen durch die Via Mala, wie Quellen berichten. Und am 31. Mai 1788 zeichnete *Goethe* die Szenerie mit der Feder in sein Tagebuch.

Von Thusis aus erreicht man nach einer dreistündigen Wanderung auf dem sogenannten *Kulturweg* über die Via Mala Zillis (→ Der gute Tip S. 63). Die moderne Straßenführung durch unelegante Galerien ist leider unübersehbar. Doch zahlreiche natur- und kulturgeschichtliche Zeugnisse am Weg lassen keine Langeweile aufkommen: die Faltenmuster des Schiefergesteins an der Hohenrätienwand; der mittelalterliche Saumweg, den man in Ober-Rongellen kreuzt; die Schluchtgalerie mit Aussichtsterrasse, von der aus geübte Augen frühere Schluchtrinnen (vor der letzten Eiszeit) erkennen; die Brücken von 1739 und 1836; knapp einen Kilometer südlich des Kiosks die mittelalterliche »Richstraß«.

Stauseen und Kraftwerke haben den Hinterrhein gebändigt – mehr als Naturfreunden lieb ist. Doch noch immer zeigt sich die Via Mala im wechselnden Licht der Tages- und Jahreszeiten: nahezu freundlich an sonnigen Sommertagen, mit harten Kontrasten von Schatten und Licht, gespenstisch bei aufkommenden Gewittern, düster im Winter. Sagen und Chroniken berichten von Unfällen, Totschlag und wunderbaren Rettungen. Wer auf der Nationalstraße 13 durch die pflegeleichten Tunnels Richtung San Bernardino flitzt, ahnt nichts von den Mythen und Geschichten, welche um die Via Mala ranken.

Via Mala
Anfahrt: Über die N 13 via Chur, Reichenau, Thusis. Rhätische Bahn bis Thusis, dort Postautoverbindungen bis Station Via Mala (6 Min.); nach Zillis (12 Min.).

Wüste Legenden ranken sich um die wild-romantische Via-Mala-Schlucht, die der Unterrhein in den Bündner Schiefer gefressen hat

Zürich per Schiff

Nur wenige wissen, daß sich Zürich weit romantischer als mit klimatisierten Sight-seeing-Bussen in stockenden Autokolonnen kennenlernen läßt: mit dem Schiff. Zürich entstand und entwickelte sich jahrhundertelang als Fluß-, nicht als Seestadt. Der historische Kern liegt auf beiden Seiten der Limmat, und die bedeutendsten mittelalterlichen und barocken Bauten sind zum Fluß hin orientiert. Ausgangspunkt für die etwa einstündige Fahrt ist die Anlegestelle beim *Schweizerischen Landesmuseum* (→Der gute Tip S. 68). Man muß über eine steile Stiege in das niedrige Boot hinuntersteigen, was Gleichgewichtsgefühl, demütiges Kopfsenken und gleichzeitig ein Grußwort erfordert.

Die Boote liegen tief im Wasser, denn sie müssen unter den Brücken durchkommen. Amtshäuser der städtischen Verwaltung säumen zwischen Bahnhof- und Rudolf-Brun-Brücke das (in Flußrichtung) linke Ufer. Das rechte Ufer säumt bis zum Zürichsee der *Limmatquai,* eine der Haupteinkaufsstraßen der Stadt, weniger mondän als die Bahnhofstraße. Die *Rudolf-Brun-Brücke* markiert die Nordgrenze der mittelalterlichen Stadt. Das *Schweizer Heimatwerk* gleich an der Brükke, mit einer Fassadenmalerei, bietet hochwertiges Kunsthandwerk aus den verschiedenen Landesteilen an: Textilien, Keramik, Holzwaren, aus Stein gefertigte Schalen, Mineralien. Etwas weiter flußaufwärts, über dem reizvollen Uferweg der *Schipfe,* sieht man den *Lindenhof,* die Keimzelle der Stadt. Denn auf diesem Moränenhügel stand das römische Kastell von Turicum, später eine karolingische Pfalz. Auf der anderen Flußseite münden hochmittelalterliche Wohn- und Gewerbegassen in den im 19. Jahrhundert aufgeschütteten Limmatquai. Den Kern der frühmittelalterlichen Siedlung erreicht man bei der *Rathausbrücke.* Bildete die Schipfe einst den Umschlagsplatz für Fluß- und Seeschiffahrt, war die Rathausbrücke bis im Spätmittelalter der einzige befahrbare Limmatübergang, der *Weinplatz* der älteste Marktplatz. Heute ist dieser Raum in erster Linie den Fußgängern vorbehalten. Viele finden die Betonplattform zu plump und die zeltartigen Verkaufspavillons unpassend; dennoch schätzt man hier die relative Ruhe und die schöne Sicht.

Als massiger Turm ist auf einem Hügel südlich des Lindenhofs die *Peterskirche* zu sehen, unverkennbar mit ihrem riesigen Zifferblatt der Uhr, dem größten Europas. Sie ist seit jeher die Stadtpfarrkirche. Denn die beiden Münster gehörten zu Klöstern. Zwischen Rathaus- und Münsterbrücke gibt sich Zürich herrschaftlich: im barocken *Rathaus* (1698), das halb in der Limmat steht, sowie in mehreren Zunfthäusern am Limmatquai. Verrät das *Zunfthaus zum Rüden* (mit rotem

Eine Rundfahrt mit dem Boot eröffnet ganz neue Perspektiven. Von der Limmat aus zeigt sich Zürich von der besten Seite

Fachwerk) noch den mittelalterlichen Kern, verkörpert das barocke *Zunfthaus zur Meisen* (1764) gegenüber französischen Repräsentationsstil.

Die *Münsterbrücke* verbindet die beiden Hauptkirchen Zürichs: das *Fraumünster* (auf der Westseite) und das *Großmünster* (Ostseite). Vom einst glanzvollen karolingischen Stift – die ersten Äbtissinnen waren Töchter Ludwigs des Deutschen – blieb ein romanisch-gotischer Nachfolgebau der Kirche erhalten; ihren Chor schmückt ein großartiger Gemäldezyklus *Marc Chagalls.*

Etwa gleichzeitig entstand das Chorherrenstift auf dem Felssporn gegenüber. Am romanischen Großmünster (12. Jh.), das die Legende mit Karl dem Großen in Verbindung bringt, wirkte der Reformator *Huldrych Zwingli* 1519 bis 1531 als Leutpriester. Als seltsame Baugruppe fallen in der Limmat *Helmhaus* und *Wasserkirche* auf. Die Münsterbrücke führte ursprünglich durch das Helmhaus, das als Gerichtsstätte und später als Leinwandmarkt diente; eine Wasserkirche entstand auf der damaligen Flußinsel bereits um das Jahr 1000. Von der Münsterbrücke an flußaufwärts verbreitert sich die Limmat, bereits ahnt man den See. Am linken Ufer, neben dem Fraumünster, steht neugotisch-steif das *Stadthaus.* Hundert Meter weiter ragt als Biergarteninsel das *Bauschänzli* in die Limmat vor, Teil der barocken

Befestigung. Und an Sommersamstagen breitet sich am *Bürkliplatz* der große Flohmarkt aus. Das Boot tuckert unter der *Quaibrücke* hindurch in den See hinaus, folgt der langen Promenade am *Utoquai* bis zum *Zürichhorn* (Restaurant, Casino), quert die Bucht bis zum *Seerestaurant* in der *Enge* und kehrt, nun mit dem Strom, durch Zürichs *Altstadt* zum Landesmuseum zurück.

Zürichsee-Schiffahrtsgesellschaft
Mythenquai 333
8038 Zürich

Tel. 01/4821033
April–Okt. tgl. mehrfach
Rundfahrt 5 sfr

Die Eremitage in Arlesheim: Romantik pur

Zur Zeit seiner Einweihung 1785 war der Englische Garten im Basler Vorort Arlesheim eine Sehenswürdigkeit von europäischem Rang. Unter Zeitgenossen galt der weitläufige, »Eremitage« oder »Solitude« genannte Park in seiner Anlage der damaligen Mode als weit voraus. In einem kleinen Tal, am Fuß des Schlosses Birseck, hatte die weithin für ihre großartigen Feste berühmte Balbina von Andlau, die Gattin des fürstbischöflichen Vogtes, allem revolutionären Zeitgeist zum Trotz in natürlicher Umgebung ein romantisches Idyll einrichten lassen. Doch die Freude währte nicht lange: 1792 besetzten französische Truppen das Land; am 10. August wurde das Schloß Birseck von Soldaten und Bauern niedergebrannt und dabei auch die Eremitage-Anlage schwer zerstört. Gleichwohl gibt das, was man heute auf einem geruhsamen Nachmittagsspaziergang durchs Tal und um den Schloßhügel herum sehen kann, einen guten Eindruck von dem wunderlichen Versuch einer absterbenden Gesellschaftsschicht, in einer friedlichen Märchenwelt Zuflucht zu suchen. Anstelle von aufmüpfigen Bauern und Tagelöhnern sollten hier Elfen und Gnome, Hirten und fromme Eremiten beheimatet sein. Es ist bezeichnend, daß die Anlage 1808, nach dem Ende der revolutionären Aufwallungen, von Konrad von Andlau, dem Sohn der Gestalterin, sorgfältig restauriert wurde. Bis heute ist die Eremitage in privatem Besitz und wird mit beträchtlichem Aufwand gepflegt.

»Natura amicis suis« (Die Natur ihren Freunden«) heißt die Widmung am Felsentor, gegenüber der Mühle, wo man den Rundgang am besten beginnt. Durch Grotten und Treppen gelangt man zu einem Spielplatz, wo schon zu Zeiten der Balbina von Andlau an Festtagen auch die Kinder der niederen Stände Karussell fahren und sich tummeln durften. Der Platz ist so eingerichtet, daß die Herrschaften dabei tafeln und sich von einer, in einer Felsnische musizierenden Kapelle unterhalten lassen konnten. Darüber, in einer moosbehangenen Höhle, erinnert eine Steinplatte an den Zürcher Schäferromantiker Salomon Gessner, und daneben lehnt sich die – nachgemachte – Klause eines Eremiten an den Fels. Der Weg führt weiter zu einer »Grotte der Diana«, zu einer künstlichen Ruine und, nach der Besichtigung des teilweise renovierten Schlosses, hinunter ins Tal zu den Weihern und weiter zum »Waldhaus«, in dem einst eine Ölpresse stand.

Anfahrt: Arlesheim liegt am rechten Abhang des Birstals, etwa 7 km südlich von Basel. Der Ort ist in 20 Min. mit der Straßenbahn Nr. 10 vom Basler Aeschenplatz aus leicht zu erreichen. Folgen Sie von der Haltestelle Arlesheim Dorf den gelben Wegweisern.

Aktivurlaub vom Feinsten: Radwanderung um den Bodensee

Nicht ganz ohne körperliche Fitness ist eines der schönsten Landschaftserlebnisse zu genießen, das die Schweiz zu bieten hat: eine Bodensee-Rundfahrt hoch zu Rad. Sie können dabei wählen, ob Sie nur einige ausgewählte Etappen befahren, oder ob Sie einen ganzen ein- oder zweiwöchigen Urlaub am Schwäbischen Meer verbringen. Wenn Sie genügend Zeit haben, bieten sich nämlich immer wieder Gelegenheiten zu Abstechern ins Landesinnere, weg von den Touristenströmen, hin zu ländlicher Stille und Beschaulichkeit.

Eine erste, leichte Etappe zum Einfahren – sie ist ungefähr 25 Kilometer lang – könnte von Kreuzlingen durch die Obstbaugebiete des Kantons Thurgau (»Mostindien«) nach Romanshorn führen.

Gut ausgeruht geht die Fahrt dann am darauf folgenden Tag von Romanshorn über Rorschach und das vorarlbergische Bregenz ins deutsche Lindau weiter – eine Dreiländertour um das obere Seebecken. Auf dem Schweizer Abschnitt verläuft die Route auf einem angenehmen Wanderweg, der sich durch Felder und den Schilfgürtel schlängelt. Am Wege liegen mehrere Schwimmbäder, das schönste ist das in Arbon. Rechnen Sie für die ganze Strecke von ungefähr 60 Kilometern rund fünf Stunden. Wenn Sie immer den Wegmarken (Fahrrad mit blauem Hinterrad) folgen, können Sie sich nicht verfahren.

Die anschließende Route von Lindau nach Meersburg – 45 Kilometer lang und in rund vier Stunden reiner Fahrzeit zu bewältigen – verläuft zunächst dem Ufer entlang, macht aber westlich von Friedrichshafen einen kleinen Abstecher ins Land hinein. Hier empfiehlt sich ein intensiver Blick in den Routenführer. Selbst wenn Sie lieber fahren, als für ausführliche Ortsbesichtigungen abzusteigen: In Meersburg müssen Sie eine Ausnahme machen! Der Ort wird – wohl zu

Recht – als der schönste am Bodensee gerühmt. Leider hat sich dies schon lange herumgesprochen, so daß sich ein Besuch außerhalb der Tourismus-Saison empfiehlt.
Von Meersburg führt eine weitere Etappe (65 Kilometer) in etwa sieben Stunden über Ludwigshafen um den Überlinger See herum nach Konstanz und Kreuzlingen zurück. Wenn Sie Zeit haben, sollten Sie diese Etappe teilen, damit Sie Muße für die Attraktion am Weg – das Pfahlbauerdorf bei Unteruhldingen oder das Kloster Birnau zum Beispiel – und zum Schwimmen in einem der Strandbäder haben. Von Kreuzlingen aus lohnt sich schließlich, als eine Art Nachtisch, der Abstecher zu den Inseln Mainau und Reichenau.

Auskunft:
Verkehrsverein Kreuzlingen
Hauptstr. 39
8280 Kreuzlingen
Tel. 072/723840

Verkehrsverein Romanshorn
Neustr. 2
8590 Romanshorn
Tel. 071/633232

Über Stock und Stein im Appenzellerland

Eine fünfstündige Rundwanderung vom Ort Appenzell aus führt durch eine kleinteilige, abwechslungsreiche Voralpenlandschaft. Man überquert die *Sitter,* den Appenzeller Dorffluß, und steigt nordostwärts bergan durch die Weiler *Unter-* und *Ober-Lehn.* Typische Einzelhöfe sind über den Sonnenhang verstreut – Szenerien wie auf Bildern naiver Malerei: teils schindelverkleidete Wohnhäuser, der Stall rechtwinklig dazu angebaut, eine Linde daneben, Braunvieh auf den grünen Weiden, ein wachsamer Hund – Appenzeller Rasse selbstverständlich – in der Nähe. Mit etwas Glück trifft man einen der Bauern an, die Deckelpfeife im Mundwinkel.
Nächstes Ziel ist *Gais.* Das einheitliche Dorfbild mit den freundlichen Hausfassaden und barock gebogenen Dächern ist einem Brand von 1780 zu verdanken, der einen Neuaufbau ermöglichte. Geradeaus folgt man dem Hang des Sommersbergs ostwärts bis *Stoß.* Eine Schlachtkapelle erinnert an die Expansionspolitik der Appenzeller um 1400; 1405 brach hier ein Trupp den Herrschaftsanspruch der Habsburger in diesem Gebiet, was die Appenzeller Haudegen zu Raubzügen im Bodenseeraum ermutigte. Im Ausflugsgasthof auf dem Stoß – Paßhöhe der Straße zum Rheintal – geht es heute friedlich zu.

Wer am Bodensee nicht nur Radfahren will, kann zum Beispiel von Romanshorn aus auch mit dem Segelboot in See stechen

Im dichten Morgennebel zeigt das sonst so liebliche Appenzellerland auch gespenstische Seiten

Eine Stärkung ist angebracht, denn es folgt der Aufstieg über *Erlengschwend* südwärts auf den *Hirschberg.* Der Flurname Erlengschwend verrät feuchte Böden, und tatsächlich quert man unterwegs moorige Lichtungen. Bei *Brandegg* ist der höchste Punkt der Wanderung (1125 m) erreicht. In rund eineinhalb Stunden wandert man auf dem Kamm des Hirschbergs bequem hinunter nach *Appenzell* (780 m).

Kur- und Verkehrsverein
Hauptgasse 19
9050 Appenzell
Tel. 071/874111

Anfahrt: Nach Appenzell über die Autobahn N 13, ca. 75 km nördlich von Chur.

Nord- und Ostschweiz von A bis Z

Von Jürg Bürgi, Claudia Brunner und Rudolf Matter

Informationen für die Nord- und Ostschweiz

Anreise

Mit dem Auto Beim Fahren eines Pkws in der Schweiz müssen der gültige Führerschein und die Zulassungspapiere des Fahrzeugs jederzeit vorzeigbar sein. Zudem ist das Nationalitätskennzeichen gut sichtbar am Wagen zu befestigen. Nicht nötig ist die grüne Versicherungskarte, sinnvoll dagegen – für alle Fälle – ein Schutzbrief eines Verkehrsverbandes (etwa des ADAC).
Die Schweiz ist eng mit dem europäischen Schnellstraßennetz verbunden: im Norden durch die A5 (Hamburg–Kassel–Frankfurt–Basel) und die A81 (Stuttgart–Singen), im Westen durch die A35 (Mülhausen–Basel) und die A40 (Lyon–Genf), im Osten durch Fährverbindungen über den Bodensee (Meersburg–Konstanz und Friedrichshafen–Romanshorn) und durch die S16 (Arlberg-Paß und -Tunnel) aus Richtung Österreich; von Süden stehen sogar zwei Autobahn-Anschlüsse (A8 und A9 aus Mailand) zur Verfügung.
Das Schweizer Straßennetz ist gut ausgebaut. Wegen der oft schwierigen topographischen Verhältnisse erfordert das Fahren auf engen kurvenreichen Straßen im Alpengebiet allerdings einige Umsicht.

Autobahngebühren: Auf den grün beschilderten Autobahnen ist für alle Verkehrsteilnehmer, Ausländer wie Inländer, die sogenannte Autobahnvignette obligatorisch. Sie ist an Grenzübergängen, in Postämtern und bei Tankstellen sowie bei den Schweizer Verkehrsbüros in der Bundesrepublik und in Österreich für 30 sfr zu kaufen. Auf die Innenseite der Windschutzscheibe geklebt, berechtigt sie innerhalb des aufgedruckten Kalenderjahres (vom 1. Dezember des Vorjahres bis zum 31. Januar des folgenden Jahres) zu unbeschränkten Fahrten auf dem ganzen Autobahnnetz.
Sich ahnungslos zu geben und ohne Vignette auf den Nationalstraßen zu fahren, lohnt sich nicht. Wer erwischt wird, muß die Vignette kaufen und dazu eine Buße von 100 sfr bezahlen.

Autobahnraststätten: Die Raststätten an den Nationalstraßen sind in der Regel täglich von 6 bis 23 Uhr geöffnet. Das Verpflegungsangebot ist von unterschiedlicher Qualität, am besten sind die Mövenpick-Restaurants. An allen Raststätten kann man Zeitungen, Zeitschriften, Rauchwaren und Lebensmittel des täglichen Bedarfs kaufen, auf größeren Raststätten (Pratteln an der N1 bei Basel oder Würenlos an der N2 bei Zürich) sind auch Geschäfte mit Bekleidung und Haushaltsbedarf zu finden.

Autoreisezüge: Sowohl aus Frankreich, wie aus Deutschland, Österreich und Italien verkehren Autoreisezüge bis zur Schweizergrenze oder ins Land hinein (zum Beispiel: Hamburg/Bremen–Lörrach, Düsseldorf/Köln–Lörrach, Lindau oder Biasca und Mailand, sowie Wien–Linz–Feldkirch).

Höchstgeschwindigkeit: Auf Autobahnen 120 km/h, mit Anhänger 80 km/h, auf normalen Straßen außerhalb von Ortschaften 80 km/h (mit Anhänger von mehr als 1000 kg Ladegewicht 60 km/h), innerorts generell 50 km/h, Ausnahmen sind signalisiert.

Staus: Vor Ostern, Pfingsten und an den beiden ersten Juliwochenenden (Ferienbeginn), an den ersten beiden Augustwochenenden (Ferienende) und an schönen Wochenenden im Winter bilden sich vor allem auf der Gotthardroute, auf den Autobahnen um Bern und an den Grenzübergängen in Basel und Chiasso lange Schlangen. Wer die Warterei im Stau vermeiden will, reist an einem Wochentag oder benützt die Bahn.

Umweltbelastung: Mehr als die Hälfte des Schweizer Waldes ist krank. Der Verkehr auf der Gotthardroute, zu einem beträchtlichen Teil auch der Touristenverkehr, hat an dieser gefährlichen Entwicklung eine beträchtliche Mitschuld. Wer sich für die Natur verantwortlich fühlt, überlege sich vor der Abreise, ob er für seinen Aufenthalt in der Schweiz auf ein privates Fahrzeug unbedingt angewiesen ist. Kaum ein Land in Europa ist durch Bahn und Bus so gut erschlossen.

Mit der Bahn Die Schweiz hat nicht nur eines der dichtesten und effizientesten Bahnnetze ganz Europas, als klassisches Transitland wird sie auch mit internationalen Verbindungen üppig bedient. Im Verkehr zwischen Deutschland und Basel gilt der Stundentakt mit Umsteigemöglichkeiten zur Weiterreise in die ganze Schweiz. Für mehrere internationale Zugverbindungen können direkte Wagen für Zielorte in der Schweiz gebucht werden: beispielsweise im »Metropolitano« (Dortmund – Essen – Duisburg – Köln – Basel – Luzern – Chiasso – Mailand), »Tiziano« (Hamburg–Hannover–Frankfurt–Basel–Luzern–Chiasso–Mailand), »Loreley« (Dortmund–Mailand), »Riviera-Express« (Amsterdam–Ventimiglia) oder »Italia-Express (Frankfurt–Basel–Luzern–Chiasso–Mailand–Rom). Direkte Verbindungen führen aus Berlin, München und Wien nach Zürich und Basel. Die superschnellen TGV (Train à grande vitesse) der französischen Staatsbahnen verkehren bis Genf, Lausanne und Bern. Italien ist alle zwei Stunden mit einem Fernzug in die oder aus der Schweiz verbunden, und Österreich immerhin viermal zwischen 7 Uhr und 13 Uhr sowie zweimal nachts.

Die Rückfahrkarte von Hamburg nach Basel kostet mit dem ICE in der 2. Klasse 446 DM (1. Klasse 662 DM). Die Verlängerung nach Zürich kostet 57,60 DM in der 2. Klasse (1. Klasse 94,60 DM). Die Strecke München–Zürich fährt man mit dem Intercity in der 2. Klasse für 249,60 DM (1. Klasse 382,60 DM).

Fahrpreisermäßigungen in Deutschland: Auf diese Preise gewährt die Deutsche Bundesbahn eine Reihe von Ermäßigungen. Der Supersparpreis (ungültig freitags und sonntags, ein Reisetag muß ein Samstag sein) aus der ganzen Bundesrepublik bis zur Schweizer Grenze kostet in der 2. Klasse 200 DM (1. Klasse 270 DM) und der Sparpreis (gültig alle Tage, die Reise muß einen Wochenendtag einschließen) in der 2. Klasse 220 DM (1. Klasse 330 DM). Ermäßigungen gibt es auch mit dem Familien- oder Seniorenpaß (Damen ab 60, Herren ab 65) und für mitreisende Partner. Informationen über Preisänderungen an jedem Bahnhof von DB und DR.

– *in der Schweiz:* Die Schweizerischen Bundesbahnen (SBB) gewähren keine Rabatte auf normale Fahrpreise, Kinder bis zu sechs Jahren fahren gratis, bis 16 Jahre zum halben Preis.

Internationale Bahnpässe wie »Inter-Rail« sind auch in der Schweiz gültig – dazu gibt es viele weitere Sparmöglichkeiten für Einzelreisende, Familien und Gruppen. Beachten Sie besonders die familienfreundlichen Angebote des »Swiss Travel Systems« (»Swiss Pass«, »Swiss Card«, »Regionalpaß«), die alle mit der Familienkarte kombinierbar sind.

Informationsstelle der Schweizer Bahnen
Arnulf-Klett-Platz 2
7000 Stuttgart
Tel. 0711/2242229

Regionale Ferienabonnements: Verschiedene Feriengebiete bieten während der Reisezeit regionale Ferienkarten an. Sie sind 15 oder sieben Tage gültig, wobei die Verkehrsmittel – je nach Gegend – zwischen zwei und sieben Tagen unentgeltlich benützt werden können. An den übrigen Tagen berechtigen sie zum Kauf von Fahrkarten zum halben Preis.

Mit dem Flugzeug Auch im Flugverkehr wirkt sich, wie bei Bahn und Straße, die Drehscheibenfunktion der Schweiz positiv für Reisende aus. Das Land verfügt über drei Großflughäfen: Zürich (Kloten), Genf (Cointrin) und Basel (Basel-Mulhouse), wobei derjenige von Basel auf französischem Staatsgebiet liegt und durch eine Zollfreistraße mit der Stadt verbunden ist. Daneben gibt es eine Reihe kleinerer Airports, die teilweise über gute direkte Verbindungen zu den Nachbarländern verfügen: Bern-Belpmoos, Lugano-Agno im Tessin, Samedan im Engadin und Sitten im Wallis.
Die Flughäfen von Zürich und Genf sind ans Netz der Schweizerischen Bundesbahnen (SBB) angeschlossen. Die Fahrt vom Flughafen zum Hauptbahnhof Zürich dauert etwa zehn Minuten und kostet 5,20 sfr (2. Klasse) oder 8,40 sfr (1. Klasse). Zwischen dem Flughafen Basel-Mulhouse und dem Stadtzentrum verkehren Busse. Flugpreis-Ermäßigungen (neben dem »flieg & spar-Tarif«, der an gewisse Bedingungen gebunden ist) gibt es für Ehepartner, Kinder und Jugendliche. Das Ticket für Hin- und Rückflug von Hamburg nach Zürich kostet beispielsweise 769 DM und 555 DM mit dem flieg & spar-Tarif, an den allerdings verschiedene Bedingungen geknüpft sind. Erkundigen Sie sich bei Ihrem Reiseberater.

Auto

Allgemeine Hinweise zum Straßenverkehr finden sich im Einleitungsabschnitt (→Anreise: Mit dem Auto S. 114).

Automobilclubs Es gibt zwei Automobilclubs in der Schweiz, den ACS und den TCS (Touringclub der Schweiz). Beide Clubs erkennen die Schutzbriefe von ADAC und ÖAMTC an. ACS und TCS arbeiten bei Pannen trotz eigener Serviceorganisationen zusammen. Ihre Geschäftsstellen im ganzen Land (Adressen bei den einzelnen Orten) helfen bei der Ausarbeitung von Reiserouten, verkaufen Straßenkarten und Informationsbroschüren. Der TCS bietet zudem ein breites Sortiment an gutem Fahrzeugzubehör.
Autofahrer, die Fußgänger und Fahrradfahrer mögen, haben sich im Verkehrsclub der Schweiz (VCS) zusammengeschlossen. Die VCS-Pannenorganisation hilft auch Mitgliedern des VCD und des VCOe. Besonders empfehlenswert sind die Fahrradkarten und -tourenführer, die der VCS publiziert und auch an die Mitglieder der deutschen und österreichischen Partner-Clubs mit Rabatten zwischen zehn und zwanzig Prozent verkauft (Adressen der Geschäftsstellen bei den einzelnen Orten).
Zentralverwaltungen der Autoclubs:
ACS
Wasserwerkgasse 39
3011 Bern
Tel. 031/224722
TCS
9, rue Pierre-Fatio

1211 Genève 3
Tel. 022/737 1212
VCS
Bahnhofstraße 8
3360 Herzogenbuchsee
Tel. 063/61 51 51

Benzinpreise Benzin ist in der Schweiz verhältnismäßig billig. Die Preise der verschiedenen Großverteiler unterscheiden sich kaum. Migrol-Tankstellen sind meistens etwas günstiger. Preise September 1992: Super 1,20 sfr pro Liter; Super bleifrei 0,96 sfr; Diesel 1 sfr.

Pannenhilfe Ist über Telefon 140 (TCS), 091/525544 (ACS) oder 063/616161 (VCS) anzufordern. Die Tarife variieren nach Zeitaufwand. Die Reparatur kann Sie billiger zu stehen kommen, wenn Sie sich direkt an eine Autowerkstätte (Garage) wenden.

Straßenzustandsbericht Über Telefon 163 können Sie den Straßenzustandsbericht abhören. In den nicht deutschsprachigen Regionen wählen Sie zusätzlich die Vorwahl 01.

Verkehrsfunk Die Radioprogramme der Schweizerischen Radio- und Fernsehgesellschaft SRG und der lokalen Privatstationen bringen nach den Nachrichten (in der Regel zur vollen Stunde) aktuelle Verkehrsmeldungen. Das erste und das dritte deutschsprachige SRG-Programm, das betuliche DRS 1 und der Pop-Sender DRS 3, sind mit dem ARI-System ausgerüstet. Auf die jeweils beste Frequenz von DRS 1 weisen Tafeln an den Autobahnen hin.

Bahn

Die Schweiz ist ein von der Eisenbahn sehr gut erschlossenes Land. Orte, die nicht direkt an Eisenbahnlinien liegen, sind mit dem Postauto zu erreichen. Neben den Schweizerischen Bundesbahnen (SBB) und der Lötschbergbahn (BLS) verkehren die besonders reizvolle Rhätische Bahn (RhB), die Furka-Oberalpbahn (FO) und die Montreux-Oberlandbahn (MOB). Eindrucksvoll ist die Bahnfahrt im »Glacier-Express« von St. Moritz im Engadin nach Zermatt im Wallis oder umgekehrt (→ Der gute Tip S. 102). Unbedingt den stilvollen Speisewagen besuchen! Der »Bernina-Expreß« der Rhätischen Bahn fährt von Chur über die Albula-Linie ins Engadin und vorbei an den Gletschern und Viertausendern der Bernina-Gruppe nach Tirano im Puschlav (hier kann auf die italienischen Staatsbahnen umgestiegen werden).
Dampfbahnfreunde erhalten bei Schweizer Verkehrsbüros die Broschüre »Schweizerferien mit Dampf«. Dort gibt es auch das »Kursbuch für Eisenbahnfreunde«. Darin sind Züge aufgeführt, die mit besonderen Wagen fahren: Sie bieten von der Plattform hinter dem Lokführer freie Sicht auf die Strecke.
Die Bahn veranstaltet auch Sonderfahrten, zum Teil mit Sport-Programmen, darunter ein- und mehrtägige Segeltörns, Fahrradtouren, Wildwasser- und Postkutschenfahrten. Alle Aktivferienprogramme kann man einzeln oder im Rahmen des Programms »Swiss Adventure« bündelweise (Vouchers) buchen. Reservierungen können vor der Abreise bei Ihrem Reiseveranstalter, nach der Ankunft in der Schweiz an jedem Bahnhof oder über die Reservierungszentrale Zürich (01/4621416) vorgenommen werden. Frühzeitige Anmeldung wird dringend empfohlen.

Bahninformation für Behinderte Die SBB denken auch an behinderte Touristen: Auskunft über den Standard der Schweizer Bahnhöfe, das Streckennetz mit direkten Verbindungen und die internationalen Zugverbindungen für Reisende im Rollstuhl gibt die Broschüre »Informationen und Tips für behinderte Bahnreisende«, kostenlos erhältlich bei den Schweizer Verkehrsbüros.

Fahrkarten In der Schweiz spricht man vom Billett. Rückfahrkarten sind im Verhältnis billiger als einfache.

Fahrvergünstigungen Das »Swiss Travel System« gewährt freie Fahrt auf Bahn-, Schiff- und Postautolinien in der ganzen Schweiz. »Ausflugsbillette« sind für gewisse Ziele mit 20 Prozent Ermäßigung erhältlich. In Tourismusregionen gibt es »Ferienabonnements« für das lokale Bahn-, Schiffs- und Postautonetz.

Gepäck Schwere Stücke können vom Heimatbahnhof aus ans Ziel geschickt werden, so daß Sie lediglich Ihr Handgepäck mitführen müssen.

Spielwagen Gewisse Intercity-Züge haben einen Spielraum-Wagen für Kinder.

Busse

Es gibt kaum ein Dorf in der Schweiz, das nicht an das öffentliche Verkehrsnetz angeschlossen ist. Allerdings fahren die Postautos in viele abgelegene Täler nur drei- bis fünfmal täglich. Wie die Bahn bieten die Postautobetriebe eine große Zahl von touristisch interessanten Sonderfahrten an.
Fahrpläne und Auskünfte sind an den Bahnhöfen und in Postbüros erhältlich. Neben dem (teuren) offiziellen Kursbuch gibt es auch Faltprospekte für einzelne Regionen, die gratis abgegeben werden. Fahrkarten sind an den Schaltern der Bahnhöfe, in Postbüros oder direkt beim Busfahrer zu kaufen.

Camping

Gepflegte Campingplätze gibt es in allen Tourismusregionen der Schweiz. Einzelne Plätze sind winterfest. Hinweise auf besonders attraktive Plätze → bei den einzelnen Orten.

Camping-Auskunft in der Bundesrepublik Deutschland
ADAC
Am Westpark 8
8000 München 70
Tel. 089/76760
Deutscher Campingclub
Mandlstr. 28
8000 München 40
Tel. 089/334021

Campingauskunft in der Schweiz
Verband Schweizerischer Campings
Im Sydefädeli 40
8037 Zürich
Tel. 01/2725713
Touring-Club der Schweiz
(Camping-Informationsdienst)
Rue Pierre-Fatio 9
1211 Genève
Tel. 022/7371212

Diplomatische Vertretungen

Für Deutsche und Österreicher in der Nord- und Ostschweiz
Generalkonsulat der Bundesrepublik Deutschland
Kirchgasse 48
8024 Zürich
Tel. 01/2516936–38
Fax 01/2515616
Mo–Fr 9–11.30 Uhr

Honorarkonsulat der Bundesrepublik Deutschland
Parkweg 12
4051 Basel
Tel. 061/2710822
Generalkonsulate der Republik Österreich
– Leimenstr. 1
4002 Basel
Tel. 061/2617733
– Minerastr. 116
8032 Zürich
Tel. 01/3837200 und 3837202
Fax 01/3820422
Mo–Fr 9–12 Uhr

Schweizer Adressen in der Bundesrepublik Deutschland
Schweizer Botschaft
Gotenstr. 156
Postfach 200255
5300 Bonn 2
Tel. 0228/810080
Fax 0228/8100819
Telex 885646
Schweizer Generalkonsulate
– Fürst-Bismarck-Str. 4
1000 Berlin 21
Tel. 030/3944021–22
Telex 181814
– Cecilien-Allee 17
4000 Düsseldorf 30
Tel. 0211/434601–02
Telex 8584398
– Zürich-Haus am Opernplatz
Bockenheimer Landstr. 2
Postfach 170561
6000 Frankfurt a. M. 17
Tel. 069/725941–42
Telex 411814
– Rathausmarkt 5
2000 Hamburg 1
Tel. 040/321581
Fax 040/323616
Telex 215153
– Leopoldstr. 33
Postfach 440165
8000 München 40
Tel. 089/347063–64
Fax 089/7393958
Telex 523465
– Hirschstr. 22
7000 Stuttgart 1
Tel. 0711/293995 und 293907
Fax 0711/2262525
Schweizer Konsulat
Züricher-Haus
Schreiberstr. 4
Postfach 1507
7800 Freiburg i. Br.
Tel. 0761/36642
Fax 0761/39103

Schweizer Adresse in Österreich
Schweizer Botschaft
Wagramer Str. 14
A-1220 Wien
Tel. 0222/239538

Einkaufen

Die Schweizer vertreiben sich die Freizeit besonders gern mit Einkaufen. Und viele Eidgenossinnen und Eidgenossen verdienen so viel, daß mittlerweile auch in Kleinstädten Geschäfte mit Luxusartikeln und teurer Mode florieren. In einer Stadt wie Zürich hat das Angebot Weltstadtniveau, dennoch ist die berühmte Zürcher Bahnhofstraße abends nach Ladenschluß leergefegt, da schaut niemand mehr nach den Auslagen.
Lebensmittel, aber auch Kosmetika, Modeartikel, Unterhaltungselektronik und vieles andere mehr finden Sie besonders günstig und in guter Qualität bei den Großverteilern Migros und Coop. Hinweise auf besonders attraktive Geschäfte finden Sie bei den einzelnen Orten.
Die Läden sind im allgemeinen von Montag bis Freitag von 8 oder 9 Uhr bis 18.30 Uhr geöffnet. In Kleinstädten und auf dem Land sind die Geschäfte über Mittag geschlossen. An Samstagen haben viele Geschäfte bis 16, mancherorts auch bis 17 Uhr geöffnet. Manche Städte kennen einen Abendverkaufstag, an dem die Innenstadtläden bis 20 oder 21 Uhr geöffnet sind. Große Ein-

kaufszentren am Stadtrand haben von Montag bis Freitag von 9 bis 20 Uhr, samstags von 8 bis 16 Uhr geöffnet. In größeren Bahnhöfen, auf Flughäfen und in großen Autobahnraststätten sind die Geschäfte täglich (auch sonntags) bis 20 Uhr geöffnet. Häufig bieten auch Tankstellen (auch sonntags) Artikel des täglichen Bedarfs an.
Spezielle Regeln gelten bisweilen für die Öffnungszeiten der Geschäfte in kleinen Bergdörfern. Dort sind Lebensmittel und Backwaren manchmal nur stundenweise, oft aber auch abends erhältlich. Nur stundenweise morgens und abends sind meist Käsereien und örtliche Milchsammelstellen geöffnet, wo man Butter, Milch und Käse kaufen kann.

Einreise

Einreisedokumente Für Bürger der Bundesrepublik Deutschland: gültiger Reisepaß (weniger als ein Jahr abgelaufen) oder Personalausweis. Für Kinder bis zehn Jahre Kinderausweis ohne Foto; bis 16 Jahre mit Foto oder Eintragung im Familienpaß.
Für Bürger aus Österreich: Paß (weniger als fünf Jahre abgelaufen) oder gültiger Personalausweis.
Bei Einreise mit dem Wagen ist die grüne Versicherungskarte nicht erforderlich, wird aber vom ADAC empfohlen.

Einreise mit Tieren Hunde und Katzen müssen nachweisbar (durch tierärztliches Zeugnis) mindestens dreißig Tage vor dem Grenzübertritt und höchstens ein Jahr vorher gegen Tollwut geimpft worden sein. Die Identität der Tiere muß im Impfpaß festgehalten sein.
Für Papageien, Wellensittiche und Kaninchen ist eine Einfuhrbewilligung erforderlich. Zuständige Stelle ist das
Bundesamt für Veterinärwesen
3097 Bern-Liebefeld
Tel. 031/598111

Essen und Trinken

Eine eigenständige Schweizer Küche gibt es kaum. Schon im letzten Jahrhundert waren die Touristen nicht zufriedenzustellen mit der traditionellen Armeleuteküche der Einheimischen: wenig Gemüse und Früchte, Getreideprodukte, Kartoffeln und selten Fleisch. Die geschäftstüchtigen Eidgenossen waren jedoch lernfähig und kopierten am richtigen Ort: Seit langem wird in Spitzenrestaurants wie in gutbürgerlichen Lokalen eine Küche gepflegt, die vor allem auf französischen, aber auch italienischen Traditionen basiert. Noch finden sich gute und hervorragende Lokale in allen Landesgegenden, doch Personalknappheit und hohes Lohnniveau fördern den Einzug von Industrieprodukten im Gastgewerbe. (Hinweise auf empfehlenswerte Restaurants bei den einzelnen Orten.) Ein einfaches Menü (Suppe, Fleisch mit Beilage, Gemüse oder Salat) in einem durchschnittlichen Restaurant kostet ohne Getränke 15 bis 20 sfr. Billiger essen Sie in den Selbstbedienungsgaststätten großer Einkaufszentren oder in Hamburger-Lokalen – manchmal will man ja auch nur den Hunger stillen. In einem guten Lokal rechnen Sie für ein dreigängiges Menü zwischen 50 und 60 sfr. In einem Lokal der Spitzenklasse sind auch die Preise top: Für ein mehrgängiges Menü werden 100 und mehr Franken verlangt. Wenn Sie zu einem solchen Menü den entsprechenden Wein trinken wollen (viele Lokale verfügen über einen Weinkeller, der mit besten Provenienzen aus Frankreich, Italien, Spanien, ja auch den USA oder Südamerika bestückt ist), wird die

Rechnung für zwei Personen kaum unter 300 sfr betragen. Flaschenweine sind in der Regel teuer (und nicht immer ihren Preis wert), doch bieten viele Wirte zu günstigeren Preisen auch »offenen Wein« an (gebräuchliche Maßeinheiten sind zwei, drei oder fünf Deziliter: der »Zweier«, der »Dreier« oder der »Halbe«.
Warme Mahlzeiten werden in der Regel zwischen 12 und 14 Uhr und von 18 bis 21 Uhr serviert. Gelegentlich zeigt sich ein Wirt flexibel. In größeren Städten ist es möglich, auch noch um Mitternacht ein warmes Essen zu bekommen (Hinweise bei den einzelnen Orten).
Zu den Hauptessenszeiten werden in den Restaurants volle Mahlzeiten serviert; wenn Sie nur kleinen Hunger verspüren (nach einem Sandwich, einem Stück Gemüse- oder Käsekuchen) oder wenn Sie ein Süßigkeitsbedürfnis haben, besuchen Sie ein Café, einen Tea-Room oder eine Confiserie beziehungsweise Konditorei (meist alkoholfrei). In manchen Städten gibt es mittlerweile Bars, die wie in Italien einen kleinen Lunch servieren.

Preiskategorien

Um Ihnen bei der Wahl Ihres Restaurants behilflich zu sein, haben wir in diesem Reiseführer die Restaurants in vier verschiedene Preisstufen eingeteilt. Die jeweilige Kategorie bezieht sich in der Regel auf den Preis für ein Menü ohne Getränke) ohne Getränke.

Luxuskategorie: ab 75 sfr
1. Kategorie: ab 45 sfr
2. Kategorie: ab 35 sfr
3. Kategorie: bis 35 sfr

Schweizer Spezialitäten

Manch traditionelle Gerichte kommen in Schweizer Haushalten noch heute auf den Tisch und werden auch in Restaurants angeboten, so etwa *Rösti,* geraffelte Kartoffeln, knusprig gebraten, die früher eine Hauptmahlzeit waren und in ländlichen Gegenden auch zum Frühstück serviert wurden, heute dagegen meist als Beilage, etwa zu einem *Züri Gschnätzlets:* in kleine Stücke geschnittenes Kalbfleisch mit Kalbsnieren in Rahmsauce.
Die *Berner Platte* ist für den großen Hunger: Sauerkraut und Bohnen mit Speck, geräucherten Schweinsrippen, Rindszunge, Zungenwurst, gepökelter Schweinshaxe, Schweinsohren und Siedfleisch.
Ein traditionelles Festessen der Luzerner Zünfte ist die *Chügelipastete:* eine große, runde Pastete, gefüllt mit Schweine- und Kalbfleisch, Bratwurstmasse und Champignons an einer braunen Sauce.
Falls Sie im November in die Zentralschweiz reisen, sollten Sie sich die *Zuger Rötel* nicht entgehen lassen: Der Edelfisch aus der Familie der Saiblinge wird nur von Mitte November bis Mitte Dezember gefangen und in Weißwein mit Kräutern gedämpft.
Zur Basler Fasnacht servieren die »Baizer« (Gastwirte) Mehlsuppe und *Waie,* Zwiebel- und Käsekuchen. Ebenso gerne werden Früchte-*Waien* gegessen, die man in den Bäckereien des ganzen Landes zu jeder Zeit in vielen Varianten bekommt.
Die Bündner lieben besonders die Gerstensuppe, *Capuns,* gefüllte Mangoldblätter, und *Plain in pigna,*

eine Art Kartoffelgratin, angereichert mit Speck, Salsiz und Rosinen. Die Dauerwurst *Salsiz* und getrocknetes Rindfleisch, das sogenannte *Bündnerfleisch,* sind beliebte Zwischenmahlzeiten.
In der ganzen Schweiz beliebt sind die Waadtländer *Saucissons,* dicke Schweinswürste, die meist zu Lauch gegessen werden. Keine Region der Westschweiz, die nicht den Anspruch erheben würde, das *Fondue* erfunden zu haben: feingehobelter Käse, der in Weißwein in einem Tongeschirr geschmolzen wird. Fondue-Rezepte gibt es fast so viele wie Käsesorten (die berühmten – Emmentaler, Greyerzer, Tilsiter, Appenzeller oder Sbrinz – brauchen nicht vorgestellt zu werden). Dazu wird Weißwein oder Tee getrunken; zu besserer Verdauung verhilft ein Gläschen Kirsch. Ebenso beliebt wie Fondue ist *Raclette,* geschmolzener Walliser Käse, der zu Pellkartoffeln serviert wird. Simpel, aber gut sind auch *Käseschnitten,* ausgebackene Brotscheiben, die mit geschmolzenem Käse belegt sind.
Zahllos sind die Rezepte für Gebäck. Berühmtheit erlangt haben die *Engadiner Nußtorte,* mit einer Füllung aus karamelisiertem Zucker und Baumnüssen, und die *Zuger Kirschtorte,* ein Buttercremebiskuit, das mit viel Kirschwasser getränkt wird. Originell ist die Aargauer *Rüeblitorte,* die tatsächlich mit fein geraffelten Karotten, aber auch mit Zucker und Mandeln gebacken wird.

Schweizer Weine

Bekannt sind vor allem die Weine aus den Rebbergen am Genfer See und dem Walliser Rhonetal. Weine gedeihen aber auch am Neuenburger, Bieler und Murtensee, in der Ost- und Nordwestschweiz und im Tessin. Richtig große Weine kann die Schweiz nicht bieten, die einheimischen Tropfen (weiß und rot, praktisch alles trockene Weine!) werden vorzugsweise jung getrunken. (Auf führende Erzeuger wird bei den einzelnen Orten hingewiesen.) In der deutschen Schweiz (ihre Weine werden – ohne geographische Rücksichten – alle »Ostschweizer« genannt) wird der Blauburgunder gekeltert, ein kräftiger Rotwein, in der Westschweiz heißt der gleiche Wein *Pinot noir.* Dort wird auch der Rotwein der Sorte *Gamay* aus dem Beaujolais gepflegt. Im Tessin produziert man aus der Bordeaux-Traube *Merlot*-Weine.
Fendant, Dorin oder *Perlan* sind Sammelnamen für Westschweizer Weißweine aus der Traubensorte *Chasselas* (Gutedel). Im Wallis ist als zweite Weißweinsorte der *Grüne Sylvaner* von Bedeutung: Der Wein aus diesen Trauben heißt *Johannisberg.* Außerdem werden im Wallis einige hervorragende Spezialitäten gekeltert: Sollte Ihnen ein *Arvine* oder *Humagne* angeboten werden, genießen Sie das seltene Vergnügen! In der deutschen Schweiz wird Weißwein aus der Traubensorte *Riesling* × *Sylvaner* gewonnen, andere Weißweine sind lokale Spezialitäten.
Achten Sie beim Kauf auf die Ursprungsbezeichnung – das Etikett von Qualitätsweinen verrät Lage und Produzenten: also nicht bloß »Chasselas« (Traubensorte), sondern »Dézaley« (bekannteste Lage im Weinbaugebiet Lavaux am Genfer See) und »Clos des Abbayes« (Weingut) oder »Jeninser« (Lage in der Bündner Herrschaft, wo die besten Blauburgunder herkommen) und »Eigenbau: Gian-Battista von Tscharner« (Produzent).

Feiertage

Als föderalistisches Land, das weltliche und religiöse Traditionen respektiert, kennt die Schweiz eine Fülle von Fest- und Feiertagen auch nur lokaler oder regionaler Bedeutung. So gelten die katholischen Feste (Fronleichnam, Mariä Himmelfahrt, Mariä Empfängnis) nur in den katholischen Gebieten als offizielle Feiertage. Selbst der Nationalfeiertag (1. August) ist nicht überall arbeitsfrei. Erkundigen Sie sich vor Ort über die lokalen Bräuche.

Als allgemeine Feiertage gelten
1. Januar: Neujahr
Ostersonntag
Ostermontag
Himmelfahrt (Auffahrt)
Pfingstsonntag
Pfingstmontag
1. August: Nationalfeiertag
3. Sonntag im September: Eidgenössischer Dank-, Buß- und Bettag
25. Dezember: Weihnachtstag

Konfessionelle Feiertage sind in traditionell protestantischen und gemischten Regionen der Karfreitag, in katholischen Gebieten Mariä Himmelfahrt (15. August), Allerheiligen (1. November), Allerseelen (2. November), Mariä Empfängnis (8. Dezember). Stephanstag (26. Dezember) und Berchtoldstag (2. Januar) haben ihren Charakter als konfessionelle Feste weitgehend verloren. Ob sie arbeitsfrei sind, richtet sich nach örtlichen Gegebenheiten.
Auch der 1. Mai ist nicht überall arbeitsfrei.

Ferienwohnungen

In den Tourismusregionen sind Hunderte von Ferienwohnungen zu mieten. Die Preise schwanken von 300 sfr die Woche für ein einfaches Appartement im Walliser Nendaz etwa bis zu 4000 sfr für eine Villa (ebenfalls für eine Woche) im mondänen St. Moritz zur Hochsaison. Bei den lokalen Verkehrsbüros (→ einzelne Orte) sind detaillierte Informationen erhältlich. Oft ist dort auch bekannt, welche Vermieter zur gewünschten Zeit noch freie Wohnungen im Angebot haben.
Ein äußerst vielfältiges Angebot hat die Firma Interhome mit Tochtergesellschaft Utoring (mit Filialen in der Bundesrepublik Deutschland und in Österreich).

Interhome GmbH
– Friedberger Anlage 14
6000 Frankfurt/Main 1
Tel. 069/490658
– Corneliusstr. 6
8000 München 5
Tel. 089/2016478
– Johann-Wolf-Str. 7
5020 Salzburg
Tel. 0662/845586

Ferienzeiten

Ähnlich wie die Bundesrepublik kennt die Schweiz föderalistisch gestaffelte Ferienzeiten. Die langen Ferien im Sommer beginnen aber alle in der ersten oder zweiten Juliwoche und dauern – je nach Kanton – bis Anfang oder Mitte August. Im Februar sind vielerorts eine oder zwei Wochen Sportferien angesagt. Auch um Ostern (eine bis zwei Wochen) und im Herbst – meist von Anfang bis Mitte Oktober – sind Ferienzeiten. Da die Schweizer gern im eigenen

Land bleiben, ergeben sich während dieser Termine nicht nur Staus auf vielen Straßen, sondern auch Engpässe im Angebot an Unterkunftsmöglichkeiten in den touristischen Zentren – und entsprechend der großen Nachfrage sind auch die Preise hoch. Wer kann, sollte darum die Hochsaison meiden. Wenn dies nicht möglich ist, hilft frühzeitiges Buchen.

Feste und Veranstaltungen

Die Schweizer sind, allen gegenteiligen Gerüchten zum Trotz, ein überaus festfreudiges Volk. Wo es keine traditionellen, vom bäuerlichen Leben bestimmte Anlässe gibt, schaffen sie sich wie von selbst. In ländlichen Gegenden überwiegt dabei selbstverständlich das traditionelle Brauchtum mit seinen Jahrmärkten (»Chilbi«), Trachten- und Schützenfesten. In städtischen Gebieten sind neben offiziellen Anlässen – Blumenkorsos, Kinderumzüge, Musik-, Theater- und Filmfestivals – informelle Quartier- und Straßenfeste sehr beliebt.

Festkalender

(Einzelheiten → bei den einzelnen Orten):

Januar

Basel: Fest der drei Kleinbasler Ehrengesellschaften mit ihren Wappenhaltern »Vogel-Gryff« (Greif), »Leu« (Löwe) und »Wildma« (Wilder Mann)

Pontresina, St. Moritz, Samedan: Schlitteda

Solothurn: Schweizerische Filmtage

Februar

Viele Fasnachts-, Karnevals- und Feuerbräuche

Bad Scuol/Schuls-Tarasp-Vulpera: Homstrom (am ersten Februarwochenende)

Liestal: »Chienbäse«, Feuerwagen werden durch die Altstadt gezogen (So nach Aschermittwoch)

Basel: Fasnacht. Sie beginnt am Montag nach Aschermittwoch um 4 Uhr früh mit dem »Morgestraich« und dauert drei Tage

März

Engadin: Chalanda Marz (1. März), Frühlingsbrauch der Schuljugend mit Peitschenknallen und Schellengeläut

Basel: Schweizer Mustermesse (größte nationale Messe)

Glarus: Fridolinsfeuer (Frühlingsfeuer zu Ehren des Glarner Schutzpatrons)

Ermatingen (Thurgau): Groppenfasnacht (am dritten Sonntag vor Ostern)

April

Appenzell: Landsgemeinde (Wahl- und Abstimmungsversammlung der Stimmberechtigten unter freiem Himmel)

Basel: Kunst- und Antiquitätenmesse (KAM)

Basel: Europäische Uhren- und Schmuckmesse (EUSM)

Glarus: Näfelser Fahrt (zum Andenken an den Sieg über die Österreicher 1388)

Hundwil/Trogen: Landsgemeinde

Zürich: Sechseläuten (Frühlingsfest der Zünfte mit Umzügen und Verbrennung des »Böögg« als Symbol des Winters)

Mai

Glarus: Landsgemeinde

Juni

An vielen Orten je nach Witterung: Alpaufzüge

Basel: ART – Internationale Kunstmesse
Zürich: Internationale Musikfestwochen
Zürich: Seenachtsfest

Juli
Aarau: Jugendfest (am 1. Freitag im Juli)
Kreuzlingen: Seenachtsfest
Sempach: Schlachtfeier zum Andenken an den Sieg über die Habsburger 1386

Juli–August
Pontresina: Engadiner Konzertwochen
Schweizer Seen: Abendfahrten

August
Hirten- und Älplerfeste
1. August: Nationalfeiertag mit Höhenfeuern und Feuerwerk
Saignelégier: Pferdemarkt (Marché Concours) mit Pferderennen

September
Aarau: Bachfischet, Kinderumzug
Zürich: Knabenschießen
Zürich: Jazzfestival

Oktober–November
Basel: Herbstmesse (14 Tage, ältester und größter Jahrmarkt der Schweiz)

Dezember
Viele Klausbräuche

Fluggesellschaften

Austrian Airlines
– Talstr. 66
8001 Zürich
Tel. 01/2115890
Fax 01/2121883
– Flughafen Zürich-Kloten
Tel. 01/8130044

Crossair
– Flughafen Basel-Mulhouse
Tel. 061/3253525
– Flughafen Zürich-Kloten
Tel. 01/8162700
Fax 01/8164326

Lufthansa
– Elisabethenanlage 7
4002 Basel
Tel. 061/2728853
– Gutenbergstr. 10
8001 Zürich
Tel. 01/2867000
– Flughafen Zürich-Kloten
Tel. 01/8141111

Swissair
Basel:
Tel. 061/2845522 (Sammelnummer)
Tel. 061/2845480 (Reservierungen)
– Kohlenberg 7/Barfüßerplatz
Fax 061/2819158
– Riehenring 45/Kongreßzentrum
Fax 061/6911588
– Flughafen Basel-Mulhouse
Tel. 061/3252331
Fax 061/3252387
Zürich:
Tel. 01/2583311 (Sammelnummer)
Tel. 01/2513434 (Reservierungen)
Fax 01/2514163 (Reservierungen)
– Flughafen Zürich-Kloten
Tel. 01/8127111 (Auskunft)
Tel. 01/8121212 (Zentralverwaltung)

Fremdenverkehrsbüros

Zur Vorbereitung einer Schweizer Reise oder eines Urlaubs ist es sinnvoll, zunächst eines der Schweizer Verkehrsbüros in Deutschland oder Österreich um Informationen zu bitten. Für die Detailplanung lohnt es sich aber, direkt bei den lokalen Verkehrsvereinen nachzufragen. Dort wird man gern individuelle

Arrangements treffen, dort kennt man das Angebot an Hotels, Gaststätten und Ferienwohnungen am besten und weiß auch Bescheid über Sehenswürdigkeiten, Wanderrouten und Veranstaltungen. Die Telefonnummern und Adressen sind unter den Bezeichnungen »Verkehrsbüro« oder »Verkehrsverein« im Telefonverzeichnis der betreffenden Ortschaft zu finden.

Fremdenverkehrsbüros in der Bundesrepublik Deutschland und in Österreich

Schweizer Verkehrsbüro

– Kaiserstr. 23
W-6000 Frankfurt/Main 1
Tel. 069/25600 10
Fax 069/25600138
Telex 412021
Btx *40804#

– Kasernenstr. 13
W-4000 Düsseldorf 1
Tel. 0211/80913
Fax 0211/133436
Telex 8587434

– Speersort 8/1V
W-2000 Hamburg 1
Tel. 040/321469
Fax 040/323900

– Leopoldstr. 33
W-8000 München 40
Tel. 089/333018
Fax 089/345346

– Neue Brücke 6
W-7000 Stuttgart
Tel. 0711/296545
Fax 0711/2262769

– Kärntner Str. 20
A-1010 Wien
Tel. 0222/5127405
Fax 0222/5139335

Fremdenverkehrsbüros in der Schweiz

Schweizerische Verkehrszentrale

Bellariastr. 38
8027 Zürich
Tel. 01/2881111
Fax 01/2881203
Telex 815391
Videotex *1700

Adressen und Telefonnummern der lokalen Verkehrsbüros → bei den einzelnen Orten

Friedhöfe

Helden-, Künstler- oder Prominentenfriedhöfe, wie sie in internationalen Metropolen Nekrophile aus aller Welt anziehen, gibt es in der Schweiz nicht. Auch im Bereich der Totenehrung geht das Land seinen föderalistischen Weg. Trotzdem gibt es einige interessante Gräber und Denkmäler in der Eidgenossenschaft. In Zürich, zum Beispiel, fanden Georg Büchner und James Joyce ihre letzte Ruhestätte, im Zürcher Vorort Kilchberg Conrad Ferdinand Meyer und Thomas Mann; in Basel liegt Erasmus von Rotterdam ebenso wie der Dichter Wolfgang Borchert, aber auch ein unbekannter russischer Soldat. Mehr über berühmte Tote → bei den einzelnen Orten.

Geld

In der Schweiz und im Fürstentum Liechtenstein ist der Schweizer Franken (sfr) offizielles Zahlungsmittel. Ein Franken hat 100 Rappen (centimes, centesimi). Es gibt Banknoten zu 10, 20, 50, 100, 500 und 1000 sfr und Münzen zu 5, 10, 20, 50 Rappen (½ sfr) sowie zu 1, 2 und 5 sfr.
Der Wert des Frankens gegenüber den Nachbarwährungen DM und öS schwankt in einer relativ geringen Bandbreite.

Mittelkurse Frühjahr 1993

1 sfr = 1,10 DM
1 DM = 0,90 sfr

Die Ein- und Ausfuhr ausländischer Währungen unterliegt keiner Beschränkung. Eine Deklarationspflicht für sehr große Summen ist zur Verhütung der Geldwäscherei in Diskussion.
Das Schweizer Bankensystem ist sehr gut ausgebaut und arbeitet effizient. Wie andernorts stimmen aber die Öffnungszeiten nur selten mit denen der übrigen Geschäfte überein, wobei Unterschiede von Ort zu Ort und zwischen großen und kleinen Filialen bestehen. An Wochentagen sind die Schalter gewöhnlich von 8.30 bis 12 Uhr und von 14 bis 16 Uhr geöffnet, samstags nur ausnahmsweise. Geldwechsel ist außer bei Banken und Wechselstuben aber auch in Hotels, Warenhäusern, an Bahnhöfen und Flughäfen zum Teil auch außerhalb der normalen Öffnungszeiten möglich.
Obwohl viele Geschäfte und Dienstleistungsbetriebe, besonders in den grenznahen Gebieten, auch ausländische Währungen annehmen, ist die Verwendung von Eurocheques oder Reiseschecks zu empfehlen. Pro Eurocheque gilt ein Höchstbetrag von 300 sfr. Die meisten Restaurants, Hotels und Servicedienste (auch die Fahrkarten-Verkaufsstellen der großen Bahnunternehmungen) akzeptieren Kreditkarten der einschlägigen Karteninstitute (Diner's, Visa, American Express). Am weitesten ist in der Schweiz die Eurocard verbreitet.
Bargeld ist mit der Eurocheque-Karte und dem internationalen Pin-Code auch an den zahlreichen Geldautomaten (Bancomat) ohne Extrakosten erhältlich. Touristen aus der Bundesrepublik oder Österreich können zudem, sofern sie Inhaber eines Postsparbuches sind, bei allen Postämtern der Schweiz und Liechtensteins Barbeträge im Wert von bis zu 1000 sfr pro Tag und höchstens 2000 sfr pro Monat beziehen.

Hotels

Der Hotelierverein legt jährlich einen Preisrahmen fest, an dem sich die einzelnen Betriebe zu orientieren haben. Differenzen ergeben sich natürlich aus Lage, Ausstattung oder Größe des Hauses sowie den unterschiedlichen Saisons.
Das Frühstück ist in der Regel im Übernachtungspreis inbegriffen. Tee oder Kaffee, Brötchen, Butter und Marmelade sind Minimalstandard. Die angenehme Einrichtung des Frühstücksbuffets setzt sich allmählich durch.
Die im Kasten »Preiskategorien« genannten Preise gelten jeweils für zwei Personen im Doppelzimmer. Für Halbpension wird gewöhnlich ein Zuschlag von 18 bis 50 sfr erhoben (der höhere Zuschlag in besseren Häusern wird leider nicht in jedem Fall durch die Leistungen der Küche gerechtfertigt).

Preiskategorien

Wir haben die Hotels in vier Kategorien eingeteilt, die sich nur auf die Preise beziehen. Sie gelten für zwei Personen im Doppelzimmer in der Regel mit Frühstück:

Luxuskategorie: ab 400 sfr
1. Kategorie: ab 250–400 sfr
2. Kategorie: ab 120–250 sfr
3. Kategorie: bis 120 sfr

Manche Hotels gewähren bei mehrtägigem Aufenthalt Ermäßigungen. Erkundigen Sie sich, vor allem in Stadthotels, nach weiteren Vergünstigungen (Eintrittskarten für Museen, verbilligte Fahrten in öffentlichen Verkehrsmitteln). Und auch in den weltberühmten Kurorten sind die Listenpreise nicht immer ganz verbindlich: Feilschen kann sich tatsächlich bezahlt machen.

Hoteladressen Der Schweizer Hotelführer erscheint jedes Jahr neu und verzeichnet zwei Drittel aller Hotelbetten. Er kann außer bei den schweizerischen Verkehrsbüros in der Bundesrepublik Deutschland und in Österreich kostenlos bezogen werden beim

Schweizer Hotelierverein
Postfach 2657
3001 Bern
Tel. 031/507111

Beim Hotelierverein oder den Filialen des Schweizerischen Verkehrsvereins erhalten Sie auch die folgenden Broschüren:
– Hotels für Familien
– Saison für Senioren
– Landgasthöfe
– Hotelführer für Behinderte

Lokale oder regionale Hotelübersichten erhalten Sie bei den lokalen Verkehrsbüros (→ bei den einzelnen Orten), die auch Zimmerreservierungen entgegennehmen. Dort gibt es außerdem ein Verzeichnis »einfacher und gemütlicher« Einsterne- und Zweisternehotels. 25 besonders ruhig gelegene Hotels haben sich zur Kette »Relais du Silence« zusammengeschlossen. Den detaillierten Prospekt der Vereinigung führen die Schweizer Verkehrsbüros.
Eine Auswahl von Hotels finden Sie in diesem Band unter dem guten Tip, ab S. 85, und bei den einzelnen Orten.

Informationsbroschüren

Alle Verkehrsbüros halten für Touristen eine Sammlung kostenloser Broschüren und Prospekte bereit. In größeren Orten werden die Gäste oft mit einem Gutscheinheft überrascht, das zum Beispiel freie Fahrt mit öffentlichen Verkehrsmitteln und anderen Vergünstigungen während des Aufenthalts gewährt. Über aktuelle Veranstaltungen informieren wöchentliche Veranstaltungskalender und die Lokalzeitungen (→ Zeitungen und Zeitschriften). Sehr originell und höchst informativ sind die Kantonsbüchlein der »Schweizerischen Lebensversicherungs- und Rentenanstalt«, handlich und hübsch illustriert. Einzelne Exemplare erhalten Sie gratis bei den lokalen Geschäftsstellen, wahlweise in deutscher, französischer oder italienischer Sprache.

Jugendherbergen

Neunzig Jugendherbergen gibt es in der Schweiz, in vielbesuchten Regionen ist eine Voranmeldung unerläßlich. Es werden Gäste jeden Alters aufgenommen, wenn sie im Besitz einer JH-Mitgliedskarte sind.
Die Sitten sind puritanisch streng: Ab 22 Uhr herrscht Nachtruhe, weibliche und männliche Gäste logieren getrennt. Große Herbergen verfügen jedoch über Familienzimmer.

Schweizerischer Bund für Jugendherbergen
Neufeldstr. 9
3012 Bern
Tel. 031/245503

Karten und Pläne

Neben ausgezeichneten Straßenkarten, auf denen auch die angrenzenden Gebiete der Nachbarländer und die Zufahrten verzeichnet sind (Kümmerly & Frey, Hallwag), bieten die Blätter der offiziellen Schweizerischen Landeskarte (Maßstäbe 1:100000; 1:50000; 1:25000) jede gewünschte topographische Information für Wanderer. Für touristisch besonders beliebte Gegenden sind auch spezielle Wanderkarten, zum Teil mit ausführlichen Routenbeschreibungen, erhältlich. Lassen Sie sich in Verkehrsbüros oder Buchhandlungen vor Ort beraten.

Kuren

Berühmte Tourismuszentren wie Davos, St. Moritz oder Leukerbad waren in den Anfängen Bade- oder Kurorte. Erholungsgebiete verschiedener klimatischer Reizstufen stehen zur Auswahl: Wer Erholung nach einer Operation oder schweren Belastung sucht, eine Diätkur absolvieren oder sich auf einer Schönheitsfarm verwöhnen lassen will, kann unter den zahllosen Kurhotels und Erholungsheimen etwas Passendes aussuchen. Hilfestellung gibt die Informationsschrift »Erholung und Kur« die bei der Schweizerischen Verkehrszentrale erhältlich ist.

Leihfahrzeuge

Auto Von den Großen im Geschäft – Avis, Budget, Europcar, Hertz, Inter Rent – unterhält mindestens einer in jeder größeren Ortschaft eine Vertretung. Sie sind in den lokalen Telefonbüchern leicht zu finden. Die durchschnittliche Tagesmiete für einen Mittelklassewagen beträgt 70 sfr zuzüglich etwa 80 Rappen pro gefahrenem Kilometer. Bei Voranmeldung und längerer Mietdauer reduziert sich der Preis.
Sehr praktisch ist die Möglichkeit, sich einen Mietwagen an einen beliebigen Bahnhof zu bestellen und ihn an einem anderen wieder zurückzugeben. Die Schweizerischen Bundesbahnen nehmen Bestellungen für diese Dienstleistung bis 24 Stunden vor der Abfahrt entgegen.

Fahrräder Die SBB sind auch die größten Vermieter von Fahrrädern. Sie können an zahlreichen Bahnhöfen stunden- und tageweise ausgeliehen werden. Die Preise richten sich nach Dauer und Modell (Tourenrad, Rennrad, Mountain Bike, Tandem) – 12 bis 18 sfr pro Tag, ab 70 sfr pro Woche. Die Räder – in der Schweiz Velos genannt – können an jeder Bahnstation zurückgegeben werden. Wer seine Radwanderung nicht selbst planen will, wird auch bedient: Die Bahn bietet Standardausflüge per Zug und Velo an – zum Beispiel eine Bahnfahrt hinauf nach Göschenen zum Nordportal des Gotthardtunnels, eine Velotalfahrt auf der alten Gotthardstraße nach Erstfeld und die Rückfahrt zum Ausgangsbahnhof. Eine ähnliche Tour gibt es auch auf der Gotthardsüdseite ab Airolo.

Solarmobile Wer umweltfreundlich, aber ohne eigene Muskelkraft verkehren will, kann sich für kurze Strecken auch ein Solarmobil mieten. Die elektrisch angetriebenen Kleinfahrzeuge für eine oder zwei Personen beziehen ihre Energie indirekt aus Photovoltaikanlagen. Die Tagesmiete kostet, je nach Fahrzeug zwischen 55 und 105 sfr. Der Dienst ist vorderhand nur in Basel verfügbar:
Bauladen
Wanderstr. 67
Tel. 061/3027777

Literatur

Für Reisende, die sich vor, während oder nach einem Aufenthalt in der Schweiz über das Gastland oder einzelne Gegenden, etwa über Kunst, Geschichte und Leben dort, informieren wollen, seien die aufwendig illustrierten MERIAN-Hefte »Schweiz«, »Basel«, »Graubünden« empfohlen. Sie ergänzen die Informationen dieses Reiseführers.

Zwei Standardwerke, die einprägsam und eigenständig die schweizerische Wirklichkeit in Vergangenheit und Gegenwart beschreiben, seien hier besonders erwähnt.

Fritz René Allemann: *26mal die Schweiz.* 4. Auflage, München 1985
Auch über 25 Jahre nach dem ersten Erscheinen ist das mehrmals auf den neuesten Stand gebrachte Werk des bekannten Schweizer Publizisten die beste Beschreibung der vielgestaltigen Alpenrepublik. In 26 Kapiteln porträtiert Allemann die einzelnen Kantone, spricht von ihrer Landschaft, ihrer Geschichte, ihren Menschen, erläutert die politischen und wirtschaftlichen Besonderheiten. Das Buch eignet sich mehr zum Lesen als zum Betrachten; es ist für jene gedacht, die mehr wissen wollen als nur den Namen des Berges vor dem Hotelfenster oder das Baujahr einer nahen Burgruine.

Hans Tschäni: *Das neue Profil der Schweiz.* Zürich 1990
Tschäni, ehemaliger Redakteur des Zürcher »Tages-Anzeigers«, beschreibt in diesem Standardwerk, wie die »Willensnation« Eidgenossenschaft funktioniert. Mit wachem, kritischem Geist erklärt er die Entstehung des modernen Bundesstaates, das Funktionieren des Regierungssystems mit seinem relativ schwachen Parlament und dem Volk, das immer das letzte Wort hat. Das Buch, aus dem 1966 erstmals erschienenen »Profil der Schweiz« hervorgegangen, gilt den Einheimischen als eigentliches Nachschlagewerk; wißbegierigen Auswärtigen kann es klarmachen, warum sich viele Schweizer oft und heftig dagegen wehren, als Kuhhirten oder Schokoladenmacher belächelt zu werden.

Darüber hinaus empfehlen wir folgende Bücher:

Jean-François Aubert: *So funktioniert die Schweiz.* Muri bei Bern 1987
Werner Bätzing: *Die Alpen. Entstehung und Gefährdung einer europäischen Kulturlandschaft.* München 1991
Gottfried Bürgin: *Schweizer Weinlexikon.* Basel 1987
Chronik der Schweiz: Zürich 1987
Friedrich Dürrenmatt: *Politik. Essays, Gedichte und Reden.* Zürich 1986
Robert Fischer/Pidu P. Russek (Hg.): *Kunst in der Schweiz. Künstler, Galerien, Museen.* Köln 1991
Max Frisch: *Schweiz als Heimat? Versuche über 50 Jahre.* Frankfurt 1990
Hermann Hesse: *Tessin.* Frankfurt 1990
Rose Marie Kaune/Gerhard Bleyer/Herbert Armellini: *Alpentouren in der Schweiz.* München 1990
Charles Linsmayer: *Literaturszene Schweiz. 157 Kurzporträts von Rousseau bis Gerhard Leutenegger.* Zürich 1989
Charles Linsmayer (Hg.): *Umgang mit der Schweiz. Nichtschweizer über die Schweiz und ihre Erfahrungen mit ihr.* Frankfurt 1990
Hans Georg Müller: *Mit Wilhelm Tell um den Vierwaldstätter See.* Stuttgart 1990

Adolf Muschg: *Die Schweiz am Ende. Am Ende die Schweiz. Erinnerungen an mein Land vor 1991.* Frankfurt 1990
Schweizer Museumsführer. Bern 1991 (Mit Museumskarte der Schweiz)
Jean Ziegler: *Die Schweiz wäscht weißer. Die Finanzdrehscheibe des internationalen Verbrechens.* München 1990
Richard Zürcher: *Reisen durch die Schweiz.* München 1986

Medizinische Hilfe

Die Schweiz besitzt im medizinischen Bereich eine ähnliche Versorgungsdichte wie die alten Länder der Bundesrepublik, in einigen Kantonen ist sie sogar noch größer. Für Notfälle sind die zahlreichen Krankenhäuser gut eingerichtet. Die Telefonauskunft 111 kennt bei Bedarf die Nummer des Notfalldienstes, der von den kantonalen Ärztegesellschaften unterschiedlich organisiert wird.
Zwischen deutschen, österreichischen und schweizerischen Krankenkassen bestehen bisher keine Abkommen über die Kostenübernahme bei Behandlung in schweizerischen Kliniken. Klären Sie vor der Reise ab, ob Ihre Krankenkasse in solchen Fällen eine Erstattung leistet. Viele Kassen bieten zeitlich begrenzte und kostengünstige Zusatzversicherungen an.
Im Ausland erkrankten Urlaubern nennt der ADAC in München telefonisch Adressen deutschsprachiger Ärzte oder organisiert auch einen Rücktransport nach Deutschland. Ein Verzeichnis der Lufthansa-Vertragsärzte in aller Welt ist an allen Schaltern und in den Büros der Lufthansa erhältlich.

ADAC
Abteilung Verkehrsmedizin
Am Westpark 8
8000 München 70
Tel. 089/222222

Apotheken Die Apotheken sind in der ganzen Schweiz mit einem grünen Kreuz kenntlich gemacht. Ihre Öffnungszeiten richten sich nach jenen der übrigen Läden. In der Regel heißt das: 8 bis 12 und 14 bis 18.30 Uhr an Wochentagen, bis 16 oder 17 Uhr an Samstagen – je nach Landesgegend. Nach Ladenschluß gibt ein Schild an der Eingangstür über Dienstapotheken Auskunft.
In verschiedenen Kantonen geben auch die Ärzte Medikamente ab. In Notfällen und in kleinen Dörfern erkundige man sich bei der Telefonauskunft 111.

Messen und Märkte

Der größte und wichtigste Messeplatz der Nord- und Ostschweiz, der auch ein internationales Publikum anzieht, ist Basel. Zürich und St. Gallen (mit der jährlich stattfindenden Landwirtschaftsmesse Olma) verfügen über aktive und innovative Messeveranstalter. Die wichtigste nationale Messe ist die Schweizerische Mustermesse in Basel (jährlich im März); eine der wichtigsten internationalen Messen ist die Europäische Uhren- und Schmuckmesse in Basel.
Neben den wohlorganisierten Messen sind die ländlichen Vieh- und Warenmärkte für ausländische Besucher oft ein besonderes Erlebnis. Sie finden in der Regel im Frühjahr und im Herbst statt. Dazu gibt es an vielen Orten, auch in großen Städten, regelmäßig Flohmärkte sowie Tages- und Wochenmärkte. Einzelheiten →bei den Orten.

Militär

Die Schweiz, hieß lange ein Kraftspruch ihrer Politiker, habe keine Armee, sie sei eine. Hatte diese Einschätzung je Berechtigung, so heute bestimmt nicht mehr. Trotzdem ist das Militär allgegenwärtig. Außer in den paar Wochen Hochsaison im Sommer und Winter haben oft auch Touristen im Voralpen- und Alpengebiet das zweifelhafte Vergnügen, der übenden Truppe zu begegnen. Zwar müssen sich die Kommandanten an Vorschriften über Schießzeiten und -plätze halten, Friktionen mit den Interessen der Touristen sind dennoch fast unvermeidlich. Vor Wanderungen ist es ratsam, die in den Bergdörfern angeschlagenen »Schießpublikationen« zu konsultieren. Sie enthalten Karten der Zielgebiete und die Schießzeiten. Die Gemeindeverwaltungen geben bei Bedarf Auskunft. Die gefährdeten Zonen sind mit rotweißen Schießfahnen bezeichnet und werden von Soldaten abgesperrt. Gefährlicher als die lauten Schießübungen von Infanterie, Artillerie und Fliegerabwehr sind Blindgänger, die trotz Säuberungsaktionen der Armee mitunter in unwegsamen Gebieten liegenbleiben. Wanderer, die auf solch martialischen Müll stoßen, sollten ihn auf keinen Fall berühren oder gar wegräumen, vielmehr müssen der Standort gekennzeichnet (Holzstück, Steinhaufen) und über Telefon 111 die Spezialisten der Armee informiert werden.

Notrufnummern

Feuerwehr 118
Polizei 117
Sanität (unterschiedlich): 144 (in größeren Ortschaften)
oder über 111 (Auskunft)
Tox-Zentrum Zürich (Vergiftungen, Schlangenbisse): 01/2515151
Pannendienst: 140
Rückrufzentrale des TCS: 022/7358000

Pflücken und Sammeln

Viele Pflanzenarten, darunter die auf Gebirgswanderungen oft anzutreffenden Enzian, Silberdistel, Frauenschuh und Männertreu, sind geschützt und dürfen weder gepflückt noch ausgegraben werden. Je nach Gegend gelten Beschränkungen auch für Beeren und Pilze. Die Adresse der örtlichen Pilzkontrollstelle ist bei den Gemeindekanzleien oder den lokalen Fremdenverkehrsbüros erhältlich.

Polizei

In Notfällen ist in der ganzen Schweiz die zuständige Polizeidienststelle über die Rufnummer 117 zu erreichen. Diebstähle sind meist der kommunalen Hermandad (an größeren Orten Stadtpolizei genannt) zu melden. Dort werden auch Verkehrsbußen beglichen, während für Verkehrsunfälle manchenorts die Kantonspolizei zuständig ist. Bei Verlust des Passes oder des Personalausweises ist es ratsam, eine Bestätigung der Anzeige zu verlangen. Sie erleichtert das Ausstellen von provisorischen Ersatzpapieren durch das Konsulat. Noch besser ist dran, wer eine Kopie der Papiere bei sich hat.

Post und Telefon

Im Gegensatz zu einigen Nachbarländern werden Post- und Telekommunikationsbetriebe in der Schweiz noch unter einem Dach verwaltet, das heißt: Wo eine Post ist, gibt es auch ein Telefon. Und nicht nur dort: Telefonzellen – solide Glaskabinen mit aufgemaltem Telefonhörer, manchmal zusätzlich durch ein beleuchtetes Symbol markiert – stehen auch an allen größeren Plätzen und Dienstleistungszentren. Sie enthalten Telefonbücher der Region und ihrer näheren Umgebung und einen Apparat, von dem aus sowohl Nah- als auch Ferngespräche geführt werden können. Wer sich von der Münzenklauberei befreien will, kann in jedem Postbüro, aber auch an Kiosken und Bahnhöfen eine »Taxcard« zu 10 oder 20 sfr erwerben, mit der sich an entsprechend ausgerüsteten Sprechstellen bargeldlos telefonieren läßt. Die öffentlichen Telefonapparate funktionieren problemlos: Hörer abheben, Geld einwerfen (für Inlandsgespräche mindestens 40 Rappen), wählen. Auf einer Digitalanzeige ist ersichtlich, wieviel Geld noch zur Verfügung steht, so daß man rechtzeitig nachzahlen kann. Da jede Telefonzelle über eine Nummer verfügt, kann man einen Gesprächspartner jederzeit um einen Rückruf bitten. Samstags, sonntags und an Werktagen zwischen 17 und 19 Uhr sowie zwischen 21 und 8 Uhr morgens gelten ermäßigte Taxen. Da der Telefonbetrieb auch international vollständig automatisiert ist, können praktisch alle Verbindungen vom Kunden hergestellt werden. Handvermittelte Verbindungen (über Nummer 114) kosten 12 sfr Zuschlag. An Bahnhöfen und in Hauptpostämtern (→ bei den einzelnen Orten) sind bediente Sprechstellen eingerichtet, wo auch öffentliche Telex- und Telefaxgeräte zur Verfügung stehen. Faxaufträge kann man auch bei vielen Postämtern aufgeben (»Publikfax«).

So wählen Sie richtig

Von der Bundesrepublik Deutschland und Österreich in die Schweiz:

Zuerst Vorwahl Ausland 00
dann Vorwahl Schweiz 41
dann die Rufnummer des gewünschten Teilnehmers, wobei die Null der Regionalvorwahl entfällt. Sie gilt jedoch innerhalb der Schweiz.

Von der Schweiz ins Ausland:

Zuerst Vorwahl Ausland 00
dann Vorwahl des Landes (Bundesrepublik Deutschland 49, Österreich 43), dann Vorwahl der Ortschaft (ohne 0) und die Nummer des Teilnehmers.

Telefonauskünfte

Schweiz 111
(Rufnummern und Adressen sowie andere Angaben aus dem Telefonbuch, Taxauskunft, Postschecknummern und Nothilfeauskünfte)
Deutschland 192
International 191
Telegrammaufgabe 110
Schneebericht und Touristik-Information 120
Weckdienst 150
Devisenkurse 160
Uhrzeit 161
Wettervorhersage 162
Straßenzustand 163
Nachrichten in deutscher Sprache 167
Windprognose (Sommer), Lawinenbulletin (Winter) 187

Die meisten dieser Dienste sind sprachregional organisiert. Mit der Vorwahl einer deutschsprachigen Region (zum Beispiel 01) erreicht man problemlos die deutsche Version. In allen Telefonbüchern sind ausführliche Informationen über Dienstnummern und zusätzliche Servicenummern zu finden.

Postgebühren Ansichtskarten und auch Briefe werden innerhalb der Schweiz zu unterschiedlichen Tarifen befördert, je nach der gewünschten Zustellgeschwindigkeit: Die »A-

Post« (neben der Briefmarke gut sichtbar mit A zu bezeichnen) wird am ersten Arbeitstag nach der Aufgabe, auch samstags, zugestellt. Für »B-Post« wird, je nach Entfernung, Zustellung am zweiten oder dritten Tag (ohne Samstag) garantiert. A-Post kostet bis 250 g 80 Rappen, B-Post 50 Rappen. Eilsendungen: A-Post plus 5 sfr. Auch im Auslandsverkehr bestimmt nicht mehr der Inhalt, sondern die Beförderungsgeschwindigkeit einer Sendung den Preis. Nichteilige Briefe und Karten innerhalb Europas bis 20 g kosten 70 Rappen, 20 bis 50 g 90 Rappen. Eilige Sendungen (2–5 Tage, gekennzeichnet durch einen Luftpostaufkleber oder die Aufschrift »A prioritaire«) werden für 90 Rappen (bis 20 g) oder 1.60 sfr (20–50 g) befördert. Päckchen (Europa und Mittelmeerländer) bis 100 g kosten 1,10 sfr je weitere 100 g 70 Rappen, Höchstgewicht 1 kg.

Öffnungszeiten der Postämter Je nach Größe und Publikumsandrang sind die Schweizer Postämter zu anderen Zeiten als die Ladengeschäfte geöffnet. Die Mittagsruhe jedenfalls ist heilig! In den Städten haben die Postämter gewöhnlich von 7.30 bis 12 Uhr geöffnet und von 13.30 oder 13.45 bis 18 Uhr. In kleinen Ortschaften, wo der Posthalter oder die Posthalterin auch Briefe usw. austrägt, sind die Öffnungszeiten auf wenige Stunden beschränkt. Anschläge beachten!

Reisezeit und Klima

Das klassische Ferienland Schweiz hat Touristen zu allen Jahreszeiten etwas zu bieten. Die Wintersaison beginnt in den Alpen zwischen Anfang und Mitte Dezember und dauert manchenorts bis Mitte April. Ab Mitte Juni bis Ende August ist die hohe Zeit für Berg- und Sommersportler. Viele Einheimische finden die klaren, sonnigen und teilweise richtig warmen Herbsttage im September bis Oktober das Schönste, was die südlichen Alpentäler (Engadin, Wallis) und das Tessin (bis im November!) zu bieten haben.

Als stark gegliedertes Land – im Norden der Jurakamm, südlich anschließend das Mittelland und die Alpenregion – hat die Schweiz kein einheitliches Wetter. In der Nordwestecke um Basel wirkt das Oberrhein-Wetter bestimmend, im Jura und im Mittelland herrschen oft Westwindlagen, die das Klima im Hügelland relativ feucht erscheinen lassen. Im Winter versinkt die Gegend bisweilen unter einer trüben Hochnebeldecke, während in den Bergen die Sonne scheint. Engadin und Tessin sowie der Südostzipfel des Wallis profitieren von ihrer windabgewandten Lage, die Sonne scheint dort im Durchschnitt länger und intensiver als irgendwo sonst im Land. Eine typische Wetterprognose teilt das Land grob ein in »Alpennordseite, Wallis, Nord- und Mittelbünden« und »Alpensüdseite und Engadin«. Wetterbericht per Telefon über Nummer 162. (Deutsch in einem anderssprachigen Landesteil durch Voranstellen der Vorwahl eines deutschsprachigen Gebiets, zum Beispiel 01/162.)

Rundfunk und Fernsehen

Die Schweizerische Radio- und Fernsehgesellschaft (SRG), ein privatrechtlicher Verein mit staatlicher Sendelizenz, produziert Fernseh- und Radioprogramme in vier Sprachen. Das Programm des deutschsprachigen »Schweizer Fernsehens DRS« ist praktisch in allen Landesgegenden zu empfangen, das gleiche gilt für das deutschsprachige Radioprogramm von »Schweizer Radio DRS 1« (DRS = Deutsche und Rätoromanische Schweiz). In vielen Programmen wird Dialekt gesprochen, doch werden die Hauptnachrichtensendungen

(im Fernsehen um 19.30 Uhr, im Radio um 7, 12.30 und 18.30 Uhr) in »Schriftdeutsch«, wie die Schweizer die Hochsprache nennen, vorgetragen.
In fast allen Regionen senden lokale Radiostationen rund um die Uhr Musik und zur vollen Stunde Nachrichten höchst unterschiedlicher Qualität.
Die Schweiz ist dicht verkabelt: Vielerorts sind über zwanzig ausländische TV-Programme (darunter in der Regel ARD, ZDF, Bayern 3, Südwest 3 und die beiden österreichischen TV-Programme) aufgeschaltet.

Sport

In der Schweiz sind in allen Regionen praktisch alle gängigen Sportarten auch für Touristen und Feriengäste zugänglich. Tennis, Golf (über 30 Plätze), Schwimmen im Sommer, Ski- und Schlittschuhlaufen im Winter sind an vielen Plätzen möglich. Die folgende Aufstellung gibt deshalb nur Hinweise auf spezielle Sportarten und vermittelt die notwendigen Adressen.

Angeln Trotz 135000 ha Seenfläche zum Angeln und unzähligen Fluß- und Bachkilometern ist das Fischen in der Schweiz nicht frei. Jeder Kanton hat seine eigenen Vorschriften, was die Fischerei betrifft. Erkundigen Sie sich rechtzeitig vor Reisebeginn über die Möglichkeit, Saison- und Wochenkarten zu erwerben. Auskunft erteilen die lokalen Verkehrsbüros, Polizeidienststellen oder Gemeindeverwaltungen.

Bergsteigen Der Verband der Bergsteigerschulen hat eine Übersicht über das Angebot im Sommer und im Winter zusammengestellt. Es reicht von Bergwanderwochen für jedermann bis zu speziellen Kletter- und Hochtourenwochen. Die Broschüre ist bei den Schweizer Verkehrsbüros erhältlich.

Delta- und Gleitschirmfliegen Auskünfte über Möglichkeiten, Sicherheitsbestimmungen und Kurse geben die lokalen Verkehrsbüros und der

Schweizerische Hängegleiterverband (SVH)
Postfach 1301
8620 Wetzikon
Tel. 01/9324353
Fax 01/9324282

Radfahren In der Schweiz eine der einfachsten Arten, Aktivferien zu verbringen. Problemlos können Fahrräder (Velos) gemietet (→ Bahn) und in öffentlichen Verkehrsmitteln transportiert werden. Es gibt sogar Nahverkehrsbetriebe, die an Wochenenden spezielle Wagen für Fahrräder mitführen. In den Bergregionen hat die ungeregelte Erschließung immer neuer Routen für Mountainbiker allerdings an einigen Orten zu Einschränkungen geführt. Erkundigen Sie sich bei den örtlichen Verkehrsbüros über entsprechende Vorschriften. Neben der Bahn bieten verschiedene Reiseveranstalter mehrtägige, begleitete und unbegleitete Radtouren an. So zum Beispiel die kleine auf Veloferien spezialisierte Firma Krapf. Sie bietet unter anderem drei »Velotel«-Programme (Velo und Hotel) im Wallis, Jura und Mittelland (7 Tage für rund 500 sfr) an, aber auch Mountainbiketouren und -kurse in den Alpen (z. B. im Engadin 7 Tage für rund 1000 sfr inklusive Mietfahrrad).

Krapf Veloreisen
6231 Schlierbach
Tel. 045/742725
Fax 045/742870

Reiten Pferdefreunden stehen über 100 Reitsportzentren zur Verfügung, die ihre Tiere meistens sowohl für die Halle als auch für Ausritte vermieten. Sehr beliebt sind Trekkingtouren in den Alpen (zum Beispiel im Berner Oberland, im Wallis und im Tessin).

Bei den Schweizer Verkehrsbüros ist eine Broschüre »Reitferien in der Schweiz« erhältlich. Attraktiv sind auch Ausflüge und Ferien mit einspännigen Planwagen im Jura. Auskunft beim

Office Jurassien du Tourisme
12, place de la Gare
2800 Delémont
Tel. 066/229977
oder bei
Pro Jura-Reisen
16, rue de l'Hôtel de Ville
2740 Moutier
Tel. 032/931824

Wassersport Der »Schwimmkalender Schweiz« führt die Daten organisierter See-Traversierungen und Fluß-Schwimmen auf. Er ist erhältlich bei den Schweizer Verkehrsbüros.
Auf Inn und Rhein, Aare, Reuss und Thur, Simme und Saane, Rhône, Doubs und Torneresse sind abenteuerliche Flußfahrten beliebt. Die Schweizerische Verkehrszentrale hat die Angebote unter dem Titel »Riverrafting, Hydrospeed, Kanu, Canyoning« zusammengestellt. Auch die Bahn bietet solche Abenteuer an (→Bahn).
Für geübte Windsurfer sind die Alpenseen wahre Dorados. Der oft wilde Urner See, wie der südlichste Zipfel des Vierwaldstätter Sees heißt, gilt ebenso als Herausforderung wie der hochalpine Silvaplaner See im Engadin. Das Wasser ist dort allerdings auch im Sommer eiskalt, so daß unbedingt Neoprenanzüge getragen werden müssen.
Wind- und Wetterprognosen für Surfer und Segler sind von Mai bis Oktober über die Telefonnummer 187 zu erfahren: ab 12 Uhr die Aussichten für den Nachmittag, ab 20 Uhr für den folgenden Tag.

Wintersport Über die Wintersportmöglichkeiten der Schweiz muß man nicht viel Worte verlieren; sie sind, trotz wärmerer Winter, Weltspitze – allerdings auch im Preis. Dafür wird aber viel geboten: erstklassige Transportmöglichkeiten für die Alpinskifahrer, hervorragende Skischulen, allzeit gut präparierte Pisten und Loipen sowie zuverlässige Rettungsorganisationen. Im Engadin (Corvatsch, Diavolezza), in der Zentralschweiz (Titlis) und im Wallis (Zermatt) kann auch im Sommer gefahren werden. Ein Informationsblatt der Schweizerischen Verkehrszentrale informiert über Details, Preise und Angebote der Skischulen.
Über Telefonnummer 120 ist im Winter der Skipistenbericht und über Nummer 187 der Schnee- und Lawinenbericht zu hören. Die Telefonnummer für Auskünfte über örtliche Schneeverhältnisse sind im entsprechenden Telefonbuch unter der Bezeichnung »Schnee- und Pistenbericht« zu finden.

Sprachen

Die Schweiz ist viersprachig. Darauf sollten auch Urlaubsgäste und Touristen Rücksicht nehmen. Zu Recht legen die sprachlichen Minderheiten Wert auf Respekt vor ihrer Eigenständigkeit. Besonders empfindlich reagieren sie auf einen kolonisierenden Ton, den sie nicht nur von Touristen, sondern leider allzu oft auch von ihren deutschsprachigen Landsleuten hören müssen. Am schwersten kämpfen die Rätoromanen im Kanton Graubünden ums Überleben ihrer Sprache. Als Ausweg aus dem Wirrwarr von sieben unterschiedlichen Idiomen wurde eine künstliche Schriftsprache (Rumantsch Grischun) geschaffen.
Und die Deutschschweizer? Die Annahme, daß Deutsch ihre Muttersprache ist, grassiert nur im Ausland. Oder anders: Wer mit Deutschschweizern

deutsch spricht, muß darauf gefaßt sein, eine alemannische Antwort zu erhalten. Denn die Mundarten, von Kanton zu Kanton, ja sogar von Dorf zu Dorf verschieden, sind im ganzen deutschsprachigen Landesteil die von allen verwendeten Alltagssprachen. Sie vermitteln heimatliches Wohlgefühl und werden stolz gepflegt.
»Schriftdeutsch« oder »Hochdeutsch« ist dagegen zum Schreiben und Lesen reserviert. Untersuchungen haben gezeigt, daß die Zahl der Deutschschweizerinnen und Deutschschweizer abnimmt, die in der Lage sind, komplexe Sprechsituationen in der Hochsprache zu bewältigen. Für kurze Auskünfte reicht's allerdings allemal.

Sprachkurse Bei den Schweizer Verkehrsbüros sind Informationen über Feriensprachkurse für Jugendliche und Erwachsene erhältlich. Sie werden in der Regel im Sommer von zahlreichen Privatschulen durchgeführt und umfassen Unterkunft, Sprachunterricht am Vormittag sowie Spiel und Sport am Nachmittag. Angeboten werden Kurse in Französisch, Italienisch, Latein, Englisch und Spanisch.
In Samedan *(Fundazium Planta)* und in Scuol *(Uniun da cura e traffic)* im Engadin und in Laax im Vorderrheintal *(Fundaziun Retoromana)* werden zudem alljährlich im Sommer Sprachkurse für Rätoromanisch angeboten.

Fundazium Planta
7503 Samedan
Tel. 082/65268
Uniun da cura e traffic
7550 Scuol/Engadin
Tel. 084/99494
Fundaziun Retoromana
7031 Laax
Tel. 086/34440

Trinkgeld

Trinkgeld ist in allen Dienstleistungen inbegriffen. Doch honoriert man gewöhnlich freundliche Bedienung oder den Taxifahrer, der die Koffer bis zur Haustür trägt, indem man den geforderten Betrag aufrundet – etwa die Fahrtaxe von 12.10 auf 13 sfr oder die Restaurantrechnung von 95 auf 100 sfr.

Zeitungen und Zeitschriften

Die Schweiz ist eines der zeitungsreichsten Länder der Welt. Die Blätter sind vergleichsweise billig, weil bis zu achtzig Prozent ihrer Einnahmen aus Anzeigenerlösen stammen. Der günstige Preis ist auch möglich, weil der größte Teil der meisten Tageszeitungen an Abonnenten geht. Die Zahl der verlegten Titel täuscht allerdings eine Vielfalt der veröffentlichten Meinungen vor. Zwar überlebte in fast allen größeren Städten noch mehr als eine Tageszeitung, doch ist ein Titel meist so dominierend, daß eine lebhafte lokalpolitische Auseinandersetzung nur selten stattfindet.
Die größte Tageszeitung der Schweiz ist das in Zürich erscheinende Boulevardblatt »Blick« mit einer Auflage von rund 360000, die größte abonnierte Tageszeitung ist der liberale »Tages-Anzeiger« in Zürich. Dort erscheint auch die innenpolitisch einflußreiche, über 200 Jahre alte »Neue Zürcher Zeitung« (NZZ). Ihr Auslands-, Wirtschafts- und Kulturteil genießen besonders in der Bundesrepublik hohes Ansehen, während das Blatt wegen seiner konservativen Haltung in Fragen der Innen- und Wirtschaftspolitik von einheimischen Linken und Grünen heftig abgelehnt und gleichzeitig aufmerksam gelesen

wird. Weitere wichtige Zeitungen in der Deutschschweiz, die in allen Feriengebieten zu kaufen sind: »Berner Zeitung«, »Der Bund« (ebenfalls aus Bern), »Basler Zeitung«, »Luzerner Neuste Nachrichten«, »St.Galler Tagblatt«, »Bündner Zeitung« (Chur), »Walliser Bote« (Brig).
Für Touristen können neben den größeren Tageszeitungen auch kleinere Lokalblätter von Nutzen sein. Fast alle pflegen sorgfältig ihre Veranstaltungskalender – die Großen mit wöchentlichen Beilagen, die Kleinen mit ausführlichen Hinweisen im redaktionellen Teil.
Unter den wöchentlichen Publikationen seien drei besonders erwähnt: Mittwochs in Zürich und donnerstags im Rest der Schweiz erscheint die »Weltwoche« – derzeit wohl das Interessanteste und Lebendigste, was die Schweizer Publizistik zu bieten hat. Am Freitag folgt die linksalternative »WochenZeitung« – die richtige Lektüre für jene »LeserInnen«, die in Deutschland die TAZ anregend finden. Ebenfalls am Freitag ist »Cash« an den Kiosken – ein Wirtschaftsblatt der neuen Art: kurz und bündig mit ein bißchen Tiefgang.
Ebenfalls jede Woche erscheinen in der deutschen Schweiz zwei Sonntagsblätter, die wenig mehr bieten als Sport und Unterhaltung: Die »SonntagsZeitung« aus dem Verlag des »Tages-Anzeigers« legt Wert auf eigene Recherchen, klare Strukturierung und eindeutige Sprache. Sie erscheint als etwas aufgemöbelte Wochentagsausgabe des Mutterblattes. Anders der »SonntagsBlick«: Dort versucht die Redaktion klar Distanz zum »Blick« zu wahren, sogar politisch. Der »SoBli« gilt als fortschrittlicher und politischer als die Mutter. Lesenswert, wenn auch nicht immer gleich gut, sind die recht umfangreichen Interviews – eine Form, die in der Schweizer Presse sonst leider wenig gepflegt wird. Die große Zahl seiner Leserinnen und Leser hält das Blatt aber zweifellos mit seinem ausführlichen Sportteil bei der Stange.

Zoll

Obwohl im internationalen Verkehr das Gepäck der Einreisenden nur stichprobenweise kontrolliert wird, lohnt es sich, die bestehenden Vorschriften zu kennen. Gewöhnliche Ferienreisende müssen sich kaum Einschränkungen auferlegen. Grundsätzlich ist alles persönliche Reisegut – Kleider, Toilettenartikel, Fotoausrüstung, Sportgeräte – selbstverständlich zollfrei. Zweifelt ein Zollbeamter daran, daß ein neuer, teurer Gegenstand tatsächlich nur zum persönlichen Gebrauch des Reisenden eingeführt wird, kann er die Hinterlegung des Einfuhrzolls verlangen. Der Betrag wird gegen Vorweisung der Quittung und des Gegenstandes bei der Ausreise erstattet. Als Reiseproviant gelten die für einen Tagesbedarf nötigen Lebensmittel und alkoholfreien Getränke.
Folgende Mengen einfuhrpflichtiger Waren sind im Touristenverkehr zollfrei:

Alkoholische Getränke
(für Personen ab 17 Jahren):
bis 15 Prozent (z.B. Wein) 2 Liter
über 15 Prozent 1 Liter
Geschenke:
im Wert von 100 sfr
Kaffee, Tee:
im Wert von 50 sfr
Parfüms und Toilettenwasser:
im Wert von 100 sfr
Tabakwaren
(für Personen ab 17 Jahren):
Zigaretten 200 Stück
Zigarren 50 Stück
Pfeifentabak 250 Gramm
Das eine schließt das andere aus. Für Reisende mit Wohnsitz außerhalb Europas gelten doppelte Mengen.
Detaillierte Auskünfte erteilt
Eidgenössische Oberzolldirektion
Monbijoustr. 40
3003 Bern
Tel. 031/616111

Städte in der Nord- und Ostschweiz

Basel

Keine andere Stadt in der Schweiz ist derart von ihrer geographischen Lage geprägt wie Basel. Hier kreuzten sich schon in uralten Zeiten wichtige Handelswege, hier gab es lange Zeit die einzige Rheinbrücke zwischen dem Bodensee und dem Meer, hier trafen neue Ideen auf eine weltoffene Gesinnung. Früh profitierte Basel von Phantasie und Tüchtigkeit zahlreicher Zuwanderer. Papiermacher zogen Buchdrucker und Buchhändler an, diese die Gelehrten – Kleriker, Ärzte, Mathematiker, Philosophen –, später kamen Färber, aus denen Chemieindustrielle wurden, und immer gab es Künstler, die man großzügig am Wohlstand teilhaben ließ. Heute ist Basel, auf 273 Meter Höhe beidseits des Rheinknies gelegen, mit rund 170000 Einwohnern die zweitgrößte Stadt der Schweiz. Der Kanton Basel-Stadt, zu dem neben der Stadt Basel, »Großbasel« auf dem hügeligen linken und »Kleinbasel« auf dem flachen rechten Ufer, noch die beiden »Landgemeinden« Riehen und Bettingen gehören, umfaßt nur 37 Quadratkilometer. Einzelne Wohngebiete gehören mit 300 Personen pro Hektar zu den am dichtesten besiedelten Europas. Die Stadt ist kulturelles und wirtschaftliches Zentrum einer Dreiländerregion mit rund 700000 Einwohnern.

Schon immer orientierten sich Basels Einwohner rheinabwärts, den Rücken zum Jura und damit zur Eidgenossenschaft. Zuerst lebten hier Kelten, dann kamen die Römer, bald bedrängt von Alemannen, die im Jahre 259 eine Militärstation auf dem heutigen Münsterhügel erstmals zerstörten. Zu Beginn des 7. Jahrhunderts wurde Basel Bischofssitz; gleichzeitig entwickelte sich am Fuß des Hügels eine Handwerkersiedlung. 917 zerstörte ein ungarisches Reiterheer die Stadt. 1006 stellte Kaiser Heinrich II. die Bischofsherrschaft wieder her und ließ das Münster wieder aufbauen. 1226 wurde die erste Rheinbrücke fertiggestellt: Der Aufstieg zur reichen Handelsstadt und die Entstehung eines selbstbewußten Bürgertums begann. Ein Erdbeben hinterließ 1356 zwar schwerste Verwüstungen, bremste aber die Entwicklung nur kurz.

1431–48 tagte in Basel das Konzil, als dessen unmittelbare Folge 1460 die Universität gegründet wurde. 1501 trat die reichsfreie Stadt dem Bund der Eidgenossen bei. 1523 führte Johann Oekolampad die Reformation ein; der Bischof zog sich endgültig in den Jura, nach Porrentruy (Pruntrut), zurück. Von etwa 1540 bis in die Mitte des 17. Jahrhunderts bot Basel zahlreichen Glaubensflüchtlingen aus Frankreich, Holland und Italien Asyl – vorausgesetzt, sie waren reich oder brachten Fachkenntnisse mit. 1648, im Westfälischen Frieden, der das Ende des Dreißigjährigen Krieges besiegelte, erreichte der Basler Bürgermeister Johann Rudolf Wettstein für die ganze Eidgenossenschaft die formelle Unabhängigkeit vom Deutschen Reich. Eine Zeit der Stagnation erlebte der Stadtstaat nach der Französischen Revolution und dem Ende der Helvetik: Den Patriziern gelang die Restauration ihrer Macht; im blinden Eifer, die Entwicklung bürgerlicher Freiheiten aufzuhalten, verloren sie aber ihr fruchtbares Umland und dessen arbeitsame Bevölkerung: 1833 gründeten nämlich die einstigen Untertanen, die Bauern und Taglöhner, nach blutigem Aufstand einen eigenen Kanton, und die Stadt geriet wegen der Gütertrennung in arge finanzielle Not. Die Krise brachte die Bürger zur Besinnung: Neu erwachter Gemeinsinn und Fortschrittsglauben ließen ein trotziges Selbstbewußtsein entstehen, das bis heute für viele Basler charakteristisch ist. Zwischen 1870 und 1900 verdreifachte sich die Einwohnerzahl; parallel dazu entwickelte sich aus kleinen Färberbetrieben die chemische Industrie, die bis heute hauptsächlich für die Prosperität der Region verantwortlich ist.

Karte → Umschlag hinten

Auskunft
Wer in Basel als Tourist Informationen braucht, wendet sich an das »Offizielle Verkehrsbüro« (kurz: Verkehrsbüro). Hier gibt man Ihnen Tips für Ausflüge und organisiert individuelle Führungen für einzelne und Gruppen durch die Stadt und ihre Museen. Der Hauptsitz ist neben der Mittleren Rheinbrücke, bei der Schifflände. Eine Zweigstelle (»City-Information«) gibt es am Bahnhof SBB sowie an der Autobahnraststätte Basel/Weil an der N 2/A 5.

Verkehrsbüro Basel
Blumenrain 2
4001 Basel
Tel. 061/2615050
Fax 2615944
Telex 963318
Mo–Fr 8.30–18 Uhr, Sa 8.30 bis 13 Uhr

City-Information
Bahnhof SBB
4051 Basel
Tel. 061/2713684
Mo–Fr 8.30–19 Uhr, Sa 8.30–12.30 und 13.30–18 Uhr, April–Sept. So 14–18 Uhr

Raststätte Basel/Weil (N 2/A 5)
Postfach
4016 Basel/Weil
Tel. 061/6500055
Mo–Fr 8.30–19 Uhr, Sa 8.30–12.30 und 13.30–18 Uhr, April–Sept. So 14–18 Uhr

Aussichtspunkte
Wer einen Überblick über die Stadt und ihre nächste Umgebung haben will, muß in Basel nicht sehr hoch hinaus. Fürs erste genügt es, einen der beiden *Münstertürme* zu besteigen. (Zugang im Innern des Münsters durch den südlichen, den Martinsturm; März–Okt., 1 sfr).
Im Rheinhafen Kleinhüningen bietet ein Blick von der 55 m hohen *Aussichtsterrasse des großen Silos* (auf der rechten Seite der Hafenstraße) nicht nur eine gute Übersicht über den Hafen, sondern auch flußabwärts in die Rheinebene und nach Westen über die Stadt. Der höchste Aussichtspunkt des Kantons liegt 526 m hoch, bei der Kirche *St. Chrischona* auf dem Gemeindegebiet von Bettingen (Straßenbahn Linie 6 Richtung Riehen bis Bettinger Straße, von dort Bus 32A). An klaren Tagen Alpensicht. Der 250 m hohe Fernsehturm ist das höchste Gebäude der Schweiz. Fast ebenso schön ist der Ausblick vom 1926 erbauten *Wasserturm* auf dem Bruderholz (Tramlinie 15, 16 bis Bruderholz, Bus 37 bis Bedrettostraße).

Auto
Basel ist, zur Freude vieler Bewohner, eine wenig autofreundliche Stadt. Fußgängerzonen und Fahrverbote machen eine Durchquerung der City für Besucher unmöglich und den Einheimischen zur Qual. Allerdings stehen den Automobilisten in Zentrumsnähe mehrere große, wenn auch gebührenpflichtige Parkhäuser zur Verfügung: bei der Heuwaage am Südende der City, östlich davon beim Bahnhof und in der Umgebung des Aeschenplatzes, etwas mehr im Westen beim Kantonsspital und im Norden bei der Mustermesse.
Pannenhilfe:

AZB Autohilf-Zentrale
(Tag und Nacht, auch So und an Feiertagen)

Der gute Tip von MERIAN

Einkaufen:

Gallery Shop Künstlerisch gestaltete Dinge des täglichen Bedarfs bietet Galerist Klaus Littmann in schier unerschöpflichen Variationen an (→ S. 92).

Essen und Trinken:

Restaurant Charon Kreationen von Meisterhand aus natürlichen, frischen Produkten setzt Urs Weidmann hier seinen Gästen vor (→ S. 79).

Der Teufelhof Dies gastronomisch-kulturelle Gesamtkunstwerk ist Restaurant, Weinstube, Café-Bar, Theater, Kunstgalerie und Hotel in einem – und das alles auf hohem Niveau (→ S. 83).

Messen und Märkte:

Herbstmesse Welcher Jahrmarkt kann schon auf eine über fünfhundertjährige Tradition zurückblicken? So lange schon bringt nämlich die Basler Herbstmesse – kurz »Māss« genannt – die Stadt jedes Jahr in Schwung (→ S. 90).

Museen:

Museum für Gegenwartskunst Hier haben sich moderne Kunst (mit Schwerpunkt auf den siebziger und achtziger Jahren des 20. Jahrhunderts) und phantasievolle Architektur zu einer kreativen Einheit verbunden (→ S. 67).

Schweizerisches Papiermuseum Wer sich für Technik und Geschichte von Papierherstellung, Satz und Druck interessiert, kann hier selbst mit Hand anlegen und sein eigenes Papier schöpfen und bedrucken (→ S. 74).

Außerhalb:

Die Eremitage in Arlesheim Die Romantik stand Pate bei der Anlage dieses englischen Gartens im Basler Vorort. Das dazugehörige Schloß wurde 1792 niedergebrannt, der Park blieb bis heute erhalten (→ S. 108).

Schweizer Jazzmuseum in Arlesheim Einer Privatinitiative ist dieses einmalige Dokumentationszentrum der Jazzmusik in der Nähe von Basel zu verdanken (→ S. 75).

Margarethenstr. 79
Tel. 2712020
Cortellini & Marchand
(24 Stunden)
Birsfelden
Tel. 3120117 und 3124040
TCS Pannenhilfe
Tel. 140

Banken

Schalterstunden der Banken: Mo–Fr 8.15–16.30 Uhr, Do 8.15–17.30 Uhr
Wechselstuben am Bahnhof SBB: tgl. 6–22.15 Uhr
Am Badischen Bahnhof: tgl. 6.30–20.30 Uhr
Autobahnzoll Basel-Weil: 7–20 Uhr

Camping

Basels Campingplatz liegt im südlichen Vorort Reinach an der Straße nach Delémont. Er ist von April bis Oktober geöffnet.

Campingplatz Waldhort
Heideweg 16
4153 Reinach
Tel. 7116429

Einkaufen

Die gut überschaubare Innenstadt macht das Einkaufen in Basel zu einem Vergnügen. Haupteinkaufszentrum ist die Freie Straße, die vom Bankenplatz (am Ende der Aeschenvorstadt) hinunter zum Marktplatz führt. Auf der andern Seite der ursprünglichen Talstadt erstreckt sich ein zweites Einkaufsgebiet: Besonders attraktiv sind die Geschäfte am Spalenberg. Neben Kleidern sind dort auch Bücher, Blumen und allerlei Kitsch zu haben. Große Kaufhäuser gibt es rund um den Claraplatz in Kleinbasel. Geöffnet sind die Geschäfte werktags meist durchgehend von 8.30 bis 18.30 Uhr, samstags von 8.30 bis 17 Uhr. Es gibt keinen Abendverkaufstag.

Antiquariat Koechlin Unter Liebhabern antiquarischer Bücher gilt Basel als Fundgrube. Besonders bekannt ist das Antiquariat Koechlin am Spalenberg, ein enger Ladenschlauch mit Büchern vom Boden bis zur Decke. Der gelehrte Besitzer ist ein profunder Kenner der libertär-sozialistischen Tradition der spanischen Arbeiterbewegung.
Spalenberg 34

Gallery Shop → Der gute Tip S. 92

Globus Das Warenhaus legt besonderen Wert auf dekorative Schaufenster und schöne Präsentation der Waren – was besonders ausländischen Besuchern auffällt. Das Delikatessengeschäft im Erdgeschoß ist etwas für Kochkünstler.
Marktplatz 2

Läckerlihus Zu den beliebtesten Mitbringseln aus Basel gehören die Läckerli, ein Gebäck, das es nirgends sonst gibt. Die erste Adresse dafür ist das Läckerlihus. Die Firma produziert die Spezialität und weitere Süßigkeiten nach alten Rezepten seit Generationen und dient der Kundschaft mit originellen, zum Teil versandfertigen Verpackungen.
- Gerbergasse 57
- Greifengasse 18

Scriptorium Ein ausgefallenes Gewerbe betreibt Andreas Schenk in seinem mittelalterlichen Scriptorium. Der Kalligraph fertigt auf Bestellung jede Art von handschriftlichen Urkunden und Dokumenten an. Schriftkünstler finden in dem winzigen Atelier Tinten, Tusche und Schreibgerät aller Art.
Rheinsprung 2

Spielzeug:

Heimatwerk Wertvolles Spielzeug. Das Sortiment umfaßt aber auch alle weiteren Sparten des einheimischen Kunsthandwerks: Textilien, Kleinmöbel, Lederwaren.
Schneidergasse 2

Spielbrett Spiele für Erwachsene, traditionelle Brettspiele ebenso wie neueste Gesellschaftsspiele.
Andreasplatz 12

Spielegge Engagiert sich für pädagogisch und handwerklich wertvolles Spielzeug.
Rümelinsplatz 7

Spielhus
Eisengasse 8

Essen und Trinken

Es gab eine Zeit, da aßen die Basler vor allem, was ihnen der Rhein bescherte. Der Lachs war ein derart gewöhnliches Gericht, daß die Regierung den Bürgern untersagte, es dem Gesinde mehr als dreimal wöchentlich vorzusetzen. Heute stammen die Fische in den einschlägigen Lokalen aus fremden Gewässern. Eine eigentliche Basler Küche gab es nie, doch einige Spezialitäten, die die Basler besonders gern mögen: Mehlsuppe sowie Zwiebel- und Käsekuchen, die man zur Fasnacht ißt, gehören dazu, aber auch »Fastenwähen«, ein mit Kümmel bestreutes Kleingebäck in Brezelform. Eigenartig sind die harten, in Fladen gebakkenen und dann in Rechtecke geschnittenen »Läckerli«, ein lebkuchenartiges Süßgebäck aus Honig, Nüssen und Gewürzen. Natürlich wurden die Speisezettel der Basler seit jeher von den Künsten der elsässischen und südbadischen Köchinnen beeinflußt, wobei sich viele dieser Bauerntöchter an die sprichwörtliche Sparsamkeit ihrer städtischen Herrschaften erst gewöhnen mußten.
In Basel wird gerne und viel Bier getrunken. Leider wurde die letzte große einheimische Bierfabrik, die »Warteck«-Brauerei, 1991 geschlossen. Ihr Gerstensaft kommt, zusammen mit dem berühmteren »Feldschlößchen«-Bier, fortan aus Rheinfelden, einem Zentrum der Schweizer Braukunst. Was bleibt, ist eine winzige private Brauerei im Restaurant Fischerstube an der Rheingasse. Auch Wein wächst im eigenen Boden: Die Basler trinken gern Elsässer Gewächse, lieben aber auch den einzigen Tropfen, der auf ihrem Kantonsgebiet angebaut wird, den »Schlipfer« von den Hängen des Tüllinger Hügels in Riehen. Ausgezeichnet schmecken aber auch die Weine der weiteren Umgebung. Fragen Sie in Gaststätten nach lokalen Sorten!
Außer sonntags und spätabends, wenn die meisten Lokale im Zentrum geschlossen sind, ist das Angebot in den Basler Restaurants vielfältig wie überall in der Schweiz. Die über 500 Gaststätten vertreten alle Preisklassen von der preiswerten Kneipe, in Basel »Beiz« genannt, bis zur absoluten Spitzenklasse der kreativen Küche. Besonders preiswert ist das Essen in den Restaurants der äußeren Stadtteile. Warme Küche bis 23.30 Uhr bieten einige Restaurants in der Innenstadt.

Bahnhof-Buffet Nicht nur wegen der durchaus soliden Küche, sondern auch wegen der einmaligen Atmosphäre ist ein Besuch in der Gaststätte des Bahnhofs SBB zu empfehlen. Im Buffet 2. Klasse hängen mehrere großformatige Arbeiten bekannter Künstler, die vom früheren Wirt in Auftrag gegeben wurden – ein typisches Beispiel Basler Mäzenatentums.
Centralbahnstr. 14
Tel. 2715333
3. Kategorie

Basler Keller In uraltem Gewölbe klassische französische Küche und vorbildlicher Service.
Münzgasse 12
Tel. 2612423
1. Kategorie

Zum Braunen Mutz In der riesigen Brasserie am Barfüsserplatz, behaupten die Einheimischen, wird das Bier am gepflegtesten ausgeschenkt. Vielseitige Speisekarte. Wer gern spontan Kontakt knüpft, ist hier am richtigen Ort, doch ist in dem lauten Lokal eine kräftige Stimme vonnöten.
Barfüsserplatz 10
Tel. 2613369
3. Kategorie

Café des Arts Stimmungsvoller In-Treff im Allerweltslokal Stadt-Casino am Barfüsserplatz. Hinter der Drehtür, einst Eingang des Pariser Claridge-Hotels, beginnt die Welt

des Art deco. Offen ab 9 Uhr, heiße Küche bis 2 Uhr früh nach Art französischer Brasserien.
Steinenberg 14
Tel. 271 36 19
3. Kategorie

Café Gleich Vegetarisches Restaurant in der belebten Steinenvorstadt.
Steinenvorstadt 23
Tel. 281 82 86
Sa und So geschl.
3. Kategorie

Café zum Isaak Im einzigen Lokal auf dem Münsterplatz darf weder Bier noch Wein ausgeschenkt werden – zum Leidwesen der streitbaren Besitzer, die deswegen im Januar 1985 im »Spiegel« ganzseitig für »Europas alkoholfreiesten Münsterplatz« warben. Mit derselben Methode (»Europas schönster Parkplatz«) hatten sie vier Jahre zuvor durchgesetzt, daß der Münsterplatz, wenigstens tagsüber, autofrei wurde. Im Kellertheater finden Lesungen und Konzerte statt, gelegentlich treten die Wirtsleute mit einem eigenen Kabarett-Programm auf.
Münsterplatz 16
Tel. 261 77 11
3. Kategorie

Café zum roten Engel An einem der lauschigsten Orte der Altstadt gelegen, kann man hier im Sommer fernab vom Verkehrslärm im Freien sitzen, plaudern, ausruhen.
Andreasplatz 15
Tel. 261 20 08
3. Kategorie

Casanova Ausgezeichnete französische Küche in geschmackvoll und originell mit Motiven des Namenspatrons dekoriertem Interieur.
Spalenvorstadt 9
Tel. 261 55 37
So und Mo geschl.
1. Kategorie

Charon → Der gute Tip S. 79

Château Lapin (Hasenburg) Gemütlichste Kneipe der Innenstadt. Hausspezialität: Rösti in vielen Variationen.
Schneidergasse 20
Tel. 261 32 58
2. Kategorie

Chez Donati Das Ambiente in diesem üppig mit Kitsch und großer Kunst (Originale von Picasso, Miró, Chagall u. a.) dekorierten Lokal ist fast wichtiger als die italienische Spezialitätenküche. Wirklich Prominente sind nur noch selten zu Gast, dafür viele, die sich dafür halten.
St.-Johanns-Vorstadt 48
Tel. 322 09 19
Mo und Di geschl.
Luxuskategorie

Fischerstube Gemütliches Kleinbasler Lokal und zugleich die kleinste Brauerei der Schweiz – und die einzige der Stadt. Ausgezeichnetes Weizenbier sowie erstklassige Spezialbiere.
Rheingasse 45
Tel. 692 66 35
3. Kategorie

Zum Goldenen Fass Nouvelle cuisine für Gemüse-Liebhaber.
Hammerstr. 108
Tel. 693 11 11
2. Kategorie

Kunsthalle Hier verkehren Schauspieler, Sänger und andere Künstler ebenso wie die feine Basler Gesellschaft und alle andern, die gern sehen und gesehen werden. An heißen Sommertagen ist der schattige Garten einen Umweg wert!
Steinenberg 7
Tel. 272 42 33
3. Kategorie

Rheinbrücke Das Warenhaus Rheinbrücke an der Greifengasse führt die beste Selbstbedienungs-Gaststätte der Stadt. Neben einem riesigen Salat- und Dessert-Buffet werden an mehreren Tresen preiswerte Mittagsmenüs zubereitet und verkauft.
Greifengasse 22
Tel. 695 95 11
3. Kategorie

Roma Unter den zahlreichen guten italienischen Lokalen Basels ist dieses eines der populärsten. Die Ita-

lianità ist echt und die Preise volkstümlich.
Hammerstr. 15 (beim Wettsteinplatz, Kleinbasel)
Tel. 691 03 02
2. Kategorie

Schlüssel-Zunft Sehenswertes historisches Zunfthaus aus dem 15. Jh., geschmackvoll renoviert mit riesigem Wandgemälde im Innenhof. Basler Spezialitäten (»Salm à la Bâloise«).
Freie Str. 25
Tel. 261 20 46
So geschl.
2. Kategorie

Zum Schützenhaus Im historischen Haus der Feuerschützen bietet der elsässische Chef de cuisine neben Spezialitäten seiner Heimat eine originelle Auswahl von Speisen der klassischen französischen Küche. Teure Weine.
Schützenmattstr. 56
Tel. 272 67 60
So und feiertags geschl.
1. Kategorie

Stucki (eigentlich: Restaurant Stukki Bruderholz) Bestes Gourmet-Restaurant der Region und eines der besten des Landes. Perfekte französische Kochkunst, frisch und ohne modischen Schnickschnack.
Bruderholzallee 42
Tel. 35 82 22
Außer während wichtiger Messen So und Mo sowie letzte Juli- und erste zwei Augustwochen geschl.
(Unbedingt reservieren!)
1./Luxuskategorie

Der Teufelhof → Der gute Tip S. 83

Feste

Vogel Gryff Im Januar bildet der »Vogel Gryff«, das Fest der »Drei Ehrengesellschaften« in Kleinbasel, den Auftakt zur Fasnachtszeit in Basel. Auf einem Floß tanzend und den Rücken immer Großbasel zugekehrt, fährt der »Wilde Mann« zu Trommelklang und Böllerschüssen den Rhein hinab zur Mittleren Rheinbrücke. Dort erwarten ihn die beiden anderen Ehrenzeichen der zunftähnlichen Kleinbasler Vereinigungen: der »Leu« und der »Vogel Gryff«. Um die Mittagsstunde tanzen die drei auf der Brückenmitte, wobei scharf darauf geachtet wird, daß sie nicht auf die Großbasler Hälfte treten. Die Tänze werden im Laufe des späten Nachmittags und des Abends an vielen Plätzen Kleinbasels wiederholt, immer begleitet von der Musik der Trommeln und Pikkoloflöten.

Fasnacht Die Basler Fasnacht (ohne t!) ist nicht zu beschreiben, man muß sie erleben. Drei Tage lang, vom »Morgenstreich« am Montag nach Aschermittwoch um 4 Uhr früh bis zum »Endstreich« am darauffolgenden Donnerstag um 4 Uhr morgens sind die Stadt und ihre Bewohner nicht wiederzuerkennen. Maskiert und kostümiert, trommelnd und pfeifend ziehen Zehntausende in großen (»Cliquen«) und kleinen Gruppen (»Schyssdräggzigli«) durch die Innenstadt. Abends streifen Spottverse singende Bänkelsänger (»Schnitzelbängg«) durch die Lokale. Die Ordnung, die hier sonst so viel gilt, ist aus allen Fugen. Dennoch: schunkelnde Ausgelassenheit gibt es nicht, Helau-Humor ist fehl am Platz. Wer den rheinischen Karneval oder andere deutsche Faschingsbräuche kennt und dann die Basler Fasnacht entdeckt, kann womöglich mit dieser nichts anfangen – oder findet jene nur noch schwitzig und laut. Auch wenn dumpfe Trommeln und schrille Pikkolopfeifen ursprünglich militärische Musterungen begleiteten, ist heute, besonders am »Morgenstreich« in den völlig verdunkelten Altstadtgassen, der Totentanz allgegenwärtig. So verstehen auch die Basler ihre »drei schönsten Tage«: Im Bewußtsein der Vergänglichkeit demonstrieren sie mit oft bösem Spott trotzig für das Lebendige. Und Sie tun es am liebsten für sich: Die Basler Fasnacht ist zwar in ihrer elementaren Wucht eine erstklassige Touristenattraktion, aber die Einheimischen rühren in diesen Tagen keinen Finger für die Fremden. Deshalb empfehlen wir: Nähern Sie sich der Fasnacht so zurückhaltend, als ob Sie einen exotischen Volksstamm besuchten. Und fotografieren Sie den Morgenstreich auf jeden Fall ohne Blitzlicht: Sie machen so bessere Bilder und vermeiden möglicherweise handgreifliche Auseinandersetzungen mit Einheimischen.

Führungen

Im Verkehrsbüro (→ Auskunft) ist ein Faltblatt »Führungen und Ausflüge« zu bekommen. Es enthält alle Angaben über begleitete Stadtrundfahrten, Stadtwanderungen und Exkursionen.

Führungen zu Fuß: Geführte Rundgänge durch die Altstadt dauern in der Regel etwa zwei Stunden und kosten 8 sfr für Erwachsene und 4 sfr für Kinder. Erkundigen Sie sich auch nach Stadtrundfahrten auf dem eigenen Fahrrad (Mieträder am Bahnhof → Leihfahrzeuge).

Museumsführungen: Sowohl die Museen als auch die Kunsthalle bieten Interessierten regelmäßig Führungen und Vorträge an. Beachten Sie die Anzeigen im Wochenprogramm des Verkehrsbüros und im monatlich neu erscheinenden Faltblatt »Die Museen in Basel«.

Stadtrundfahrten: Eine Stadtrundfahrt findet, sommers und winters, täglich um 10 Uhr statt. Abfahrt und Ankunft vor dem Hotel Victoria am Bahnhof SBB. Die Fahrt dauert knapp zwei Stunden und kostet 17 sfr (Kinder von 6 bis 16 Jahren 8,50 sfr).

Galerien

Daß in Basel eine der wichtigsten Kunstmessen der Welt, die Art, stattfindet (→ Messen und Märkte), ist kein Zufall. Die wohlhabenden Bürger der Stadt waren schon immer gute und fachkundige Kunden des Kunsthandels. Und heute genießen die Galerien einen weltweit erstklassigen Ruf. Einige unter ihnen haben ihre Tätigkeit weit über den Handel mit Kunstwerken in den Bereich der Kunstvermittlung ausgeweitet.

Ernst Beyeler Ihm sind – innerhalb und außerhalb seiner Galerie – einzigartige Ausstellungen von Werken der klassischen Moderne zu verdanken.
Bäumleingasse 9
Tel. 2725412

Klaus Littmann Zeitgenössische Kunst. Als ideenreicher Ausstellungsmacher fördert er die Auseinandersetzung mit der Alltagskultur (»Ästhetik des Fußballs«, »Matterhorn«) und stellt seine Räume immer wieder für extravagante Experimente zur Verfügung.
Elisabethenstr. 44
Tel. 2728767

Kurt Stampa Nicht nur Bilder, auch Kunstbücher, Videos, Filme, Performances.
Spalenberg 2
Tel. 2617910

Hotels und Pensionen

Basels Hotellerie ist auf Messe- und Kongreßtouristen spezialisiert. Das heißt, daß die Preise im Zweifel hoch und die Leistungen für Stadttouristen zum Teil bescheiden sind. Da aber Überkapazitäten bestehen, gibt es ganzjährig interessante Pauschalangebote für Stadtbesucher. Sie sind außerhalb der Messespitzen im Frühling und im Herbst, jeweils von Freitag bis Sonntag sowie an allen übrigen Tagen gültig.

Buchungen für diese Arrangements nimmt das Verkehrsbüro (→ Auskunft) entgegen.

Admiral Besonders für Gruppen und Reisegesellschaften geeignet. Das Messegelände liegt gleich nebenan.
Rosentalstr. 5
Tel. 6917777
Fax 6917789
220 Betten: 2. Kategorie

City-Hotel Gäste, die der etwas muffige Charme der fünfziger Jahre

nicht stört, erwartet eine liebenswürdig-familiäre Betreuung.
Henric-Petri-Str. 12
Tel. 2727811
Fax 2727881
130 Betten: 2. Kategorie
Drei Könige am Rhein Was 1814 beim Frieden von Basel dem österreichischen Kaiser, dem russischen Zaren und dem preußischen König recht war, ist wohlhabenden Zeitgenossen billig: der Aufenthalt in der ältesten Herberge der Schweiz, die schon 1026 bezeugt ist. Das heutige Hotel mit der spätklassizistischen Fassade wurde 1842–44 erbaut; die drei bunt bemalten Königsfiguren stammen von 1680.
Blumenrain 8
Tel. 2615252
Fax 2612153
145 Betten: 1./Luxuskategorie
Euler Das klassische Luxushotel am Bahnhof SBB. Stadtbekannte Bar, elegantes Restaurant, im Sommer wird auf der Terrasse serviert, Fischspezialitäten.
Centralbahnplatz 14
Tel. 2724500
Fax 2725000
100 Betten: Luxuskategorie
International Erstklassiges Hotel in der Innenstadt, ideal für Theater- und Konzertbesucher. Zahlreiche Räumlichkeiten für Sitzungen, Seminare, kleine Kongresse. Schönste Hotelschwimmhalle der Stadt.
Steinentorstr. 25
Tel. 2817585
Fax 2817627
350 Betten: 1. Kategorie
Merian am Rhein Das Haus mit dem schönsten Blick auf Rhein und Münster. Renovierte Gesellschaftsräume.
Rheingasse 2
Tel. 6810000
Fax 6811101
100 Betten: 2. Kategorie
Rochat Preiswertes, alkoholfreies Gasthaus am Rand der historischen Altstadt.
Petersgraben 23
Tel. 2618140
80 Betten: 3. Kategorie
Schweizerhof Traditionsreiches, zum Teil etwas angejahrtes Hotel am Bahnhof SBB. Das letzte, von der Besitzerfamilie geleitete Haus kennt kaum Personalprobleme – was auch den Gästen zugute kommt.
Centralbahnplatz 1
Tel. 2712833
Fax 2712919
100 Betten: 2. Kategorie
Der Teufelhof →Der gute Tip S. 83
Jugendherberge Im historischen St.-Alban-Tal (→Sehenswürdigkeiten) kostet eine Übernachtung mit Frühstück 18 sfr.
St.-Alban-Kirchrain 10
Tel. 2720572
230 Betten: 3. Kategorie

Kirchen

Antoniuskirche Die 1926/27 von Karl Moser (→Pauluskirche) entworfene, katholische Pfarrkirche ist einer der ersten Stahlbetonbauten der Welt. Vor kurzem mit viel Aufwand renoviert. Schöne Glasgemälde von Hans Stocker und Otto Steiger.
Kannenfeldstr. 35

Barfüsserkirche →Museen, Historisches Museum

Leonhardskirche Zwischen 1480 und 1520 erbaut, ersetzte die spätgotische Hallenkirche (ev.-reformiert) am Rande des Petershügels, hoch über dem Barfüsserplatz ein nach dem Erdbeben errichtetes Gotteshaus, dessen Chor erhalten blieb.

Martinskirche Die wahrscheinlich älteste Pfarrkirche der Stadt (evangelisch-reformiert) steht, weithin sichtbar, am Ende des steil zum Ende der Talstadt abfallenden Hügelsporns. Bis auf den unteren Teil des Kirchturms stammt das Gotteshaus aus der Zeit nach dem Erdbeben von 1356.

Münster Das Wahrzeichen der Stadt, hoch über dem Rhein, geht auf einen Sakralbau aus ottonischer Zeit zurück. Eine jüngere Vorgängerkirche wurde 1019 in Anwesenheit Kaiser Heinrichs II. geweiht. Im letzten Drittel des 12. Jh. entstand dann die heutige frühgotische Basilika. Die beiden Seitenschiffe sind Anbauten, Begräbniskapellen von Adligen und Bischöfen. Das Erdbeben von 1356 zerstörte die beiden Chortürme und beschädigte auch die Fronttürme schwer. Gegen 1400 war der (südliche) Martinsturm, 30 Jahre später der (nördliche) Georgsturm rekonstruiert. In seiner heutigen Form wurde der Bau im Jahr 1500 vollendet. Hauptbau, Querschiff und Chor sind spätromanisch, die Türme spätgotisch. Die Glasfenster im Chor, die – nach mehreren unbefriedigenden Versuchen mit modernen Scheiben – kürzlich wieder eingesetzt wurden, stammen aus dem 19. Jh. Besonders wertvoll ist die reich verzierte Galluspforte an der nördlichen Querhausfassade. Sie ist das älteste Beispiel eines Stufenportals im deutschsprachigen Raum. Das Glücksrad unter dem Giebel war in der Zeit um 1185 ein beliebtes Schicksalsmotiv. Leider müssen wegen der Luftverschmutzung immer wieder Teile der Sandsteinfassade renoviert werden, so daß das Münster kaum je ohne Baugerüste zu sehen ist. Der wertvolle Münsterschatz ging nach der Kantonsteilung 1833 zur Hälfte an Basel-Landschaft und wurde, der Not gehorchend, zum Teil veräußert.
Besichtigung: Sommer Mo–Fr 10 bis 18 Uhr, Sa 10–12 und 14–17 Uhr, So 13–17 Uhr; Winter (15. Okt.–Ostern): 10–12 und 14–17 Uhr
Turm: März–Okt.
Eintritt 1 sfr

Pauluskirche Der neuromantische Sakralbau (evangelisch-reformiert), 1898–1901 nach Plänen des Architekten Karl Moser erbaut, ist in vielen Teilen dem Jugendstil verpflichtet.
Steinenring 20

Peterskirche Vorläufer des den Petershügel dominierenden Baus (evangelisch-reformiert) gehen auf karolingische Zeit zurück. Die heutige Kirche stammt aus dem 14. und 15. Jh. und war einst Sitz eines weltlichen Chorherrenstifts. Beachtung verdienen die Wandmalereien in den Chorkapellen. In der reich verzierten Eberler-Kapelle (1475) befindet sich das Grabmal des Druckers und Verlegers Johannes Froben (gestorben 1527). Die Fundamente eines frühen Sakralbaus sind zugänglich (Holzdeckel im Fußboden des Chors).
Di–Fr 10–16 Uhr

Predigerkirche Das Gotteshaus des Dominikanerordens wurde im 13. Jh. erbaut und nach dem Erdbeben wiederhergestellt. Nach der Reformation diente der Bau unter anderem als Warenlager und Kaserne, seit 1877 benutzt sie die christkatholische Gemeinde. Der Friedhof an der Nordseite der Kirche wurde zu Beginn des 19. Jh. aufgehoben; die 60 m lange Mauer mit der einst bedeutendsten Sehenswürdigkeit der Stadt, den Totentanzfresken von Konrad Witz oder eines ihm nahestehenden Meisters (→ Historisches Museum), zerstörten Anwohner 1805 in einer Mondnacht.
Petersgraben/Spitalstr.
Tgl. 14–16 Uhr

Konzerte
Zentrum des vielfältigen Basler Musiklebens ist der für seine ausgezeichnete Akustik weltberühmte *Musiksaal* des Stadt-Casinos. Doch auch in zahlreichen *Kirchen* finden in der Saison von September bis Juni bedeutende Konzerte statt. Dank der jahrzehntelangen Tätigkeit des Dirigenten und Mäzens Paul Sacher wird in Basel gleichermaßen alte und neueste Musik gepflegt. Die Musik-

akademie gilt als erstklassige europäische Bildungsstätte.
Jazz, Pop und Rock sind immer wieder und in verschiedenen Lokalen, im Sommer auch im Freien, zu hören (Hinweise in der Tagespresse). Doch nur ein einziges Lokal bietet täglich Live-Musik: das sagenhafte *Café Atlantis.* Das »Tis« mit seiner bewegten Geschichte – zeitweise gehörte ein lebender Alligator zum Inventar – ist seit Generationen der beliebteste Treffpunkt der musikbegeisterten Jugend. Neben Nachwuchskönnern gastieren immer wieder auch Weltberühmtheiten auf der kleinen Bühne.

Café Atlantis
Klosterberg 13
Tel. 2723400

Medizinische Hilfe

Über die Telefonnummer 251515 sind die Notfalldienste der Ärzte, der Zahnärzte und der Apotheken zu erreichen. Ein Krankenwagen kann über die Nummer 144 angefordert werden.

Kantonsspital
Tel. 2652525
Kinderspital
Tel. 6912626
SOS für Tiere
Tel. 6914020

Messen und Märkte

Mustermesse Neuerdings sind an der 1915 als nationales Schaufenster für den Inlandsmarkt gegründeten »Schweizerischen Mustermesse« (Muba) auch ausländische Aussteller willkommen. Doch nach wie vor sind die zehn Tage im Februar oder März die größte Konsumgüterschau des Landes, zu der Hunderttausende nach Basel strömen.
Das Unternehmen »Messe Basel« organisiert jährlich auch Dutzende von Spezialmessen (Auskunft unter Tel. 6862020), darunter auch die berühmte

ART Im Juni ist das Rundhofgebäude der schweizerischen Mustermesse für sechs Tage Zentrum des europäischen Kunstmarkts. Rund 300 Galerien aus aller Welt halten Werke der klassischen Moderne und des aktuellen Schaffens feil. Für das kunstsinnige Publikum oft spannender als die unbezahlbar teuren Klassiker im Erdgeschoß sind die Angebote kleinerer Galerien im ersten und zweiten Obergeschoß und die in der Zwillingsausstellung »Edition« angebotene Originalgraphik.

Europäische Uhren- und Schmuckmesse Acht bis neun Tage im April versammelt sich die Uhren- und Schmuckbranche aus der ganzen Welt in den Basler Mubahallen zu ihrem größten Branchenstelldichein.

Herbstmesse → Der gute Tip S. 90

Märkte:
Von den Märkten, die in früheren Zeiten auf zahlreichen Plätzen abgehalten wurden, hat nur der farbenfrohe *Gemüsemarkt* (Baseldeutsch einfach »dr Märt«) vor dem Rathaus überlebt. Bis heute verkaufen hier montags bis samstags von 6 bis 13.30 Uhr elsässische und badische Marktfrauen ihre Landesprodukte; daneben gibt es Südfrüchte, Gewürze, Käse, Brot und Blumen, freitags auch Fisch und im Herbst Pilze.
Relativ jung ist der *Neuwarenmarkt* auf dem Barfüsserplatz (1. und 3. Mittwoch jeden Monats von 7 bis 18.30 Uhr), wo vor allem Kleider, Schuhe und andere Gebrauchsgüter feilgeboten werden.
Der schönste *Trödelmarkt* findet samstags (Januar bis 1. Samstag im Oktober) von 7.30 bis 16 Uhr auf dem Petersplatz statt. Weitere Flohmärkte auf dem Barfüsserplatz (2. und 4. Mittwoch jeden Monats von 7 bis 18.30 Uhr) und in Kleinbasel auf dem Kasernenvorplatz beim Kulturzentrum »Kulturwerkstatt Kaserne« (samstags von 7.30 bis 16 Uhr).

Museen

Wohl in keiner anderen Stadt der Schweiz und möglicherweise überhaupt nirgends sonst sind auf so kleinem Raum so viele Kulturgüter öffentlich zugänglich wie in Basel. Hier hat das Sammeln Tradition. Dabei galt der Umgang mit Werken der Kunst nie als Privileg reicher Adliger wie anderswo, sondern als öffentlicher Auftrag. Schon in der zweiten Hälfte des 17. Jh. stellte die kleine Stadtrepublik finanzielle Mittel zur Verfügung, um private Sammlungen jedermann zugänglich zu machen. So entstand 1661 die öffentliche Kunstsammlung, das erste kommunale Museum Europas. Viele weitere, oft dank großzügiger Unterstützung privater Mäzene, folgten. Zur Zeit beschreibt der offizielle Museumsführer 27 Museen und Sammlungen. Im folgenden sind nur die wichtigsten dargestellt.

Am ersten Sonntag des Monats ist der Eintritt in den staatlichen Museen frei. Museums-Pässe gibt es für einen und drei Tage sowie für ein Jahr für Einzelpersonen und Familien. Der Tagespaß kostet für Einzelpersonen 20 sfr, für Familien 40 sfr. Damit können auch alle Sonderausstellungen besichtigt werden.

Antikenmuseum und Sammlung Ludwig Schräg gegenüber dem Kunstmuseum. Das einzige Kunstinstitut der Schweiz, das ausschließlich der klassischen Antike gewidmet ist, verdankt seine Gründung Schenkungen und Legaten privater Sammler, zunächst denen von Robert Käppeli und Giovanni Züst, dann denen des deutschen Ehepaars Irene und Peter Ludwig. Die Bestände umfassen – vorwiegend aus der Zeit um 1000 v. Chr. bis 300 n. Chr. – griechische, italische und etruskische sowie einige ausgewählte römische Kunstwerke. Das Museum legt besonderen Wert auf die Didaktik und betreibt dafür ein eigenes Werkstudio.

St.-Alban-Graben 5
Di–So 10–17 Uhr
Eintritt 5 sfr

Architekturmuseum Für Besucher, die an neuer Architektur interessiert sind, lohnt sich ein Rundgang durchs Architekturmuseum. Der einzige öffentlich zugängliche Ort in der Schweiz, wo in Wechselausstellungen eine umfassende Auseinandersetzung mit Fragen des Bauens, seiner Technik und seiner Ästhetik stattfindet.

Pfluggässlein 3
Di–Fr 10–12 und 14–18.30 Uhr, Sa 10–16 Uhr, So 10–13 Uhr
Eintritt 5 sfr, Kinder 2,50 sfr

Historisches Museum und Haus zum Kirschgarten In der gotischen Barfüsserkirche, im 14. Jh. von den Franziskanern errichtet, dem bedeutendsten Bauwerk dieses Bettelordens nördlich der Alpen, ist das *Historische Museum* untergebracht.

Die Sammlung bietet einen umfassenden Einblick in die Stadt- und Kulturgeschichte Basels und der Oberrheinregion. Sie enthält Objekte kirchlicher und weltlicher Kunst aus dem Spätmittelalter und der Renaissance, darunter 19 Fragmente der Konrad Witz zugeschriebenen Totentanz-Fresken. Im Untergeschoß ist mit Objekten und Tafeln die Stadtgeschichte dargestellt, ergänzt mit vollständig eingerichteten Zimmern des 15. bis 17. Jh.

Zum Historischen Museum gehört das *Haus zum Kirschgarten.* In dem Stadtpalais, erbaut 1775–80 für den Seidenbandfabrikanten Johann Rudolf Burckhardt, der Goethes Schweizer Reise organisierte, sind die Sammlungen des 18. und 19. Jh. ausgestellt. Besonders eindrücklich die stilgerecht eingerichteten Zimmer. Sie vermitteln einen lebendigen Eindruck der Basler Wohnkultur vom Barock bis zum Jugendstil. Daneben sind im Kirschgarten Spezialsammlungen zu sehen, die zum Teil Weltgeltung haben, darunter Uhren und wissenschaftliche Instrumente, Porzellan und Fayencen.

Historisches Museum
Barfüsserplatz
Mo, Mi–So 10–17 Uhr
Haus zum Kirschgarten
Elisabethenstr. 27
Di–So 10–17 Uhr
Eintritt 5 sfr

Kunsthalle Sie zeigt, im Gegensatz zum Kunstmuseum, keine permanente Sammlung, sondern dokumentiert in Wechselausstellungen die neuen Kunsttendenzen.
Steinenberg 7
Tel. 271 48 33
Eintritt 6 sfr, Kinder 3 sfr

Kunstmuseum Das 1932–36 erbaute Museum beherbergt zwei gleichwertige, umfassende Kunstsammlungen. Die eine, ältere, geht zu großen Teilen auf den Sammler Basilius Amerbach (1533–91) zurück, dessen Vater mit Erasmus und Holbein befreundet war. Die Malerei und graphische Kunst der oberrheinischen Meister von 1400 bis 1600 – Konrad Witz, Lucas Cranach d. Ä., die Holbein-Familie, Niklaus Manuel u. a. – ist praktisch lückenlos zu verfolgen. Die andere, jüngere Sammlung umfaßt die Kunst des 20. Jh., genauer: die klassische Moderne. Picasso, Braque, Gris, Léger und der deutsche Expressionismus sind mit Hauptwerken vertreten. Bedeutend sind auch die Ausstellungsstücke von Alberto Giacometti und der amerikanischen Nachkriegsmalerei. Die zeitgenössische Kunst wird seit 1980 in einem eigenen Haus gezeigt.
St.-Alban-Graben 16
Di–So 10–17 Uhr
Eintritt 3 sfr, So frei
Tgl. 10–17 Uhr, Mi 10–21 Uhr
Eintritt 6 sfr

Museum für Gegenwartskunst
→ Der gute Tip S. 67

Museum für Völkerkunde Der lange Zeit einzige Museumsbau der Stadt, 1849 vom berühmten Basler Architekten Melchior Berri an der Augustinergasse entworfen, beherbergt neben dem Naturhistorischen Museum und dem Schweizerischen Museum für Volkskunde auch das Museum für Völkerkunde. Die reiche ethnographische Sammlung hat ihren Kern im 19. Jh., wobei rund 32000 Objekte aus Ozeanien und Indonesien einen wichtigen Schwerpunkt bilden. Die Bestände dienen der wissenschaftlichen Forschung und werden laufend erweitert. Von internationalem Rang ist auch der Bestand an außereuropäischen Textilien.
Augustinergasse 2
Nov.–April Di–Sa 10–12 und 14–17, So 10–17 Uhr; Mai–Okt. Di–So 10–17 Uhr
Eintritt 6 sfr

Schweizerisches Papiermuseum mit Museum für Papier, Schrift und Druck → Der gute Tip S. 74

Museen in der Umgebung:
Jazzmuseum → Der gute Tip S. 75
Katzenmuseum Zu einem erstklassigen Publikumsmagneten hat sich in den letzten Jahren das Katzenmuseum in Riehen entwickelt. In einer herrschaftlichen Villa sind über 10000 Katzendarstellungen in allen denkbaren Formen zu sehen.
Baselstr. 101
4125 Riehen
So 10–12 und 14–17 Uhr, übrige Zeit auf Anfrage

Vitra Design Museum In einem strahlend weißen, vom kalifornischen Architekten Frank Gehry entworfenen Bau von 1989 zeigt das Vitra Design Museum die Geschichte des Stuhls von 1850 bis heute.
Charles-Eames-Str. 1
D-7858 Weil am Rhein

Nachtleben
Neben eigentlichen Nachtlokalen sind das Stadt-Casino am Barfüsserplatz und das Restaurant *Swiss Cha-*

let in Kleinbasel über die Polizeistunde von 24 Uhr (freitags 1 Uhr) hinaus bis um 2 Uhr offen. Dort werden auch bis zum Schluß warme Speisen serviert.

Swiss Chalet
Rheingasse 8
Tel. 691 22 20

Öffentliche Verkehrsmittel

Basel hat ein erstklassig ausgebautes öffentliches Verkehrsnetz. Busse und Straßenbahnen fahren tagsüber im 6-Minuten-Takt, abends alle 12 Minuten. Fahrkarten sind an den grünen oder orangefarbigen Automaten erhältlich. Einzelfahrten kosten für bis zu vier Haltestellen 80 Rappen, für mehr als vier Haltestellen auf dem Stadtnetz und in die angrenzenden Vororte 1.60 sfr. Kinder bezahlen immer die Hälfte. Umsteigen ist (ohne Richtungswechsel) erlaubt. Tageskarten für 5.60 sfr sind auch an den Hotelrezeptionen erhältlich. An großen Automaten und an zahlreichen Kiosken können zudem Mehrfahrtenkarten gekauft werden.

Rheinfähren: Neben Tram und Bus gelten bei den Baslern auch die vier Fähren – die St.-Alban-Fähre (»Wild Maa«) oberhalb der Wettsteinbrükke, die Münsterfähre (»Leu«) oberhalb und die Klingentalfähre (»Vogel Gryff«) unterhalb der Mittleren Brücke sowie die St.-Johann-Fähre (»Ueli«) oberhalb der Dreirosenbrükke – als öffentliche Verkehrsmittel. Sie kreuzen den Fluß ohne Motorkraft, angetrieben nur durch die Strömung. Es gibt keine geruhsamere und entspannendere Art der Fortbewegung, finden zumindest die Einheimischen. Für viele ist die »Fähri« ein Ort der Erholung, ja der Kontemplation. Es kann vorkommen, daß sie stundenlang im Gespräch mit dem »Fährimaa« sitzenbleiben.

Parks

Basel ist reich an Parkanlagen. Die größeren befinden sich knapp außerhalb der alten Stadtmauern, so der riesige *Kannenfeldpark,* ein ehemaliger Friedhof (erreichbar mit der Straßenbahn Linie 3), und der *Schützenmattpark* (Linien 1 und 8), einst ein Schieß- und Festplatz. Innerhalb der alten Stadtgrenzen liegen der *Petersplatz,* auf dem schon im 15. Jh. Linden, Eichen und Ulmen standen, und der *Münsterplatz.* Von der mit Kastanien bestandenen Pfalz hat man einen unvergleichlichen Rundblick auf Vogesen und Schwarzwald. Etwas außerhalb der Stadt, in der Nähe des Sportzentrums beim Stadion St. Jakob (Tramlinie 14) in *Brüglingen,* erstreckt sich auf dem Gelände der Gartenbau-Ausstellung von 1980 ein Naherholungsgebiet mit Spazierwegen, Picknickplätzen und künstlichen Teichen. Im gleichen Areal zieht die Stadtgärtnerei auf frei zugänglichen Feldern Topfpflanzen. Und im benachbarten *Botanischen Garten* kann man die reichhaltigste Bartiris-Sammlung Europas bewundern, ein Geschenk der Gräfin Zeppelin.

Der *Wenkenhof* in Riehen ist ein Landsitz aus dem 18. Jh., der im vorigen Jahrhundert im Stil des Empire erweitert wurde. Die letzten Besitzer, Alexander und Fanny Clavel, vermachten das Gelände einer Stiftung. Der große, sorgfältig gepflegte Park mit altem Baumbestand wurde auch schon für eine große Skulpturen-Ausstellung genutzt. Die stimmungsvoll restaurierte Reithalle gehört der Gemeinde Riehen und kann für Anlässe aller Art gemietet werden.

Polizei

Die Hauptwache der Basler Polizei befindet sich in der Nähe der Schiffländе.

Spiegelgasse 6 und 12
Tel. 267 71 71, in Notfällen 117

Post

Die Postämter in Basel sind von 7.30 bis 12 Uhr und von 13.30 bis 18 Uhr geöffnet. Mit drei Ausnahmen: Die

Hauptpost (ein auch im Innern beachtenswerter neugotischer Bau an der Rüdengasse zwischen Barfüsserplatz und Marktplatz), das Postzentrum am Bahnhof SBB und die St.-Clara-Post (beim Claraplatz) sind auch über Mittag offen und schließen erst um 18.30 Uhr. Im Postzentrum steht zudem bis 23 Uhr ein »Dringlichkeitsschalter« zur Verfügung. In allen Poststellen gibt es Telefonzellen und Faxgeräte (Publifax), bediente Telefone in der Hauptpost, im Postzentrum beim Bahnhof SBB und im Bahnhof SBB selbst.

Radtour

Das Elsaß ist ein ideales, mit öffentlichen Verkehrsmitteln erreichbares Erholungsgebiet. In die Gegend des typischen Sundgauer Dorfes Oltingen (französisch Oltingue) gelangt man von Basel aus leicht mit der Straßenbahn Nr. 10. Die gelben Züge dieser Linie sind für Fahrradtransporte eingerichtet. Kaufen Sie an einer Haltestelle der Linie 10 eine Fahrkarte (3.40 sfr) und ein »Velobillet« (2.20 sfr) und besteigen Sie den Tramzug in der Mitte des ersten Wagens, wo Sie ihr Rad (→Leihfahrzeuge) aufhängen können. Die rund 16 km lange Radwanderung führt von der Station Rodersdorf zuerst ins elsässische Biederthal, dann zurück in die Schweiz nach Burg und hinauf zur (elsässischen) Nepomuk-Kapelle (Picknickplatz). Nach der Rast geht der Weg hinunter ins Dorf Wolschwiller und nach Oltingue mit *Bauernmuseum.* Von Oltingue geht's nach St. Blaise – wer will, kann von hier aus noch einen Abstecher nach Bettlach machen – und weiter zur Grenze und zurück nach Rodersdorf.

Bauernmuseum (Musée Paysan)
Im Sommer Di, Do, Sa 15–18Uhr, So 11–12 und 14–18 Uhr, im Winter So 14–17 Uhr

Rheinschiffahrt

Die Basler Rheinschiffahrt bietet Einheimischen und Fremden neben den Kursfahrten flußaufwärts bis Rheinfelden und flußabwärts bis Breisach und Mulhouse eine vielfältige Palette von Sonderfahrten an.

Zum Beispiel tgl. außer Mo (im Winter nur So) eine Frühstücksfahrt von 10–11.45 Uhr (Erwachsene 10 sfr, Kinder die Hälfte), am Donnerstagabend von 20–22 Uhr eine Fondue-Fahrt und am Freitagabend eine Pasta-Fahrt (jeweils 15 sfr). Im Fahrpreis ist das Essen nicht inbegriffen (je nach Anlaß 10–35 sfr).

Sehenswürdigkeiten

Fragt man die Basler, was sie in ihrer Stadt für die wichtigsten Sehenswürdigkeiten halten, welche Bauten, Straßen und Plätze sie Besuchern unbedingt zeigen würden, erntet man oft ein ratloses Achselzucken. Verständlich, denn die sehenswerte, gut erhaltene Altstadt ist so übersichtlich, daß man sie ohne weiteres als Ganzes besichtigen kann. Besucher halten sich am besten an die signalisierten Stadtrundgänge.

Die Geographie der Altstadt ist ganz einfach: zwei Hügel (Münsterhügel und Petershügel), dazwischen das Tal mit Barfüsser- und Marktplatz. Der kleine Fluß, der Birsig, ist zwischen Heuwaage (stadtauswärts am Ende der Steinenvorstadt) und Mündung (direkt unter dem Verkehrsbüro an der Schifflände) zugedeckt.

Fast so einfach wie die Geographie ist die Geschichte der Stadt zu sehen – an den Straßennamen. St.-Alban-Vorstadt, Aeschenvorstadt, Steinenvorstadt, Spalenvorstadt, St.-Johanns-Vorstadt bezeichnen – sternförmig – die erste große Stadterweiterung. Am Anfang der Vorstädte standen sogenannte Schwibbögen. Sie wurden alle zerstört. Am Ende der Vorstädte sicherten die Stadttore das Gemeinwesen. Drei sind erhalten: *St.-Alban-Tor, St.-Johanns-Tor* und – als schönstes von allen – das *Spalentor.* Auf einem Stadtplan ist der Verlauf des inneren und äußeren Mauerrings und der davorliegenden

Gräben sehr schön zu sehen. Reste der Stadtmauern sind noch beim Spalentor und am Petersgraben sowie am Kohlenberg (Leonhardskirche, Lohnhof) und unterhalb des St.-Alban-Tors zu erkennen.
Als geschlossenes kleines Quartier am Rhein erscheint heute das *St.-Alban-Tal:* Nichts deutet darauf hin, daß dieses Gebiet noch vor wenigen Jahren ein einziger Sanierungsfall war, mit zerfallenden Fabrik- und Gewerbebauten und ungepflegten Wohnhäusern. Die Fabrikgebäude sind heute zum Teil renoviert, zum Teil durch Neubauten ersetzt. Hier, am St.-Alban-Teich, einem mehrarmigen Kanal, den die Mönche des Klosters St. Alban im 16. Jh. anlegten, standen die ersten Papiermühlen, ohne die es wohl keine Druckereien und Verlagshäuser und deshalb auch kein humanistisches Basel gegeben hätte.
Spazieren Sie auf dem Weg den Rhein entlang auch durch die lauschigen Gassen des St.-Alban-Tals, treten Sie ins *Papiermuseum* ein (→ Der gute Tip S. 74) und bewundern Sie den Bau des *Museums für Gegenwartskunst* (→ Der gute Tip S. 67). Nach dem Rundgang können Sie im *Gasthof zum Goldenen Sternen,* dem ältesten Wirtshaus der Schweiz, das von 1412 bis 1965 an der Aeschenvorstadt stand, einkehren. Jacob Burckhardt und Friedrich Nietzsche ließen sich hier einst in der gotischen Gaststube ihren Abendschoppen kredenzen.
Das *Rathaus* am Marktplatz mit seiner reich bemalten Sandsteinfassade stammt aus dem 16. und 17. Jh., der Turm rechts wurde erst 1904 angefügt. Der spätgotische Mittelteil (1507–16), innen prächtig ausgestattet, ist ein gutes Beispiel eines spätmittelalterlichen Repräsentationsbaus. Anlaß dafür war der Beitritt Basels zum Bund der Eidgenossen 1501. Beachten Sie im Innenhof am rechten Pfeiler die Bronzetafel. Sie erinnert an die Hochwasser des Birsig, der heute unter dem Marktplatz fließt. Der imposante römische Feldherr auf dem Sockel neben der Freitreppe stellt Munatius Plancus dar, den Gründer der Kolonie Augusta Raurica (→ Ziele in der Umgebung). Er gilt den Einheimischen als erster Basler. Die Statue war 1574 das Geschenk eines dankbaren Neubürgers.

Brunnen: Basel ist eine Brunnenstadt. Vor allem in den Altstadtgassen sind die massiven Tröge, an denen einst Vieh getränkt und Wäsche gewaschen wurde, nicht zu übersehen. Aus dem späten 14. Jh. stammt der gotische *Fischmarktbrunnen,* nach Expertenmeinung einer der schönsten diesseits der Alpen. Der turmartige, mit Wasserspeiern, Engeln und Heiligen (Petrus, Maria und Johannes) verzierte Brunnenstock steht in einem zwölfeckigen Becken. 1977 gestaltete der Plastiker Jean Tinguely den *Fasnachtsbrunnen* vor dem Stadttheater – ein Furioso aus rastlos sprühenden, spritzenden, wasserschöpfenden Maschinen. Die Namen der einzelnen Figuren – dr Schuufler (der Schaufler), dr Waggler (der Wackler) u. a. – sind in der Brunnenstube angeschrieben.

Denkmäler und Monumente: Eine große Zahl von Denkmälern erinnert an wichtige Ereignisse und Gestalten der Stadtgeschichte. Besonders pathetisch ist das 1872 entstandene *St.-Jakobs-Denkmal.* In patriotischem Überschwang erinnert es an die verlustreiche Schlacht von St. Jakob an der Birs 1444. Das *Straßburger Denkmal* am Centralbahnplatz, 1895 eingeweiht, ist Ausdruck der jahrhundertelangen engen Beziehung Basels zum Elsaß. Es drückt die Dankbarkeit der Nachbarn für die humanitäre Hilfe der Basler im Deutsch-Französischen Krieg von 1870/71 aus. Wer Ähnlichkeiten mit der Freiheitsstatue von New York entdeckt, täuscht sich nicht: Schöpfer

beider Skulpturen war der Elsässer Friedrich August Bartholdi.
Auf der Brüstung des Kleinbasler Brückenkopfs der Mittleren Brücke, etwas abseits vom Straßengetriebe, sitzt seit 1985 eine nachdenkliche *Helvetia* von Bettina Eichin. Reisefertig, den gepackten Koffer neben sich, blickt die Mutter der Nation versonnen rheinabwärts. Hat sie genug, will sie abhauen?

Gräber: Zahlreiche Weltberühmtheiten haben zumindest einen Teil ihres Lebens in Basel verbracht. Viele wurden dort auch beerdigt. Im Münster findet sich das Grab des Humanisten *Erasmus von Rotterdam,* gestorben 1536. Dankbar bestatteten die Basler, mit denen er nicht immer glücklich war, den hartnäckig Altgläubigen in ihrem protestantischen Münster unmittelbar beim Altar. Im Kreuzgang sehen Sie die Grabtafeln der Mathematikerdynastie *Bernoulli* und vieler anderer einheimischer Patrizierfamilien. Auf dem 56 ha großen Friedhof am Hörnli in Riehen, hart an der Grenze bei Grenzach, liegen der weltberühmte Historiker *Jacob Burckhardt,* der Theologe *Karl Barth,* der Philosoph *Karl Jaspers.* Der Pförtner gibt Auskunft über die Lage der letzten Ruhestätten.

Neue Architektur: In Basel sind keineswegs nur die mittelalterlichen Baudenkmäler sehenswert, auch zahlreiche moderne Bauten verdienen Aufmerksamkeit. In der Innenstadt sind das zum Beispiel das Gebäude des *Architekturmuseums* (Ecke Weisse Gasse/Pfluggässlein) und der neue Sitz der Schweizerischen Bankgesellschaft am Aeschenplatz, ein Werk des Tessiner Architekten Mario Botta. In den Jahren 1919–24 entstand oberhalb des Stadions St. Jakob auf dem Gebiet der Gemeinde Muttenz nach Plänen von Hannes Meyer das *Freidorf,* bis heute ein Musterbeispiel des genossenschaftlichen Siedlungsbaus. Als Beispiele moderner Industriearchitektur verdienen die Bauten der *Hoffmann-La Roche* besondere Beachtung. Das *Museum für Gegenwartskunst* (→ Der gute Tip S. 67) zeigt exemplarisch, wie ein moderner Bau in ein Ensemble alter Fabrikbauten integriert werden kann.

Straßen und Plätze: Beim Bummeln und Flanieren durch die alte Stadt sollte man einige Straßen und Plätze auf keinen Fall übersehen: in erster Linie natürlich den Markt- und den Münsterplatz nicht, aber auch nicht den lauschigen Martinskirchplatz sowie die Aussichtsterrasse der Pfalz hinter dem Münster. Auf der andern Seite der »Talstadt« liegt der baumbestandene Petersplatz mit Universität, der im Sommer genügend Schatten für eine ausgedehnte Siesta bietet (Rasen betreten erlaubt). Auf dem Weg hinauf zum Petersplatz lohnt sich ein Gang durch den Nadelberg mit seinen palastartigen Patrizierhäusern. Da viele von ihnen der Universität dienen, ist ein Blick ins Innere allemal gestattet. Öffnen Sie zum Beispiel die Tür zum »Schönen Haus« (Nadelberg 6) und treten Sie in den Innenhof!

Spaziergänge

Bruderholz Das wohlhabende Wohnquartier am hügeligen Südrand der Stadt ist ein beliebtes Naherholungsgebiet. Vom Wasserturm hat man einen herrlichen Rundblick über die ganze Region am Dreiländereck.

Rheinpromenade Auf 7,2 km durchfließt der Rhein das Stadtgebiet; über 6 km davon sind auf einem Spazierweg am Kleinbasler Ufer zu erleben: von der Einmündung des Flusses Wiese bis zur Grenze beim »Hörnli« in Riehen.

Stadtbummel Auf eigene Faust, aber doch kompetent geführt, kann man in Basel die Altstadt erkunden. Die zwischen 30 und 90 Minuten dauernden Rundgänge beginnen alle am Marktplatz und sind mit farbigen Wegmarken bezeichnet, die die Namen der berühmtesten, bereits verstorbenen Basler tragen: Erasmus von Rotterdam, Jacob Burckhardt, Thomas Platter, Paracelsus und Holbein. Zu den Rundgängen gibt es im Verkehrsbüro für 3 sfr die Broschüre »Fünf Altstadtrundgänge« oder – ein schönes Souvenir – das Buch »Basel fotogen« (das auch in allen Buchhandlungen zu haben ist).

Sport

Die wichtigste Sportanlage ist das Stadion St. Jakob (St.-Jakobs-Str. 395) mit mehreren Hallen, Tennisplätzen und sogar einer Kanutrainingsanlage. Auch an anderen Orten im Stadtgebiet sind Übungsanlagen für Leichtathletik, Handball und Fußball vorhanden. Im Winter stehen zwei Kunsteisbahnen (Gartenbad Eglisee in Kleinbasel und Margarethen im Gundeldingerquarter hinter dem Bahnhof SBB) zur Verfügung; im Sommer sind die drei großzügigen öffentlichen Gartenbadanlagen (Eglisee, St. Jakob und Bachgraben) beliebte Erholungsorte. Viele Gemeinden der Nachbarschaft verfügen über schöne Schwimmbäder – zum Beispiel St. Louis und Bettingen oberhalb von Riehen. Populär ist auch das »Laguna«, eine Erlebnisbadeanlage in Weil am Rhein. In der Stadt, unweit der Heuwaage, befindet sich das Hallenschwimmbad Rialto. Einen besonderen Reiz bietet die Badeanstalt St. Johann am Rhein. Und natürlich der »Bach« selbst, wie die Einheimischen den Rhein nennen. Im August ist das Wasser warm genug für eine ausgedehnte Flußpartie: Startplatz ist gewöhnlich das Ufer unterhalb des Solitude-Parks (beim Kleinbasler Brückenkopf der Autobahnbrücke), Ziel das »Badhysli Santihans«. Vorsicht vor talwärts fahrenden Rheinkähnen! Sie sind schwer zu hören.

Taxi

Taxis können Sie unter folgenden Telefonnummern bestellen:
2712222 (Taxizentrale),
444444 (Taxiophon Genossenschaft)
666666 (Dreiunddreißiger Taxi).
Weitere Nummern finden Sie im Telefonbuch.

Telefon

Vorwahl 061

Wenn Sie aus Basel ins angrenzende Elsaß oder nach Südbaden telefonieren, benutzen Sie die speziellen Vorwahlnummern ohne Länderkennzahl. Sie finden diese Nummern für alle angeschlossenen Ortschaften im Basler Telefonbuch am Schluß des Auslandteils (etwa auf Seite 80).

Theater und Kino

Hauptbühne für Oper, Operette, Ballett und Schauspiel ist das 1974 vollendete *Stadttheater.* Die 1950 als privates Schauspielhaus begründete *Komödie* an der Steinenvorstadt gehört seit 1968 zu den städtischen Bühnen. Das *Théâtre Fauteuil* am Spalenberg mit seinen drei Kleintheatern pflegt das Kabarett ebenso wie die populäre Kleinkunst. Beachten Sie die gelungene Einbeziehung moderner Elemente in einem denkmalgeschützten Bau. Eine ganze Reihe weiterer Kleinbühnen bieten abwechslungsreiche und unkonventionelle Unterhaltung. Schauen Sie in die Tageszeitungen und in das Wochenprogramm des Verkehrsbüros. Besondere Erwähnung verdienen die mannigfaltigen künstlerischen Impulse, die von der alternativen *Kulturwerkstatt Kaserne* ausgehen.

Das Filmangebot in den Kinos der Stadt ist von beachtlicher Breite. Wie in der Schweiz üblich, werden die Filme in der Originalversion mit Untertiteln gezeigt. Für ein eigenwilliges und gehaltvolles Programm setzen sich das *Kino Camera* (Obere Rebgasse) und das *Atelier* (beim Stadttheater) ein. Hier sind Streifen zu sehen, die in vielen größeren Orten aus kommerziellen Erwägungen nicht gezeigt werden. Beachten Sie die aktuellen Programme in der Tages- und Gratispresse. Montags ermäßigte Preise in den Abendvorstellungen.

Tiergärten
Basels *Zoologischer Garten,* die Einheimischen nennen ihn »Zolli«, darf sich ohne Zweifel das Etikett »weltberühmt« anheften lassen. Der Tiergarten, 13 ha groß und, einer grünen Lunge gleich, am Rand der Innenstadt unweit der Heuwaage gelegen, beherbergt etwa 4500 Tiere von rund 600 Arten. Die Anlage, 1874 als private, gemeinnützige Institution gegründet, ist gleichermaßen eine populäre Naherholungszone wie ein erstklassiger Naturpark. Weltweit Beachtung fand der Basler Zoo wegen seiner spektakulären Zuchterfolge beim Gorilla und beim Panzernashorn.

Sommer 8–18.30 Uhr, Winter bis 17 Uhr

Eintritt 9 sfr, Kinder von 6–16 Jahren zahlen 3.50 sfr, Rentner und Studenten 7 sfr

Im riesigen Grüngürtel der Langen Erlen, der sich dem Wiese-Fluß entlang bis nach Riehen hin erstreckt, ist der Tierpark gleichen Namens der Hauptanziehungspunkt. Neben den einheimischen Haus- und Wildtieren sind auch exotische Vögel sowie Hängebauchschweine, Javaneraffen und Lamas zu sehen.

Sommer 7–20 Uhr, Winter 7.30 bis 17 Uhr

Eintritt frei

Wanderung
Zu den liebsten Sonntagsvergnügen der Basler gehört der Spaziergang von Riehen durch den Gemeinde-Rebberg »Schlipf« über den Tüllinger Hügel (den man jenseits der Grenze »Tüllinger Berg« nennt) und durch die Weinberge ins Markgräfler Winzerdorf *Ötlingen.* Die etwa anderthalbstündige Wanderung strengt wegen ihres steilen Beginns gerade so viel an, daß man sich am Ziel guten Gewissens gern zu Wein und Speck niederläßt.

Fahren Sie mit der Straßenbahn Nr. 6 bis zur Haltestelle Weilstraße. Dort wenden Sie sich links Richtung Weiler Zollhaus. Neben dem Riehener Schwimmbad führt ein Fußweg zunächst nach Tüllingen und weiter durch Obstgärten und die Rebberge nach Ötlingen. Dort bietet sich ein herrlicher Rundblick auf Basel, Weil und die Rheinebene.

Ziele in der Umgebung

Arlesheim und Dornach
Mit öffentlichen Verkehrsmitteln ist das untere Birstal zu erreichen. Auf einer zwei- bis dreistündigen Wanderung, die je nach Zeit und Lust verkürzt oder ausgedehnt werden kann, sind in Arlesheim der barocke Dom mit einer berühmten Silbermann-Orgel, die weitläufige romantische Parkanlage Eremitage, einige Burgen und in Dornach das *Goetheanum,* das Weltzentrum der von Rudolf Steiner gegründeten Anthroposophischen Gesellschaft, zu sehen. Fahren Sie zunächst nach Arlesheim, 1678–1792 Sitz des Basler Domkapitels. Von der Straßenbahnhaltestelle führt der Weg ins Dorfzentrum. Der Dom, 1679–81 errichtet und 1759–61 von Giovanni Gaspare Bagnato im Rokoko-Stil umgestaltet, ist eines der Hauptwerke der Schweizer Barockarchitektur. Neben den Fresken und den reichen Stukkaturen ist vor allem die einzige noch spielbare Silbermann-Orgel der Schweiz bemerkenswert. Über den rechteckigen, städtisch anmutenden Domplatz mit seinen Domherren-Häuschen wenden Sie sich Richtung

Eremitage (gelbe Wegweiser). Linker Hand auf einer Anhöhe sehen Sie Schloß Birseck. Zum Schloß gehört die 1780 angelegte romantische Eremitage, ein englischer Garten mit Weihern, Grotten und einer Einsiedelei (→ Der gute Tip S. 108). Von der Eremitagestraße führt eine Fahrstraße rechts zur Burgruine Dorneck.
Die viertürmige Anlage über dem solothurnischen Dornach entstand vor dem verheerenden Erdbeben von 1356. Im Krieg des Reiches gegen die Eidgenossen belagerten 1499 10000 Mann des Kaisers Maximilian die Burg erfolglos; sie wurden am Fuß des Hügels von einem eidgenössischen Entsatzheer geschlagen. Diese »Schlacht bei Dornach« brachte den Eidgenossen den endgültigen Sieg im »Schwabenkrieg« und im Frieden von Basel die Unabhängigkeit vom Reich. Von der späteren Grenzfeste, die 1798 von französischen Truppen angezündet und zerstört wurde, führt der Weg – vielleicht nach einer Stärkung im behäbigen Restaurant Schloßhof – hinüber zum eindrücklichen Sichtbetonbau des Goetheanums. Der Entwurf des merkwürdigen Bauwerks, an dem es kaum rechte Winkel gibt – weil die in der Natur auch nur selten vorkommen – stammt von Rudolf Steiner (1861–1925), dem Begründer der »Allgemeinen Anthroposophischen Gesellschaft«. Sie hat ihren Sitz bis heute im Goetheanum, zusammen mit der »Freien Hochschule für Geisteswissenschaft«. Auf der Bühne finden Konzerte, Theateraufführungen und Eurythmie-Vorführungen statt. Viele Anhänger Steiners bauten sich nach dem Vorbild des Zentralbaus auf dem weitläufigen Hügel ihre Eigenheime; auch die Heizzentrale und eine elektrische Umformerstation, ja sogar die Dornacher Straßenschilder wurden im anthroposophischen Stil gestaltet. Die Wanderung endet in Dornach.
Anfahrt: Mit der Straßenbahn Nr. 10 Richtung Arlesheim und Dornach.

Schloß Birseck
Im Sommer Di, Sa, So 14–18 Uhr
Goetheanum
Führungen tgl. 10 Uhr und 14.30 Uhr, Auskunft Tel. 7014242
Vorverkaufskasse
Tel. 7014041

Augusta Raurica Für Bildungsbeflissene und historisch Interessierte gehört ein Abstecher in die Römerstadt fast zum Pflichtprogramm, zumal sich der Ausflug gleichzeitig zu einem eindrücklichen Landschaftserlebnis erweitern läßt. Zur Fahrt in die antike Vergangenheit der Region bietet sich neben der Bahn oder dem Bus auch das Schiff an. Kursschiffe ab Schifflände fahren in anderthalb Stunden in die einstige Römerstadt. Nach der Besichtigung, die je nach Interesse eine halbe bis zu mehreren Stunden dauert, führt eine abwechslungsreiche, ungefähr zweistündige Wanderung den Rhein entlang nach Rheinfelden und von dort per Schiff oder Bahn nach Basel zurück.
Die etwa 44 v. Chr. gegründete Colonia Raurica ist die älteste römische Siedlung am Rhein. Mit dem Bau der Stadtanlage wurde 10 v. Chr. begonnen; im 2. Jh. n. Chr. lebten etwa 20000 Einwohner in der blühenden Kolonie, viele davon waren ehemalige Legionäre. Nach der Zerstörung der Stadt durch die Alemannen im späten 3. Jh. n. Chr. errichteten die Militärs am Rhein bei Kaiseraugst ein großes Kastell. Rund zwanzig archäologische Denkmäler – Theater, Tempel, Thermen, Rathaus – sind hier zu sehen; die Grabungen dauern noch an. Die Casa Romana (ein rekonstruiertes Römerhaus) und das daneben liegende Museum machen die römische Zeit lebendig. Einzigartig ist die Sammlung von 68 silbernen Gebrauchsgegenständen und Schmuckstücken (Silberschatz). Im Museum ist ein Übersichtsplan sowie ein Plan der aktuellen Grabungsstellen erhältlich (auf Wunsch Erläu-

terungen vor Ort werktags von 11.30 bis 12 Uhr).
Anfahrt: Mit dem Regionalzug ab Basel SBB nach Kaiseraugst, Fahrkarte inklusive Straßenbahn 3,40 sfr, Bus (Linie 70 ab Aeschenplatz bis Haltestelle Augst 2,20 sfr) oder mit dem Schiff (Juli–Sept. Di–So, Frühjahr und Herbst auf Anfrage).
Museum
Tgl. außer Mo 10–12 und 13.30 bis 18 Uhr, Okt.–März bis 17 Uhr

Bernau In diesem Schwarzwälder Dorf, eine runde Autostunde nordöstlich von Basel gelegen, wurde 1839 der Maler Hans Thoma geboren. Sein Geburtshaus steht ebenso zur Besichtigung offen wie der Resenhof, ein typisches Bauernhaus von 1789, das seit 1976 als eines der schönsten Heimatmuseen gilt. Wanderungen im Schwarzwald, zu Fuß oder mit den Langlaufskis, machen die Basler und ihre Gäste ebensogern wie im Elsaß. Rund 10 km südöstlich davon, in St. Blasien, übergab 1770 der Basler Rat dem Fürstabt des Benediktinerklosters die Gebeine der Königin Anna, der Gemahlin Rudolf von Habsburgs. Seit 1933 führen die Jesuiten in dem Gebäude eines ihrer beiden Kollegien in Deutschland.
Anfahrt: Von Lörrach (10 km nordöstlich von Basel) durchs Wiesental (B 317) bis Gschwend, dort rechts abbiegen Richtung Todtmoos; kurz vor Präg links nach Bernau und weiter nach St. Blasien.

Colmar In der Colmarer Altstadt sieht heute vieles noch so aus, wie es der Basler Kupferstecher Matthias Merian 1644 festhielt. Im Musée Unterlinden, einem ehemaligen Dominikanerkloster, steht der berühmte dreiflüglige Isenheimer Altar von Mathias Grünewald. Rund 6 km südwestlich von Colmar liegt Eguisheim, eines der ältesten Städtchen im Elsaß und, im Jahre 1002, Geburtsort des späteren Papstes Leo IX. Der Ort besitzt eine kreisförmige Stadtbefestigung, die aus den fensterlosen Außenmauern von aneinandergebauten Häusern gebildet wird. Ähnlich wie an der Galluspforte des Basler Münsters sind am Westportal der Kirche (13. Jh.) die »klugen und törichten Jungfrauen« und Jesus als Weltenrichter dargestellt. Auch Riquewihr, etwa 10 km nördlich von Colmar, hat seinen mittelalterlichen Charakter bewahrt. Schon 1291 wurde die Stadtbefestigung gebaut. Reich wurde der Ort im 16. Jh. durch den Weinhandel. Das ist bis heute so geblieben. In einem ausgezeichneten Wanderführer beschreibt der in Basel lebende Elsässer Jean Dentinger 25 Ausflüge in seine Heimat, unter anderem nach Eguisheim und den drei Burgruinen in seiner Nähe (Jean Dentinger: Wandern und Bummeln im Elsass, Basel 1990).
Anfahrt: Auf der Autobahn A 35 70 km nach Norden oder per Bahn vom Basler Französischen Bahnhof mit der SNCF in 50 Min.

Delémont Delsberg, stolzer Hauptort der »République et canton du Jura«, wurde in den 30er Jahren des achten Jahrhunderts erstmals urkundlich erwähnt. 1271 kam die kleine Besitzung durch Kauf an den Bischof von Basel. Die kleine Altstadt ist gut erhalten. Sehenswert ist auch die Kirche St. Marcel. Die Architektur des 1766 als dreischiffige Basilika vollendeten Gotteshauses markiert die Wende vom Rokoko zum Klassizismus. Der Turm wurde im Jahre 1851 angefügt. Das Schloß, zu Beginn des 18. Jh. erbaut, diente den nach der Reformation in den Jura vertriebenen Basler Bischöfen als Sommersitz. Delsberg eignet sich ausgezeichnet als Ausgangspunkt zur Entdeckung des Kantons Jura. Auch kulinarisch macht die junge Hauptstadt Furore. Gleich am Bahnhof, eine halbe Zugstunde von Basel, bietet das Restaurant *Hôtel du Midi* eine erstklassige »cuisine du marché«, her-

vorragender Weinkeller, hausgemachter Brombeerschnaps.
Anfahrt: Mit dem Auto oder per Bahn durchs Birstal, 40 km südwestlich von Basel.

Hôtel du Midi
Place de la Gare
Tel. 066/22 17 77
So und Mo geschl.
1. Kategorie
(Unbedingt reservieren!)

Ecomusée de Haute Alsace Eine einzigartige Attraktion beim elsässischen Dorf Pulversheim bietet das Freilichtmuseum *Ecomusée de Haute Alsace:* ein lebendiges Museumsdorf mit inzwischen über 60 Gebäuden aus dem ganzen Elsaß, meist im letzten Augenblick vor dem Abbruchhammer gerettet und von der Vereinigung »Maisons paysannes d'Alsace« sorgfältig restauriert. In keineswegs heimattümelnder Weise zeigt das Museumsdorf im Jahreslauf die alten Bauern- und Handwerkstraditionen der Region. Dabei soll es aber nicht bleiben: Eine Erweiterung in die industrielle Zeit ist im Bau. Zum Dorf gehören eine Holzofenbäckerei und zwei Gasthäuser.
Anfahrt: Über die Autobahn A 35 Richtung Straßburg bis zur Ausfahrt Ensisheim. Auf der CD 430 ist die Zufahrt zwischen Bollwiller und Pulversheim ausgeschildert.

Ecomusée de Haute Alsace
F-68190 Ungersheim
Tel. (aus dem Ausland):
0033/89/744474 (aus Basel Kurzvorwahl 068)
Das Basler Verkehrsbüro (→ Auskunft) und die PTT-Postautodienste (Tel. 278 51 11) führen regelmäßig Exkursionen ins Ecomusée durch.
Sommer tgl. 9–19 Uhr, Winter tgl. 11–16 Uhr
Eintritt 49.50 FF, Kinder von 6 bis 16 Jahren 36 FF

Freiberge Seit dem Jahr 999, als Rudolf III. von Burgund das rund 1000 m hohe, von dichten Wäldern bedeckte jurassische Hochplateau verschenkte, gehörten die Freiberge dem Basler Fürstbischof. Am Ende des 14. Jh. nach Abschaffung verschiedener Steuern und Abgaben wurde der rauhe Landstrich besiedelt. Bis heute ist die Gegend das wichtigste Pferdezuchtgebiet des Landes. Jährlich im August findet im Hauptort Saignelégier (→S. 164) ein großes Pferdefest statt. Die Freiberge sind ein ausgezeichnetes Wander- und Langlaufgebiet mit 1300 km markierten Wanderwegen, 300 km Nebenstraßen für Radwanderer, 160 km Reitwegen und 250 km gespurten Loipen. Auch mehrtägiges Pferdetrekking und Zigeunerwagenfahrten werden angeboten. Selbst sehr abgelegene Orte sind mit der Schmalspurbahn »Chemin de fer du Jura« oder mit dem Postbus erschlossen, so daß ausgedehnte Ausflüge ohne Auto möglich sind. Erstaunlich ist die Tatsache, daß in dieser rauhen Gegend einige hervorragende Spitzenköche wirken. Ein vielfach ausgezeichneter Meister der »cuisine du marché« ist der Einheimische Georges Wenger, der mit seiner Frau Andrea, einer gebürtigen Regensburgerin, das *Hotel-Restaurant de la Gare* in Le Noirmont, 5 km südwestlich von Saignelégier, führt. Das Hotel hat nur sechs Betten, das Restaurant aber immerhin 40 Plätze.
Anfahrt: Über Delémont–Bassecourt–Glovelier–St. Brais per Auto oder Bahn.

Office du Tourisme des Franches Montagnes
2726 Saignelégier
Tel. 039/51 21 51

Hôtel-Restaurant de la Gare
2725 Le Noirmont
Tel. 039/53 11 10
Mo und Di mittags geschl.
1. Kategorie
(Unbedingt reservieren!)

Kanton Jura Der jüngste Gliedstaat der Eidgenossenschaft, am 1. Januar 1979 aus früherem Besitz des Kantons Bern gebildet, ist touristisch eine der schönsten, aber außerhalb des Landes weitgehend unbekannten Gegenden der Schweiz. Sommers und winters bieten die drei unterschiedlichen Regionen Ajoie mit dem Hauptort Porrentruy (Pruntrut), Freiberge (Franches Montagnes) und die Hauptstadt Delémont und ihre Umgebung vielfältige Möglichkeiten für den Erlebnistourismus. Das *Office jurassien du Tourisme* organisiert eine Fülle von interessanten Pauschalprogrammen – von der Kanuwoche auf dem Doubs bis zur zweitägigen Rundfahrt »Glasmalereien im Kanton Jura«.

Office du Tourisme
12, place de la Gare
2800 Delémont
Tel. 066/229977

Liestal Die Hauptstadt des Kantons Basel-Landschaft, der sich nach blutigen Wirren 1833 von der Herrschaft der Städter befreite, liegt am Flüßchen Ergolz, 15 km südöstlich von Basel. Spuren römischer und fränkischer Besiedlung bekräftigen die Bedeutung des Ortes an der Straße von der Römerkolonie Augusta Raurica über den Oberen Hauenstein-Paß ins Mittelland. Die Stadtgründung erfolgte im 13. Jh. durch die mächtigen Grafen von Froburg. Ausdehnung und Gestalt der mittelalterlichen Stadt blieben bis heute intakt und umfassen die Rathausgasse mit dem Obertor und ihre beiden Nebengassen. Sehenswert ist das spätgotische Rathaus, 1568 erneuert. Die Bemalung stammt von 1901. Im ersten Obergeschoß wird die »Burgunderschale« aufbewahrt, ein Beutestück aus der Schlacht von Nancy 1477. Im gleichen Gebäude ist das Dichtermuseum untergebracht, in dem unter anderem Erinnerungsstücke an den einheimischen Literatur-Nobelpreisträger von 1919, Carl Spitteler (1845–1924, »Olympischer Frühling«, »Imago«), sowie den Dichter und Revolutionär Georg Herwegh, der in Liestal politisches Asyl erhielt, zu sehen sind. Das ehemalige Zeughaus aus dem 17. Jh. beherbergt heute das Kantonsmuseum. Das frühere Postgebäude am Bahnhof, 1892 von Hans Wilhelm Auer, dem Architekten des Berner Bundeshauses, einem Renaissancepalast nachempfunden, wurde vor einigen Jahren durch privates Engagement einiger Enthusiasten vor dem Abriß bewahrt. Man richtete darin das Kulturhaus Palazzo ein, das mit seinen Ausstellungen und anderen Aktivitäten weit über die kleine Stadt hinauswirkt. Vom dahinterliegenden Bahnhof aus verkehrt neben den normalen Zügen auch die »Waldenburger Bahn« auf Schmalspurgleisen von nur 75 cm Breite. Sie erschließen das gleichnamige Tal mit dem Bezirkshauptort Waldenburg, unterhalb des Froburger Stammsitzes, der 1798 eingeäschert wurde.

In einem westlichen Seitental liegt das Hotel Bad Schauenburg, ein Landgasthaus der Spitzenklasse mit ausgezeichnetem Fischangebot.

Anfahrt: Per Bahn, Bus oder Pkw über die N 2 (Ausfahrt Liestal).

Mariastein Der bedeutendste Wallfahrtsort in der Umgebung Basels liegt an der Grenze zum Elsaß am Ende des Birsigtals bei Flüh und ist mit der Straßenbahn Nr. 10 erreichbar. 1648 wurde das Benediktinerkloster von Beinwil an die Pilgerstätte »Unserer Lieben Frau im Stein« verlegt. Die damals erbaute Kirche erhielt 1830–34 eine klassizistische Fassade; das Innere ist neubarock.

Anfahrt: Mit der Straßenbahn Nr. 10 ab Aeschenplatz oder Heuwaage bis Flüh, dann zu Fuß oder per Bus; oder mit dem Auto durch das Leimental.

Mulhouse Mit der nahegelegenen, größten Stadt im Oberelsaß, in deren Agglomeration heute rund 200000 Menschen leben, verbindet Basel eine alte und enge Beziehung:

Von 1515 an war die unabhängige Stadtrepublik fast 300 Jahre lang als »zugewandter Ort« mit der Eidgenossenschaft verbündet. 1798 entschieden sich die Bewohner aber in einer Abstimmung, aus wirtschaftlichen Gründen, zu Frankreich zurückzukehren. In der teilweise erhaltenen Altstadt ist vor allem das ehemalige Rathaus (mit Historischem Museum) von 1552 an der Place de la Réunion sehenswert. An der Außenfassade ließen die Erbauer prächtige Malereien mit den Wappen der verbündeten Schweizer Kantone anbringen, im Innern beeindruckt besonders der reich geschmückte Ratssaal im 1. Stock. In der neugotischen Stephanskirche (Temple Saint-Etienne) gegenüber sind die mittelalterlichen Glasfenster erhalten geblieben. Besonderes Interesse verdient Mulhouse aber auch wegen seiner frühindustriellen Architektur und einigen bedeutenden Sammlungen zur Industriegeschichte. Denn die Stadt erlebte ihren großen Aufschwung Mitte des 18. Jh., als dort die ersten Stoffdrucke (»Indiennes«) hergestellt wurden. Verantwortungsbewußte Fabrikherren bauten die erste Arbeitersiedlung des Landes und gründeten weitere beispielhafte Sozialeinrichtungen für ihre Werktätigen. Die Spinnereien, Webereien und Stoffdruckereien sind für die Stadt und ihre Umgebung zwar weiterhin wichtig, doch der Boom der Gründerjahre ist längst vorbei; Automobilwerke und andere moderne Industrien sowie das Dienstleistungsgewerbe sind heute die bedeutendsten Erwerbszweige. Doch die Erinnerungen sind wach: In und um Mulhouse gibt es fünf bedeutende Museen, in denen Hochleistungen des Handwerks und der Industrie lebendig sind: Das *Keramikmuseum* (Maison de la Céramique) zeigt in einer alten Ziegelei in Wechselausstellungen keramische Kunst aus Vergangenheit und Gegenwart. Das *Stoffdruckmuseum* (Musée de l'mpression sur étoffes) dokumentiert lückenlos Geschichte und Techniken des Stoffdrucks. Wegen der vielen Millionen Stoffmuster ist das Museum für Modeschöpfer und Stoffentwerfer eine Quelle der Inspiration. Im *Eisenbahnmuseum* (Musée du Chemin de Fer) ist eine einzigartige Sammlung von Dampfloks und Eisenbahnwaggons ausgestellt. Am gleichen Ort finden sich auch Feuerwehrantiquitäten. Weit über die Region hinaus genießt das *Automobilmuseum* (Musée de l'Automobile) legendären Ruf, auch wegen seiner bizarren Geschichte: Die Schweizer Textilbarone Hans und Fritz Schlumpf waren leidenschaftliche Oldtimersammler. Besonders die Bugattis, die zeitweise im Elsaß gefertigt wurden, hatten es ihnen angetan. Als ihr Industrieimperium zusammenkrachte und die beiden Brüder vor einem drohenden Prozeß nach Basel flohen, blieben den Arbeitern nur die rund 580 Rennwagen, darunter über 100 Bugattis, als Pfand. Sie besetzten die Lagerhalle und machten sie nach und nach der Öffentlichkeit zugänglich – eine der größten und wertvollsten Automobilsammlungen der Welt. Zum Ärger der damaligen Aktivisten ist heute nichts mehr vom einst begeisterten Engagement zu sehen; die Sammlung Schlumpf ist ein gewöhnliches Museum geworden. Zur Schlumpfschen Konkursmasse gehörte auch das *Hôtel du Parc.* Das rund 85 Jahre alte Haus ist dank einem libanesischen Kaufmann wieder zur ersten Adresse der Stadt geworden – aufs schönste ausgestattet mit Antiquitäten aus der Zeit des Art deco. An der alten Straße von Basel nach Mulhouse liegt der Vorort Rixheim mit einem weiteren Museum aus der frühen Industrieepoche, dem *Tapetenmuseum* (Musée du Papier Peint). In den Nebengebäuden einer noch heute produzierenden Tapetendruckerei sind die alten, aus dem 18. Jh. stammenden Pressen und etwa 130000 Muster aus der bunten Vielfalt der pa-

pierenen Wandbespannungen zu sehen. Wechselausstellungen ergänzen die permanente Sammlung, die als größte der Welt gilt und auch als Musterkollektion für Nachdrucke dient.
Anfahrt: Von Basel 32 km über die A 35 oder per Bahn in 25 Min. oder mit dem Rheinschiff (Ile Napoléon).
Auskunft:
Office du Tourisme
9, av. Foch
F-68100 Mulhouse
Tel. 068/456831
Telefonvorwahl für Mühlhausen aus dem Ausland: 003389
Hotel:
Hôtel du Parc
24, rue de la Sinne
Tel. 661222
1. Kategorie
Museen:
Maison de la Céramique
25, rue Josué-Hofer
Tel. 433255
Musée de l'Automobile
(Collection Schlumpf)
192, av. de Colmar
Tel. 422917
Musée du Chemin de Fer
2, rue Alfred-de-Glehn
Tel. 422567
Musée du Papier Peint
28, rue Zuber
F-68170 Rixheim
Tel. 642456
Musée de l'impression sur étoffes
3, rue des Bonnes Gens
Tel. 455120

Ottmarsheim 881 erstmals erwähnt, war Ottmarsheim im Mittelalter eine bedeutende Zollstätte und das Zentrum der habsburgischen Hausgüter im Elsaß. 1049 weihte Papst Leo IX. die Stiftskirche ein, die ihrer merkwürdigen Form wegen Aufsehen erregt: Der achteckige Bau ist eine verkleinerte und vereinfachte Replik der Pfalzkapelle Karls des Großen in Aachen. Von den Fresken, die den Innenraum einst wahrscheinlich schmückten, sind nur noch Reste erhalten. Der kleine quadratische Chor wurde in romanischer Zeit angebaut.
Anfahrt: Rund 30 km nördlich von Basel, entweder auf der alten linksrheinischen Straße über Kembs oder auf der A 35 bis zum Autobahnkreuz A 36, dort nach rechts.

Porrentruy Das mächtige Schloß mit seinem Bergfried aus dem 13. Jh., während Jahrhunderten Sitz des aus der Stadt vertriebenen Fürstbischofs von Basel, prägt bis heute das Bild des Hauptortes des jurassischen Bezirks Ajoie, der merkwürdig weit nach Frankreich hineinragt und so den äußersten westlichen Zipfel der Schweiz bildet. Wegen seiner günstigen Verkehrslage war Porrentruy, 67 km südwestlich von Basel in einer freundlichen Hügellandschaft gelegen, schon im 11. Jh. von Bedeutung. Seit 1271 im Besitz der Bischöfe, konnte sich der Ort bis 1792 nicht aus seiner kirchlichen Abhängigkeit befreien. Diesem beherrschenden Einfluß ist die bis heute erhaltene Geschlossenheit der Altstadt und des Faubourg zu Füßen des Schlosses zu verdanken. Zwei Kirchen aus dem 13. Jh. und 14. Jh., die eine spätromanisch, die andere gotisch geprägt, zeugen von der regen Bautätigkeit der geistlichen Herren. Bei den späteren barocken Bauwerken ist deutlich der französische Einfluß sichtbar. Sehenswert ist die an Handschriften reiche Bibliothek im Hôtel de Gléresse, das ursprünglich als Quartier für die bischöflichen Gäste diente, später aber zu einem Archivgebäude umgestaltet wurde. Auch in Porrentruy gibt es, wie andernorts im Jura, ein Top-Restaurant. Im *Buffet de la Gare* wird eine erstklassige »cuisine du marché« gepflegt.
Porrentruy ist Ausgangspunkt für Ausflüge in die französische Nachbarschaft (Belfort, Montbéliard) oder in den Clos-du-Doubs, eine wildromantische Flußlandschaft, die Wassersportler ebenso anzieht wie Ang-

ler und Fischer. Rund 15 km westlich von Porrentruy, auf der Straße Richtung Besançon, befinden sich unmittelbar an der Grenze die Grottes de Réclère (Tropfsteinhöhlen). Das *Hôtel des Grottes* verfügt über einen eigenen Reitstall und pflegt eine ländliche Spezialitätenküche.
Anfahrt: Mit dem Auto über Delémont und den Les-Rangiers-Paß Richtung Delle–Belfort oder mit der Bahn.

Syndicat d'initiative d'Ajoie et du Clos-du-Doubs
2900 Porrentruy
Tel. 066/661853

Buffet de la Gare RMR
2900 Porrentruy
Tel. 066/662135
(Unbedingt reservieren)
3. Kategorie

Hôtel des Grottes
2912 Réclère
Tel. 066/766155
35 Betten: 3. Kategorie

Rheinfelden Rund 17 km oberhalb von Basel liegt zu beiden Seiten des Rheins die Doppelstadt Rheinfelden. Der Ort auf dem Schweizer Ufer ist vor allem als Badekurort und wegen seiner Brauerei Feldschlößchen, der größten der Schweiz, bekannt. 1130 von den Zähringern gegründet, blühte der Ort zeitweise als reichsfreie Stadt. 1803 kam Rheinfelden mit dem österreichischen Fricktal an die Schweiz. Die Festungswerke um die schöne, autofreie Altstadt sind zum Teil noch erhalten. Beachtung verdient die christkatholische Stadtkirche St. Martin aus dem 15. Jh. mit ihrem barocken Innenraum sowie das Rathaus aus dem 16. Jh. Das moderne Solbad im Kurpark erlaubt auch im Winter Badefreuden im Freien.
Anfahrt: Mit der Bahn, per Schiff oder mit dem Auto über die N 3 (Ausfahrt Rheinfelden).

Ronchamp Auf einem Hügel über den Wäldern von Cherimont, nördlich von Belfort, erhebt sich die Wallfahrtskirche Notre-Dame-du-Haut des aus dem Kanton Neuenburg stammenden Architekten Le Corbusier. Das Gotteshaus, von dem aus man die Burgundische Pforte sehen kann, wurde 1955 geweiht und ist eines der bevorzugten Ausflugsziele aller an zeitgenössischer Architektur Interessierten. Auf der Fahrt nach Ronchamp empfiehlt sich ein Abstecher nach Audincourt, dessen Kirche mit Glasmalereien von Fernand Léger geschmückt ist.
Anfahrt: Mit dem Auto 60 km über Altkirch nach Belfort, von dort 24 km auf der Straße Richtung Vesoul; oder über Delémont und Porrentruy nach Belfort. Audincourt liegt am Ostrand der Agglomeration von Montbéliard, etwa 12 km südlich von Belfort an der A 36 (Ausfahrt Montbéliard-Süd).

Saignelégier Der Hauptort der Freiberge (→ S. 160) im Kanton Jura, knapp 90 km südwestlich von Basel, ist das Zentrum der Schweizer Halbblutpferdezucht und seit einigen Jahren Ausgangspunkt für den rasch zunehmenden Tourismus in der Region. Am zweiten Augustwochenende findet hier jedes Jahr der »Marché Concours« statt, ein Pferdemarkt mit verschiedenen sportlichen Wettbewerben. Die mit einem massiven Walmdach gedeckte Préfecture diente dem fürstbischöflichen Landvogt als Wohnung. Der angebaute Gefängnisturm entstand im 16. Jh. Sehenswert sind in Les Cerlatez, südöstlich von Saignelégier, mehrere traditionelle Freiberger Häuser aus dem 17. und 18. Jh. Wohn- und Arbeitsräume sowie die Stallungen sind unter demselben riesigen, weit herabreichenden Dach vereint. Noch einige Kilometer weiter auf der Straße Richtung Tramelan liegt der Etang de la Gruère, der bekannteste Moorsee der Region, ein Naturschutzgebiet von grandioser Urtümlichkeit. Ein Fußweg führt um den See herum. Ebenfalls in der Nähe von Saignelégier, an der Nebenstra-

ße von Les Embois nach Les Breuleux, liegt das Pferdeheim von Le Roselet. Eine »Stiftung für das Pferd« ermöglichte es dort etwa 100 alten Pferden, Maultieren und Eseln, ihr Gnadenbrot zu genießen. Auch vor der Schlachtbank gerettete Fohlen werden in Le Roselet aufgezogen. Das Gelände ist von 8 bis 18 Uhr für Besucher zugänglich. Ganz in der Nähe, in Muriaux, stellt *Claude Frésard* nicht alte Pferde, sondern alte Sportwagen aus. In Saignelégier haben sich zwei Hotelbetriebe bereits ganz auf das zukunftträchtige Tourismusgeschäft eingestellt. Das *Hôtel Bellevue* (mit eigenem Reitstall) und das *Hôtel de la Gare et du Parc.* Die beiden Häuser sind modern eingerichtet und pflegen in ihren Restaurants die »cuisine du marché«.
Anfahrt: Mit der Bahn über Delémont und Glovelier; mit dem Auto über Delémont, Glovelier Richtung La Chaux-de-Fonds.

Musée de l'Automobile
Claude Frésard
2338 Muriaux
Tel. 039/51 10 40
Fax 039/51 13 21
Sommer tgl. 10–18 Uhr, Winter bis 17.30 Uhr, an Wochentagen Mittagspause 12–13.30 Uhr

Hôtel Bellevue
2726 Saignelégier
Tel. 039/51 16 20
86 Betten: 2./3. Kategorie

Hôtel de la Gare et du Parc
2726 Saignelégier
Tel. 039/51 11 21
60 Betten: 3. Kategorie

St. Ursanne Ein irischer Mönch namens Ursicinus steht am Anfang der Geschichte dieses malerischen Städtchens am Doubs. Aus seiner Einsiedelei entstand zunächst ein kleines Kloster und später, im 12. Jh., um die Kirche herum eine kleine Stadt.
Nach einem Brand im Jahre 1403 bauten Krämer und Handwerker östlich davon eine neue Siedlung mit geraden Gassen. Die drei gut erhaltenen Stadttore stammen aus dem 16. und 17. Jh. Besondere Beachtung verdient die Stiftskirche, eine romanische Pfeilerbasilika ohne Querhaus. In der Hallenkrypta unter dem Chor waren einst die Gebeine des hl. Ursicinus bestattet. Das Südportal lehnt sich in Gestaltung und Form an die Galluspforte des Basler Münsters an. In der Stiftskirche und im ehemaligen Kloster finden bedeutende Kunstausstellungen statt.
Die Gegend um St. Ursanne bietet auch viele Möglichkeiten zur sportlichen Betätigung; der Doubs ist ein ausgezeichnetes Forellengewässer – die Speisekarten der Gasthäuser bieten Forellengerichte in allen Variationen an.
Anfahrt: Mit der Bahn über Delémont oder per Auto über Delémont und den Les-Rangiers-Paß. Kurz hinter der Paßhöhe links über die steilen Serpentinen der Caquerelle-Straße ins Doubs-Tal abzweigen.

Office du Tourisme de Saint-Ursanne et du Clos du Doubs
1, place du Mai
Tel. 066/55 37 16

Chur

Graubünden, auch treffend »das Bündnerland« genannt, ist der größte Kanton der Eidgenossenschaft und der einzige dreisprachige dazu. »Dieses Gebirgsland«, heißt es in einem Reiseführer des frühen 19. Jahrhunderts, stelle »mit seinem Völkergemisch in mannigfacher Hinsicht ein verkleinertes Bild der gesamten Schweiz dar«. Graubünden war immer schon Durchgangsgebiet, eine Täler- und Paßlandschaft. Aber auch ein Refugium, wo sich andernorts untergegangene oder verdrängte Bräuche jahrhundertelang erhalten und weiterent-

Der gute Tip von MERIAN

Außerhalb:

Appenzellerland Die abwechslungsreiche Voralpenlandschaft bietet sich geradezu zum Erwandern an: grüne Wiesen, braune Kühe, blauer Himmel und im Hintergrund schneebedeckte Bergspitzen – eine Szenerie wie aus dem Bilderbuch (→ S. 111).

Bädermuseum in Bad Pfäfers Das kleine Museum im alten Kurhaus aus dem 18. Jahrhundert informiert über die Anfänge des Kurbetriebs (→ S. 71).

Restaurant Zur Mühle in Fläsch Hier, inmitten der Weinberge des nordöstlichen Graubünden, lassen sich Bündner Tafelfreuden unbeschwert genießen (→ S. 77).

Schloß Sargans Die kühne Felsenburg hoch über dem Rheintal beherbergt heute ein ausgezeichnetes Regionalmuseum und ein uriges Restaurant (→ S. 61).

Via-Mala-Schlucht Zahlreiche Legenden ranken sich um die wildromantische Schlucht im Herzen Graubündens, die der Rhein in Jahrtausenden durch den Schiefer gefressen hat (→ S. 104).

Werdenberg Die kleinste Stadt der Schweiz besteht aus 34 Häusern und einem Schloß und wirkt in ihrer Putzigkeit wie ein Freilichtmuseum (→ S. 54).

Zillis St. Martin, die unscheinbare Kirche des Ortes, birgt ein kunsthistorisches Juwel: das Deckenfirmament aus 153 Holztafeln mit farbigen Miniaturen (→ S. 63).

wickelt haben. »Welt-Weite und Tal-Enge« (so der Publizist Fritz René Allemann) bestimmen Graubünden nicht nur kulturell, auch geographisch ist gegensätzliche Vielgestaltigkeit das Verbindende: Vom höchsten Bündner Gipfel, dem 4049 Meter hohen Bernina, bis zum 25 Kilometer südlich davon gelegenen italienisch-schweizerischen Zoll bei Campocologno im Puschlav beträgt die Höhendifferenz 3500 Meter! Dort unten, im mediterranen Klima am Tor zum einstigen Untertanengebiet Veltlin, und im Norden des Kantons, an den Hängen des Rheintals, wächst Wein, während dazwischen, auf steilen Bergwiesen, Orchideen blühen und sich, noch höher im ewigen Schnee, die Sommerskifahrer tummeln: alles zur gleichen Zeit. Kein Wunder, daß die Tourismuswerber Graubünden als »Ferienecke« bezeichnen.
Eher verwaltet als regiert und schon gar nicht dominiert wird der alte Föderativstaat von Chur. Von hier aus, am Fuß steil aufragender Felsmassen, wo sich das Rheintal breit nach Norden weitet, schließt sich nach Süden, Westen und Osten eine vielfältige Tälerlandschaft an und führt zu den wichtigen Alpenübergängen der Lenzerheide und des Julier sowie der Albula ins Engadin, des San Bernardino und des Lukmaniers Richtung Tessin sowie des Oberalp-Passes nach Andermatt ins Gotthardgebiet. Die Ski- und Wanderregionen, die durch diese Straßen erschlossen werden, gehören zu den schönsten des Landes. Chur ist die älteste Stadt der Schweiz.

Ausgrabungsfunde gehen auf 3000 v. Chr., in die Jungsteinzeit, zurück. Nach der Eroberung Rätiens durch die Römer (15 v. Chr.) kontrollierten die neuen Herren von ihrer Militärstation Curia Raetorum die zahlreichen Alpenpässe. 284 wurde der Ort Hauptstadt der römischen Provinz Raetia Prima, die sich weit über die Grenzen des heutigen Kantons erstreckte, und um 450 Bischofssitz. Unter Karl dem Großen, um 800, wurde Churrätien Teil des Deutschen Reiches. Die Karolinger unterstellten das Bistum der Erzdiözese Mainz statt Mailand, was eine Umorientierung von Süden nach Norden zur Folge hatte. Walser, Einwanderer aus dem Wallis, die in dem bis dahin rein rätoromanischen Gebiet siedelten, brachten im 13. und 14. Jahrhundert die deutsche Sprache ins Land und mit ihr ein Bewußtsein von individueller und kommunaler Freiheit, das die Geschichte Rätiens bis heute entscheidend prägt. In keinem anderen Kanton verfügen die Kommunen über derart viel Eigenständigkeit. Und nirgendwo sonst sind die Gemeinden so klein: Ein Fünftel von ihnen hat nur zwischen zwanzig und hundert Einwohner! Zum Schutz des Landfriedens entstanden im 14. Jahrhundert im Zuge des Reichsverfalls drei Bünde aus Talschaften und freien Gemeinden: 1367 der Gotteshausbund, 1395 und 1424 der Graue Bund, 1436 der Zehngerichtebund. Ihre Embleme haben im modernen, dreiteiligen Kantonswappen alle Wirren überdauert. Seit 1471 bestand ein Bündnis zwischen den drei Gemeinschaften; 1524 schlossen sie sich zum »Freistaat der Drei Bünde« zusammen, der bis zur Besetzung durch die Franzosen und zur Gründung der Helvetischen Republik, 1798, Bestand hatte. Schon im 15. Jahrhundert löste sich die Stadt Chur vom Bistum, und 1523 erfolgte die Reformation – ohne daß aber, wie überall sonst, der Bischof vertrieben wurde. 1803 wurde aus »Alt fry Rätien« der Kanton Graubünden,

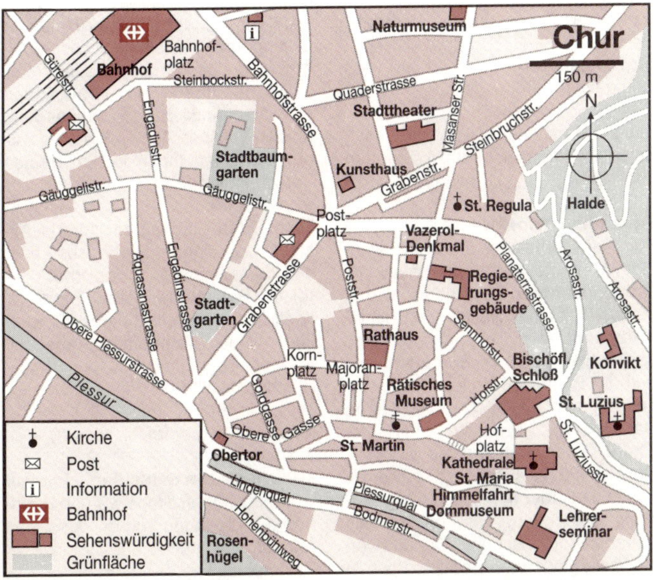

Chur wurde Hauptort und Verwaltungssitz und ist heute ein Dienstleistungszentrum mit 34000 Einwohnern, das über das eigene Hinterland hinaus ins Rheintal und ins Fürstentum Liechtenstein ausstrahlt.

Auskunft
Verkehrsverein der Stadt Chur
Grabenstr. 5
7000 Chur
Tel. 221818
Fax 229076
Verkehrsverein Graubünden
Alexanderstr. 24
Tel. 221360

Auto
Da Chur eine kleine Stadt ist und sich bestens zu Fuß erkunden läßt, empfiehlt es sich, das Auto in einem der Parkhäuser abzustellen. Parkplätze stehen auch beim Sportzentrum Obere Au, etwas außerhalb des Zentrums, zur Verfügung (Rückkehr in die Stadt mit Bus). Im Städtchen selbst gibt es relativ wenig Parkplätze – und die Polizei hat Adleraugen, wenn es um Parksünder geht.
Ein Großteil der Altstadt ist Fußgängerzone, allerdings ist die Zufahrt zu den Hotels in der Altstadt gestattet.
Parkhäuser:
Stadtbaumgarten
Göiggelistr.
City
Zeughausstr.
Beide Parkhäuser sind 24 Stunden geöffnet

Essen und Trinken
Für Feinschmecker, die bodenständige Gerichte nicht verachten, ist Graubünden ein Eßparadies, wartet es doch mit einer Vielfalt von Spezialitäten auf. Am bekanntesten sind das luftgetrocknete Bündnerfleisch und der Bündner Rohschinken. Sehr gut schmecken auch Salsiz (eine Dauerwurst), Engadiner Würste, Churer Beinwurst und die Bündner Gerstensuppe. Unbedingt zu empfehlen sind aber die Gerichte mit exotisch klingenden, weil größtenteils romanischen Namen: Capuns (in Mangold gewickelte Spätzli), Plain in pigna (eine mit Kartoffeln und Wurst gemischte, gebackene Polenta), Maluns (gebratene, mit Weißmehl vermengte geriebene Kartoffeln), Pizokel (große Spätzli), Gitziprägel (in Omelettenteig gebackenes gekochtes Zickelfleisch), Tuortung (Fleischauflauf), Fuatscha grassa (in Butter gebackene Fladen), Tuorta da nusch engiadinaisa (Engadiner Nußtorte), Pittakuchen (mit Kernen gespickter Kuchen), Bündner Birnbrot, Krautkräpfli, Engadiner Patlaunas (Fasnachtsküchlein) und Favettas (»Schenkeli«, in Öl gebackene Mürbeteigrollen). Versuchen Sie auch einen Bündner Wein – er schmeckt hervorragend! Wein wird im Rheintal, der »Bündner Herrschaft«, angebaut, in den Gemeinden Fläsch, Maienfeld, Jenins und Malans. Der rote »Herrschäftler« ist ein Blauburgunder; beim Weißwein stehen Pinot gris und vereinzelt Riesling×Sylvaner zur Auswahl. Ein Geheimtip ist der Malanser Champagner. Im italienischsprachigen Misox trinkt man vor allem Merlot. Und überall in Graubünden selbstverständlich den dunkelroten, herben Veltliner. Achten Sie aber darauf, daß man Ihnen keinen billigen Verschnitt kredenzt.
In der Stadt:
Stern Am Eingang zur Churer Altstadt, in einem Haus aus dem 17. Jh., befindet sich das traditionsreiche Restaurant Stern. Typische, köstlich zubereitete Bündner Spezialitäten und Weinraritäten aus der Bündner Herrschaft.
Reichsgasse 11
Tel. 223555
(Reservierung empfehlenswert)
2. Kategorie
Zunfthaus zur Rebleuten In einer wunderschönen Stube werden Bündner Spezialitäten oder klassische französische Küche angeboten.
Pfisterplatz 1

Tel. 221713
So mittags, So abends und Mo geschl.
(Reservierung empfehlenswert)
1. Kategorie
Außerhalb der Stadt:
Belvedere Das Lokal mit Blick auf Chur ist wegen seiner Fleischgerichte bekannt.
7074 Malix (5 km oberhalb von Chur an der Straße zur Lenzerheide)
Tel. 223378
Mo und Di mittags geschl.
(Reservierung empfehlenswert)
1. Kategorie
Zur Rüfe Hier werden traditionelle Küche und »cuisine du marché« ausgezeichnet zubereitet. Der kleine Abstecher von Chur lohnt sich.
Trimmis (7 km ab Chur Richtung Landquart)
Deutsche Str. 11
Tel. 275419
Mo, Di sowie 22. Dez. bis 24. Jan. geschl.
1. Kategorie

Hotels und Pensionen
ABC-Garni Zentral gelegenes Hotel mit ruhigen Zimmern.
Tel. 226033
55 Betten: 2. Kategorie
Duc de Rohan Das erste Haus am Platz. Sehr gutes Restaurant.
Masaner Str. 44
Tel. 221022
Fax 224537
60 Betten: 2. Kategorie
Romantik-Hotel Stern In einem wunderschönen Haus in der Altstadt gelegen. Ruhige und zentrale Lage. Gutes Restaurant.
Reichsgasse 11
Tel. 223555
Fax 221915
90 Betten: 2. Kategorie

Kirchen
Die spätromanische *Kathedrale St. Maria Himmelfahrt* gehört zum Bischöflichen Hof und wurde 1150 bis 1272 als dreijochige querschifflose Pfeilerbasilika erbaut. Unter dem Chor befindet sich eine Krypta. Der Turm mit einer barocken Haube entstand um 1600. Sehenswert ist der geschnitzte spätgotische Hochaltar von Jakob Russ (1492). Eine steinerne Grabplatte neben dem Katharinenaltar erinnert an den 1596 geborenen und 1639 in Chur ermordeten Jürg (Georg) Jenatsch, über den der Zürcher Dichter Conrad Ferdinand Meyer (1825–98) einen ebenso heroischen wie unhistorischen Roman verfaßte.
Oberhalb der Kathedrale liegt die Kirche *St. Luzius* aus dem 12. Jh.

Medizinische Hilfe
Über die Nummer des diensthabenden Arztes und der Notfallapotheke gibt Tel. 111 Auskunft.
Die diensthabenden Apotheken sind auch im Monatsbulletin des Churer Verkehrsvereins aufgelistet.

Museen
Dommuseum Hier liegt der Kirchenschatz mit Objekten aus dem 8. Jh., gotischen Schreinen, Paramenten aus dem Frühmittelalter bis ins 19. Jh.
Kathedrale, Hof 18
Mo–Fr 15.30–17 Uhr
Führungen auf Voranmeldung
(Tel. 220973 oder 227545)
Rätisches Museum Die Sammlung umfaßt ur- und frühgeschichtliche Fundamentalien aus dem ganzen Kanton und eine historische und volkskundliche Abteilung mit interessanten Exponaten, darunter eine größere Sammlung von Münzen, Siegeln und Medaillen.
Hofstr. 1, Museumsplatz (zwischen Martinskirche und Kathedrale)
Di–So 10–12 und 14–17 Uhr

Nachtleben
Das Churer Nachtleben spielt sich hauptsächlich in den Bars ab. »In« soll zur Zeit das *City* sein, wo intellektuell-alternatives Publikum ein und aus geht. Für den kleinen Hunger gibt's im Restaurant nebenan feine

Gerichte. Als Yuppie geht man eher ins *Butterfly,* und ein sehr gemischtes Publikum trifft sich im *Shoarma,* wo ausgezeichnetes Kebab und Falafel feilgeboten werden.

Butterfly
Poststr. 41
Tel. 224095

City
St.-Martins-Platz 4
Tel. 233491

Shoarma
Untere Gasse 5
Tel. 227322

Öffentliche Verkehrsmittel

Chur liegt an der Nationalstraße N 13, die über den San Bernardino in die Südschweiz führt. Von Chur aus sind aber auch alle übrigen Regionen und Talschaften über ein gut ausgebautes Straßennetz erreichbar. Im Winter ist auf allen Straßen eine gute Winterausrüstung unabdingbar. Wer mit dem Zug reist, muß spätestens in Chur auf die Rhätische Bahn umsteigen, die das Engadin, das Puschlav, das Prättigau, die Landschaft Davos, Arosa und die Surselva erschließt und ihre Züge zusammen mit der Furka-Oberalp-Bahn als »Glacier-Express« über Oberalp und Furka bis nach Zermatt schickt (→ Der gute Tip S. 102).

Noch bedeutend engmaschiger als jenes der Bahn ist das Netz der Postbuslinien. Mit 1200 km ist es mehr als doppelt so lang wie jenes der Bahnen. Zu den 81 Postbuslinien kommen unzählige Angebote für Ausflugsfahrten, zum Beispiel von Chur über die Lenzerheide und den Julier nach St. Moritz. Nur per Postauto sind z. B. die Kurorte Flims/Laax, Lenzerheide, Savognin und San Bernardino erreichbar.

Chur selbst verfügt über ein gut ausgebautes Busnetz, das vor allem die Außenquartiere bedient. Fahrten von beliebiger Länge kosten 1.50 sfr, Mehrfahrtenkarten (12 Fahrten) kosten 11 sfr.

Polizei

Hauptwache
Klostergasse
Tel. 214323

Post

Hauptpost Hier befinden sich auch öffentliche Telefonzellen.
Gürtelstr. 41
Tel. 263201
Postautodienst (Reservierungen und Sonderfahrten):
Tel. 223823 und 223824

Rätoromanisch

In Chur sprechen mehr Einwohner rätoromanisch als irgendwo sonst in Graubünden, nämlich 3500, rund zehn Prozent der Bevölkerung. Daß es nicht mehr sind, ist auf die verheerende Brandkatastrophe von 1464 zurückzuführen. Zum Wiederaufbau ließen sich viele deutschsprachige Handwerker in der Stadt nieder. Davor hatte auch Chur, wie ganz Rätien, zum rätoromanischen Sprachgürtel gehört, der sich von Friaul bis ins Rheintal erstreckte. Das Romanische entstand, wie die Legende erzählt, weil die Engel am Beginn aller Tage die Reste aus allen ihren Sprachsäcken über dem dünnbesiedelten Alpengebiet ausschütteten. Was daraus entstand, ist das einzig echte Kauderwelsch – weil der Ausdruck wirklich von Churerwälsch, der Sprache, die im Stadtteil »Welschdörfli« gesprochen wurde, abgeleitet ist. Das in Graubünden gesprochene Rätoromanisch besteht aus fünf Idiomen: Sursilvan in der Surselva (wird von 17000 Einwohnern gesprochen), Sutsilvan im Vorderrheintal (1200), Surmiran im Albulatal und im Oberhalbstein (3000), Putér im Oberengadin (3500) und Vallader im Unterengadin und im Münstertal (5500). Die vierte Landessprache ist wohl das bestgehütete und meistgehätschelte Kulturgut der Schweiz. Zu seinem besseren Schutz wurde vor einigen Jahren eine eigene gemeinsame Schriftsprache (Rumantsch

Grischun) erfunden, die Elemente aus allen Idiomen vereinigt. Sie soll es leichter machen, Bücher sowie private und offizielle Schriftstücke aller Art auf Rätoromanisch zu drucken. Während die Sprachförderer der sachkundigen und rührigen Sprachvereinigung *Lia Rumantscha* und mit ihr die ganze Schweiz die von einem Zürcher Professor geschaffene Schriftsprache eifrig anwendet, weigern sich viele Einheimische, von dem Kunstprodukt Gebrauch zu machen – wohl wissend, daß solche Verweigerung über kurz oder lang zum Untergang dieser Sprache führen wird. Immerhin sieht man in den romanischsprachigen Gebieten des Vorderrheintals und des Engadins in letzter Zeit wieder mehr romanische Inschriften an Geschäften und öffentlichen Gebäuden. Zu den Förderungsversuchen gehören auch die alljährlich in Laax, Samedan und Scuol stattfindenden Romanischkurse.

Lia Rumantscha
Via de la Plessur/Plessurstr. 4
7001 Chur
Tel. 224422
Fax 228426
Romanischkurse:
Fundaziun Retoromana
7031 Laax
Tel. 086/34440
Samedan:
Fundaziun Planta
7503 Samedan
Tel. 082/65268
Scuol:
Uniun da cura e traffic
7550 Scuol
Tel. 084/65268

Sehenswürdigkeiten

Am Hofplatz auf dem Domhügel, von einer eigenen Befestigung geschützt, steht das *Bischöfliche Schloß.* Am eleganten Barockbau, im 17. und 18. Jh. unter Verwendung mittelalterlicher Gebäudeteile errichtet, sind besonders die dreiachsige Westfassade und im Innern eine monumentale Treppe und Régencestukkaturen sehenswert. Im mittelalterlichen, vierstöckigen *Marsölturm* (13. Jh.) befinden sich die Bischöfliche Kapelle mit einem Stuckaltar von 1730 (2. Etage) und die Bibliothek (1. Etage). Zwischen Schloß und Kathedrale (→ Kirchen) steht der klassizistische Bau der ehemaligen *Domkustorei.* Unterhalb des Bischöflichen Hofs erstreckt sich die *Altstadt* mit gut erhaltenen Gebäuden aus dem 15. bis 17. Jh. Am Regierungsplatz erinnert das Vazeroldenkmal (1881) an die Vereinigung der Drei Bünde 1471. Dort befindet sich auch das viergeschossige Regierungsgebäude, auch »Graues Haus« genannt, das 1751/52 von Andreas von Salis-Soglio errichtet wurde.

Das 1465 erbaute *Rathaus* steht an der Reichgasse. Im Stadtsaal von 1494 verdienen die reichhaltige Mineraliensammlung, in der Ratsstube die Täfelung im Renaissancestil und ein Kachelofen von 1632 Beachtung.

An der Kirchgasse 21 steht das *Antistitium.* Der Bau wurde im späten 15. Jh. aus mehreren Bauten zusammengezogen, gehörte zuerst dem Abt des Klosters Disentis, ging im 16. Jh. in den Besitz der Stadt über und dient heute als Pfarrhaus für St. Martin. Im 2. Stock befinden sich zwei spätgotische, holzgetäfelte Zimmer mit Schnitzereien.

Von der *Stadtbefestigung* aus der ersten Hälfte des 13. Jh. sind der → Marsölturm, der Torturm, das Obertor, der Pulverturm, der Sennhofturm und der Hexenturm erhalten geblieben.

Ziele in der Umgebung

Kleine Abstecher von Chur aus, die auch schöne Ausblicke auf Stadt, Rheinebene und umliegende Berge eröffnen, führen zum Beispiel per Schwebebahn zu dem südlich über Chur am Nordabhang des Dreibündensteins

(2174 m) auf knapp 1600 m gelegenen Ferienhausdorf Brambrüesch. Der Ort ist bei den Churern als nächstgelegenes Skigebiet beliebt und eignet sich im Sommer auch als Ausgangspunkt für Wanderungen. Ähnliches gilt für Passugg am Austritt der Rabiusaschlucht, wo seit 1885 ein Kurhaus steht und ein bekanntes Mineralwasser abgefüllt wird. Per Auto oder Postbus führt die aussichtsreiche Talstraße weiter nach Praden und Tschiertschen.

Andeer Das Thermalbad mit seiner Kalziumsulfatquelle ist der größte Ort im Tal des Hinterrheins, das von der Autobahn N 13 zerschnitten wird und einiges von seiner Ruhe und Beschaulichkeit eingebüßt hat. Das behäbige Dorf hat aber, allem Tourismus und Durchgangsverkehr zum Trotz, sein geschlossenes Ortsbild bewahren können. Auffallend sind die stattliche Barockkirche von 1673 und das reich mit Sgraffiti geschmückte Haus Pedrun, das 1501 erbaut wurde. Von Andeer aus sind Ausflüge in die wilde, auf einem Steg zugängliche Roflaschlucht und zum grenzüberschreitenden Stauseen-System der Kraftwerke Hinterrhein empfehlenswert. Bei der zweiten Kehre der alten Straße durch die Rofla zweigt links der Weg ins Avers nach Juf ab.
Anfahrt: Auf der N 13 über Thusis und durch die Via-Mala-Schlucht oder auf der alten Talstraße ins Hinterrheintal per Pkw oder Postbus ab Thusis.
Auskunft:
Verkehrsbüro Andeer
7440 Andeer
Tel. 081/611877

Appenzell Hauptattraktion des Ostschweizer Dorfs mit 4800 Einwohnern ist die Landsgemeinde, zu der immer am letzten Sonntag im April die Einwohner des Kantons Appenzell-Innerrhoden zusammenkommen und ihre Regierung und ihren Richter wählen. Erst seit 1990 dürfen auch die Frauen an der Versammlung teilnehmen, die konservativen Schweizern als urtümliche Form eidgenössischer Demokratie gilt. Reizvoll ist die Appenzeller Landschaft (→ Der gute Tip S. 111): sanfte Hügel, die ansteigen bis zum 2500 Meter hohen Säntis, einem der beliebtesten Ausflugsziele der Ostschweiz.
Anfahrt: Über die Autobahn N 13 Richtung Bregenz; ca 75 km nördlich von Chur.
Auskunft:
Verkehrsbüro
Hauptgasse 19
Tel. 071/874111
Mo–Fr 9–12 und 14–17 Uhr,
Sa 9–12 Uhr
Hotel:
Romantikhotel Säntis
Tel. 071/878722
60 Betten: 2. Kategorie

Arosa Der auch für Familien geeignete Ferienort am Schanfigg, 30 km südöstlich von Chur, liegt windgeschützt und der Sonne zugekehrt am Talende zwischen dem Hörnli und dem Weißhorn. Der Kurort hat sich seit etwa Anfang des 20. Jh. aus einer im 14. Jh. begründeten Walsersiedlung entwickelt. Letzte Zeugen des bescheidenen Bergbauerndorfs sind einige wenige alte Häuser und vor allem die sehenswerte kleine Kirche von Inner-Arosa, erbaut 1492. Attraktivster Aussichtsberg, sommers und winters, ist das 2653 m hohe Weißhorn. Die wichtigste Zeit im Aroser Jahr ist der Winter; auf 1800 m Höhe bieten sich herrliche Möglichkeiten für jede Art von Wintersport: Eine große Zahl von Gondel-, Sesselbahnen und Skiliften befördert die Alpinfahrer in die Höhe. 75 km lang sind die Abfahrtspisten, 30 km lang die Langlaufloipen. Wunderschön sind auch Arosas Wanderwege (ca. 35 km), die selbst im Winter begehbar sind. Die Sommersaison ist dagegen zum Leidwesen des Tourismusgewerbes eher ruhig. Dabei eignet sich der Ort gut für längere und kürzere Bergwanderungen, die auch ohne alpinistische Ausrüstung zu bewältigen sind. Unter den Sommersportarten sind Golf, Reiten, Tennis und Angeln besonders beliebt. Der Kurverein organisiert Bergtouren und Wildbeobachtungen. Die Aroser Hotels, Pensionen und Ferienwohnungen bieten allen Komfort eines großen Ferienorts – im Sommer zu Preisen eines kleineren. Für (wohlhabende) Familien eignet sich das *Arosa-Kulm:* Hinter einem eher häßlichen Äußern verbergen sich alle Annehmlichkeiten, die man von einem Fünfsternehaus erwarten darf. Ruhige, rustikal ausgestattete Zimmer, oft mit herrlicher Panoramasicht. Kinderfreundlich ist das zentral gelegene, im Chaletstil erbaute Hotel *Astoria.* In der Gastronomie bieten zwei Betriebe Überdurchschnittliches: In der wunderschönen Arvenstube des Restaurants *Central* wird der Gast zuvorkommend mit ausgezeichneten Gerichten verwöhnt. Überraschend wohl assortiert ist die Weinkarte. Und wer italienische Küche mag, nimmt für das Restaurant *Stüva* (Trattoria Toscana) auch einen kleinen Umweg in Kauf.

Anfahrt: Arosa ist per Bahn vom Churer Bahnhofsvorplatz oder auf einer zum Teil engen Bergstraße in ca. 45 Minuten zu erreichen.

Auskunft:

Kurverein Arosa
Tel. 081/31 16 21
Fax 081/31 31 35

Hotel Arosa-Kulm
Tel. 31 01 31
Fax 31 40 90
250 Betten: 1./Luxuskategorie

Hotel Astoria
Tel. 31 13 13
Fax 31 44 76
56 Betten: 1. Kategorie

Restaurant Central
Hubelstr. 252
Tel. 31 02 52
(Reservierung empfehlenswert)
2. Kategorie

Stüva
Hotel Kulm
Tel. 31 01 31
Im Sommer geschl.
(Unbedingt reservieren!)
1. Kategorie

Bad Ragaz Die heilenden Wasser aus der Taminaschlucht waren schon im 11. Jh. bekannt; seit 1840 werden sie nach Ragaz geleitet, wo sich ein auf Kreislaufleiden und Rheumatismus spezialisierter Badebetrieb entwickelte. Hier kurte Rainer Maria Rilke und verfaßte an einem ruhigen Ort einen Gedichtzyklus: »Im Kirchhof zu Ragaz Niedergeschriebenes«. Die Quelle des lokalen Wohlstands, die Taminaschlucht, ist auch eine erstklassige Sehenswürdigkeit. Sie ist von Bad Pfäfers, rund eine Wegstunde von Ragaz (oder mit dem Autobus in wenigen Minuten), über einen in den dunklen Fels gesprengten Steg zugänglich. In Pfäfers, hoch über dem Rheintal gelegen und seit 1242 als Heilbad bekannt, sollte man einen Blick auf die frühbarocke Klosterkirche nicht versäumen. Sie ist als erstes Gotteshaus in der Schweiz nach dem sogenannten »Vorarlberger Schema« gebaut: eine Wandpfeilerhalle mit Emporen auf Doppelarkaden unter einem Tonnengewölbe. Die Kirche und die zugehörige ehemalige Klosteranlage, die heute als Psychiatrische Klinik dient, sind Neubauten eines der bedeutendsten und ältesten Klöster Rätiens, einer Benediktinerabtei, die schon um 740 gegründet wurde. Das Bädermuseum im alten Kurhaus läßt die Anfänge des Kurbetriebs lebendig werden (→ Der gute Tip S. 71).

In Bad Ragaz selbst verdient neben den Denkmälern des frühen Kurbetriebs (Quellenhof, Bad- und Trinkhalle) die Kapelle St. Leonhard besondere Beachtung. Unterhalb der 1437 von den Eidgenossen zerstörten Burg Freudenberg, nordwestlich des Ortes gelegen, wurde das kleine Gotteshaus 1410–12 neu gebaut und kurz darauf im Chor von einem italienisch geschulten Meister ausgemalt. Stil und Technik dieses Künstlers sind ohne Parallele in der Schweiz. Für die Kurgäste, die heute den Badeort im St. Galler Rheintal besuchen, ist der 1870 erbaute *Quellenhof* immer noch die erste Adresse. Das renovierte Fünfsternehotel liegt in einem schönen Park und verfügt über einen eigenen Golfplatz, über Bade- und Kureinrichtungen sowie ein Hallenbad. Von ähnlichem Zuschnitt ist das der klassischen Hotellerie verpflichtete *Grand Hotel Hof Ragaz.* Der Altbau war im 18. Jh. fürstäbtliche Statthalterei und zeitweilig auch Residenz der Äbte, bis 1841 der Umbau in ein Hotel erfolgte. Auch der »Hof« verfügt über einen eigenen Golfplatz, ein Hallenbad, Thermal- und Kureinrichtungen und einen schönen Park. An kulinarischen Extravaganzen sind Badegäste im allgemeinen wenig interessiert, aber sie mögen eine bekömmliche klassische Küche. Die gibt es zum Beispiel im *Restaurant Paradies,* das besonders seine Fischspezialitäten pflegt.

Anfahrt: Per Bahn oder Auto (Autobahn N 13). Nach Pfäfers führt von Ragaz aus eine steile, 15 km lange Bergstraße, auf der auch ein Postbus verkehrt.

Auskunft:

Kur- und Verkehrsverein
Bartholoméplatz 3
7310 Bad Ragaz
Tel. 085/91061
Fax 085/96290

Hotel Quellenhof
Tel. 901 11
Fax 962 46
200 Betten: 1./Luxuskategorie

Grand Hotel Hof Ragaz
Tel. 901 31
Fax 963 01
180 Betten: 1. Kategorie

Restaurant Paradies
Bidemstr.
Tel. 914 41
Mo, Di sowie Jan. und Feb. geschl.
(Reservierung empfehlenswert)
1. Kategorie

Disentis/Mustér Das Dorfbild von Disentis (rätoromanisch: Mustér = Münster) am Ende des Vorderrheintals auf einer Anhöhe über dem Zusammenfluß des Vorder- und des Medelserrheins gelegen, wird beherrscht von der mächtigen, etwas abseits stehenden *Benediktinerabtei* – die älteste der Schweiz. Die Gründung durch den Churer Bischof geht auf das Jahr 750 zurück. Nach der Zerstörung durch die Sarazenen wurde das Kloster Mitte des 10. Jh. wieder aufgebaut und entwickelte sich zum einflußreichen Klosterstaat Cadi (Casa Dei). Der Abt wurde 1213 Reichsfürst. Mitte des 17. Jh. begannen die Mönche mit einer barocken Neuplanung, doch fügten zwei Brände der Anlage schweren Schaden zu. Die zweitürmige Klosterkirche wurde 1712 nach Plänen von Caspar Moosbrugger vollendet und folgt dem Vorarlberger Schema. Im Innern des Gotteshauses sind mehrere Altäre (darunter der Castelbergaltar, eines der schönsten Frührenaissancewerke der Schweiz) und ein Régence-Chorgitter von 1737 sehenswert. Im Nordflügel des Konvents befinden sich eine Marienkirche mit mittelalterlichen Apsiden und das Klostermuseum mit einer bedeutenden kulturhistorischen Sammlung. Die Disentiser Mönche betreiben eine der bekanntesten Klosterschulen des Landes. Die katholische Pfarrkirche Sogn Gion (St. Johann Baptist) wurde 1643 als eine der größten Barockkirchen Graubündens erbaut. Der klassizistische Hochaltar stammt von 1810/1830. Bemerkenswert ist der geschnitzte Flügelaltar von 1489 in einer Vorkapelle. Das Dorf hat sich in den letzten zwanzig Jahren stark dem Tourismus geöffnet. Vor allem im Winter ist es ein beliebter, familienfreundlicher Ferienort, der zusammen mit Sedrun über ein abwechs-

lungsreiches Skigebiet verfügt. Als besondere Attraktion gilt eine Rennstrecke mit Selbstbedienungszeitmessung. Die Sommergäste kommen oft wegen des Sportzentrums mit Tennishalle und 17 Plätzen. Eindrücklich ist eine Paßfahrt über den Oberalp-Paß nach Andermatt im Kanton Uri oder eine Fahrt ins Tessin über den Lukmanier-Paß.
Anfahrt: Mit der Rhätischen Bahn oder per Auto 61 km durchs Vorderrheintal.
Auskunft:
Kur- und Verkehrsverein
Tel. 086/75822 und 74154
Sehr nützlich ist der aktuelle Veranstaltungskalender, der über Tel. 74641 abgehört werden kann.

Fläsch
Restaurant Zur Mühle →Der gute Tip S. 77

Flims Flem (wie der Ort auf romanisch heißt) liegt, mit herrlicher Aussicht über das Vorderrheintal, auf einem Schuttkegel des gewaltigsten späteiszeitlichen Bergsturzes der Alpen, der sich fast 500 m hoch über der Rheinschlucht türmt. Schon im 19. Jh. kamen Touristen in die beiden Ortsteile Flims-Dorf und Flims-Waldhaus. Sie genossen zunächst vor allem die tannenduftende Bergluft und entdeckten dann, 20 Minuten von Flims-Waldhaus, den lauschigen Cauma-See als Bademöglichkeit und eine Landschaft, die sich für geruhsame Spaziergänge ebenso eignet wie für lange Wanderungen. Später kam der Skisport hinzu, der sich in den letzten Jahren, in Verbindung mit dem Skigebiet des Nachbarortes Laax, stark entwickelte. In jüngster Zeit kam, wie in anderen Gemeinden der Umgebung, die Attraktion des Riverrafting (Wildwasserfahren mit Schlauchboot) in der wilden Rheinschlucht hinzu. Wer in Flims wandert, stößt überall auf die Folgen der eiszeitlichen Naturkatastrophe. Sehr eindrücklich sichtbar sind sie vom Cassons-Grat, einem rund 2600 m hohen, dem Trinser Horn (3028 m) vorgelagerten Bergrücken, der auch mit einer Luftseilbahn erreichbar ist. Ein Naturlehrpfad vermittelt nützliche Informationen. Sehr schön ist auch die mehrstündige Wanderung über mehrere Talstufen hinauf zum Segnes-Paß, am »Martinsloch« vorbei hinunter nach Elm im Kanton Glarus (→Zürich, Ziele in der Umgebung). Die wichtigste architektonische Sehenswürdigkeit in Flims-Dorf ist die reformierte Kirche, die zum ersten Mal im 9. Jh. erwähnt und 1512 neu erbaut wurde. Anfang des 18. Jh. wurde sie barockisiert. Ebenfalls bemerkenswert ist das Schlößli, ein vierstöckiger, innen reich mit Stukkaturen, Vertäfelungen und Kachelöfen ausgestatteter Bau mit Wohnturm von 1682. Heute dient er der Gemeindeverwaltung. Die Hotels haben eine lange Tradition und pflegen einen erstklassigen Service, so etwa das *Park-Hotel Waldhaus.* Oder sie bieten preiswerte Qualität wie das *Hotel Bellevue* im Dorf, das Passanten im Sommer besonders preisgünstig übernachten läßt. Die Bar ist in einem 400 Jahre alten Gewölbekeller eingerichtet.
Anfahrt: Flims liegt etwa 20 Autominuten von Chur entfernt (ca. 25 km westlich) auf einer Terrasse über dem linken Rheinufer. Der Ort ist mit dem Postbus oder mit dem Auto erreichbar.
Auskunft:
Kur- und Verkehrsverein
7018 Flims-Waldhaus
Tel. 081/391022
Fax 081/394308
Park-Hotel Waldhaus
7018 Flims-Waldhaus
Tel. 390181
Fax 392804
300 Betten: 2. Kategorie
Nov.–Mitte Dez. und Mitte April–Anfang Juni geschl.
Hotel Bellevue
7017 Flims-Dorf
Tel. 393131

Fax 391232
65 Betten: 3. Kategorie

Greina Keine andere Landschaft in Graubünden ist von so herber, urzeitlicher Melancholie geprägt wie die Plaun (Ebene) la Greina unterhalb des gleichnamigen Paßwegs, der vom Vorderrheingebiet, aus dem Val Sumvitg (deutsch: Somvix), ins Tessiner Bleniotal führt. Die Zweitagestour beginnt im Dorf Sumvitg, dem »obersten Dorf« (lat. summus vicus) des Vorderrheintals, oberhalb von Trun. Von dort erreicht man zunächst die alte Bittersalzquelle in Tenigerbad (1300 m Höhe), vorbei an den gewaltigen Froncia-Wasserfällen gelangt man in eine einsame Alpregion zwischen dem Gebirgszug des Piz Medel und der Adulagruppe. In der Terrihütte kann man übernachten. Vor der Paßhöhe (2357 m) breitet sich die ausgedehnte Schotterebene der Greina aus – ein Gebiet, fand die Elektrizitätsindustrie, ideal für einen Stausee. Doch dazu wird es zum Glück nicht kommen. Naturschützer aller Couleurs haben sich mit solcher Kraft für die Erhaltung dieses einmaligen Naturdenkmals eingesetzt, daß auf das Projekt verzichtet wurde. Die Tour über die Greina – und 34 andere in Gegenden, die von der Zerstörung bedroht sind – beschreibt der Journalist Jürg Frischknecht in seinem politisch engagierten Wanderbuch: »Wandert in der Schweiz, solang es sie noch gibt«, Zürich 1988.
Anfahrt: Mit dem Auto 48 km von Chur durch das Vorderrheintal. Von Sumvitg führt eine steile Straße ins Val Sumvitg. Sie ist befahrbar bis Run. Oder mit der Bahn bis Trun. Dort umsteigen ins Postauto.

Ilanz Der im Vorderrheintal, westlich von Chur am Flußufer gelegene Ort – romanisch: Glion – ist stolz auf seine Geschichte als »erste Stadt am Rhein«. Ilanz ist auch das Marktzentrum der früher weitgehend von der Viehzucht abhängigen Landschaft Surselva. Das malerische Städtchen wurde 765 erstmals erwähnt und erhielt 1289 das Stadtrecht. Im heutigen Unter-Ilanz ist die reformierte Kirche St. Margrethen sehenswert. Sie wurde um 1483 im gotischen Stil erbaut. Als Campanile dient seit 1438 ein ehemaliger Wohn- und Wehrturm. Im Innern Malereien mit ungewöhnlichen Todesdarstellungen. Der gotische Taufstein mit achteckiger Schale stammt von 1400, die polygonale Kanzel von 1669 und das reichverzierte Mittelstück der Orgel von 1760. Im Haus Schmid am reich mit Inschriften und Wappen geschmückten Obertor (1513/1717), kann man den Prunksaal von 1673 auf Voranmeldung hin besichtigen. In Ober-Ilanz befindet sich die ehemalige Talkirche Sogn Martin, die 765 erstmals bezeugt ist. Im 14. Jh. wurde der Bau zu einer dreischiffigen Säulenbasilika erweitert. Am romanischen Turm und im Innern des Gotteshauses sind Malereien aus dem 14. Jh. erhalten. Das Kirchenschiff ist mit einer Leistendekke aus dem 17. Jh. gedeckt, das Sterngewölbe im Chor geht auf das Jahr 1448 zurück. Bemerkenswert sind auch verschiedene Bündner Herrschaftshäuser wie die Casa Gronda (1677), in der der russische General Suworow Anfang Oktober 1799 auf seinem Gewaltmarsch durch die Alpen Quartier nahm. Auch in der Umgebung von Ilanz gibt es einige kunstgeschichtliche Sehenswürdigkeiten – zum Beispiel die alten Kirchen in den Bergdörfern des Val Lumnezia (Lugnez), das von Ilanz aus auf einer 22 km langen, schmalen Bergstraße erschlossen wird, oder das Valser Tal mit dem modernen Kurort Vals.
Anfahrt: Mit Auto oder Bahn, 32 km von Chur.
Auskunft:
Verkehrsbüro Ilanz
7130 Ilanz
Tel. 22070

Juf Ein paar von der Sonne schwarzgebrannte Holzhäuser, eines davon die Jugendherberge, dazu das Gasthaus Alpenrose und die Pension Edelweiß: Das ist, auf 2126 m, die höchstgelegene, ganzjährig bewohnte Siedlung Europas. Nirgendwo sonst zeigt sich die Abgeschiedenheit der alten Walser Siedlungen so deutlich wie hier, im Tal des Averser Rheins. Von der Abzweigung der Talstraße oberhalb von Andeer bis zur schluchtartigen Einmündung der Valle di Lei, hart an der italienischen Grenze, heißt das Tal Val Ferrera: gesprochen wird romanisch. Oberhalb der Talstufe im Avers besteht seit Jahrhunderten eine geschlossene alemannische Sprachinsel. Juf, wie der etwas tiefer liegende Nachbarort Cresta, ist bei Berggängern und Ruhesuchenden, das einfache Leben genießenden Touristen besonders beliebt. Mehrere sehr schöne Paßwanderungen sind möglich: über die Forcellina zum Septimerpaß, den schon die Römer benutzten, und von dort entweder nach Bivio an der Julierpaßstraße oder ins Bergell nach Casaccia. Ins Engadin, nach Maloja, gelangt, wer auf der Septimer-Paßhöhe, statt sich links oder rechts zu halten, weiter geradeaus zum Lunghin-See wandert. Etwas leichter als über den Septimer ist Bivio von Juf aus über den Stallerberg zu erreichen.
Anfahrt: Mit dem Auto von Chur (ca. 60 km) über Thusis und Andeer (N 13). Abzweigung auf der alten Straße im Aufstieg zur Roflaschlucht. Oder mit der Bahn bis Thusis und von dort mit dem Postauto (umsteigen in Andeer).
Auskunft:
Verkehrsverein Avers, Gruaba
7447 Cresta (Avers)
Tel. 081/63 11 67 und 63 11 15

Laax Vor zwanzig Jahren war Laax noch ein verschlafenes Bergbauerndorf mit wenigen Gasthöfen und einem kleinen See. Heute ist der Ort alles andere als eine Augenweide. Seine Umgebung ist verstellt mit Hotelneubauten und Apartmentburgen – ein typisches Produkt des Tourismusbooms nach dem Bau von Bergbahnen und Skipisten in der Gegend von Crap Sogn Gion und des 2900 m hohen Vorab-Gletschers. Das ganze Jahr ist hier Saison für Alpinskifahrer. Die »Weiße Arena«, wie die Fremdenverkehrspromotoren ihr etwa 100 qkm großes Skigebiet nennen, ist auch von Flims und Falera aus leicht erreichbar. Zu den Attraktionen des Dorfes gehört das Laaxer Tobel, das Teil der Rheinschlucht ist. Im Dorf sind noch einige alte Bauern- und Patrizierhäuser erhalten. Die barocke Pfarrkirche St. Otmar und Gallus baute 1675–78 der aus Roveredo im Misox stammende Domenico Barbieri als Saalkirche mit einem eingezogenen, rechteckigen Chor. In der alten Sennerei wurde ein *Heimatmuseum* eingerichtet.
Anfahrt: Mit dem Pkw über die N 13 bis Reichenau, dort rechts Richtung Flims, Laax oder mit dem Postbus ab Chur oder Ilanz (ca. 25 km westlich von Chur).
Auskunft:
Verkehrsbüro Laax
7031 Laax
Tel. 086/343 43
Fax 086/365 65
Heimatmuseum
Via Principala
Tel. 086/351 51 (Center Communal)
Jan.–15. April Di, Do 14–17 Uhr, Juli–Okt. 15–18 Uhr. Und nach Vereinbarung

Lenzerheide-Valbella Die Lage der beiden Dörfer auf einer bewaldeten, sonnendurchfluteten Hochebene am Heidsee auf 1500 m Höhe ist für einen Touristenort wie geschaffen. Lenzerheide (romanisch: Lai) und Valbella unmittelbar unterhalb der Paßhöhe Acl'Alva, über die der Autoverkehr Richtung Julierpaß und Engadin rollt, sind im Lauf der touristischen Erschließung ganz zusam-

mengewachsen. Als Baustil hat sich hier, allen lokalen Traditionen zum Trotz, das Chalet durchgesetzt. Skilifte und andere Bergbahnen erleichtern den Zugang zu den weitläufigen, nach Osten hin orientierten Hängen des Stätzerhorns und des Piz Scalottas sowie des gegenüberliegenden Parpaner Rothorns (2863 m). Wegen der vergleichsweise großen Zahl von Ferienwohnungen ist der Kurort im Sommer und Winter ein beliebtes Ziel für Familien. In Valbella steht, abseits von der Hauptstraße, auch eine gut eingerichtete Jugendherberge. Der Ort verfügt über einen Golfplatz, und das Verkehrsbüro organisiert neben den normalen Gästeaktivitäten auch regelmäßig Kinderprogramme. Im Nachbarort Vaz – über eine Nebenstraße, die rechts am südlichen Dorfrand abzweigt, erreichbar – ist die barocke, mit Fassadenmalereien geschmückte Kirche St. Luzius von 1680 sehenswert. Beachten Sie neben dem Eingang die beiden spätgotischen Flügelaltäre eines süddeutschen Meisters. Im Chor Darstellung der Legende des hl. Luzius. Bleibt man auf der Hauptstraße, die sich nun schon spürbar talwärts neigt, kommt man an der frühgotischen Kapelle St. Cassian vorbei – gegenüber sind frühmittelalterliche Bauten markiert – nach Lantsch (deutsch: Lenz) mit einer spätgotischen Saalkirche von 1505. Von kunstgeschichtlicher Bedeutung sind die Wandmalereien aus dem 14. Jh. und ein Flügelaltar von 1479.
Anfahrt: Mit dem Auto oder Postauto (ab Bahnhof Chur), 18 km südlich.
Auskunft:
Kur- und Verkehrsverein Lenzerheide-Valbella
7078 Lenzerheide/Lai
Tel. 081/343434
Fax 081/345383

Maienfeld Maienfeld ist ein reizendes kleines Städtchen in der sogenannten »Bündner Herrschaft«, dessen herrliche Lage inmitten von Rebbergen zum Verweilen bei einem Glas des vorzüglichen einheimischen Weins einlädt. Der Ort entwikkelte sich aus dem im karolingischen Reichsurbar erwähnten Königshof »curtis lupinis« und war einst von einem Mauerring mit drei Toren beschützt. Das heutige Dorfbild prägen Bürger- und Patrizierhäuser aus dem 16. und 17. Jh., von denen allerdings manche 1720 bei einem Brand zerstört und neu aufgebaut wurden. Beachten Sie das Rathaus, ein ehemaliges gotisches Wohnhaus mit achteckigem Treppenturm und einer bemalten Fassade, das 1589 umgebaut wurde, und, gegenüber, den gewinkelten Bau des sogenannten Brüggerhauses. Sehenswert sind auch die Schlösser Brandis und Salenegg. Das Schloß Brandis entstand nach 1250 aus einer mittelalterlichen Burg: Der Wohnturm, der zum Teil mit frühgotischen Malereien des Waltensburger Meisters (→ Waltensburg/Vuorz) – Wirtshausszenen und Episoden aus der Dietrichsage und dem Leben Simsons – geschmückt ist, zeugt noch davon. Oberhalb des Städtchens steht das Schloß Salenegg, heute ein privates Weingut, das seine jetzige Form im 17. und 18. Jh. erhielt. Hübsch ist die barocke Gartenanlage mit Eckpavillons, die durch Reblauben verbunden sind. Im Steigwald über Maienfeld steht zur Erinnerung an Johanna Spyris Romanfigur ein Heidi-Brunnen.
Auf dem Friedhof befindet sich das Grab des Schriftstellers John Knittel (1891–1970), dessen Roman »Via Mala« mehrmals verfilmt wurde.
Anfahrt: Mit der Bahn oder dem Auto, 19 km nördlich von Chur.
Auskunft:
Verkehrsverein Maienfeld
7304 Maienfeld
Tel. 085/92703

Mesocco Der Hauptort des Misox (Valle Mesolcina), des größeren der beiden Bündner Täler, die den Kanton mit dem Tessin verbinden, ist bis

heute von seiner Vergangenheit als strategisch wichtiger Vorposten geprägt. Südlich des Dorfes, auf einem von der Moesa umflossenen Felsen, steht die Ruine der größten Burg Graubündens, des Schlosses Misox (Castello Mesocco). Zunächst eine Volksburg, die den Bewohnern Schutz vor Überfällen bieten sollte, wurde die Anlage im 11. und 12. Jh. unter den Herren von Vaz systematisch ausgebaut. Die Kirche Santa Maria war ins Vorwerk der Festung einbezogen, die 1525 geschleift wurde. Ebenfalls sehenswert ist die Kirche Santa Maria del Castello mit einem sechsstöckigen romanischen Turm aus dem 11. Jh. Sie wurde 1627 erweitert und umgebaut. Die Malereien im Innern stammen aus dem späten 15. Jh. Über dem Dorf Grono, im unteren Teil des Tales, wo das Val Calanca einmündet, ist die Kirche Santa Maria di Calanca beachtenswert. Die Anlage wurde 1212 erstmals erwähnt und ist reich ausgeschmückt, unter anderem mit einer Holzdecke aus dem frühen 17. Jh.
Anfahrt: Mit dem Auto oder dem Postbus auf der N 13 über San Bernardino, ca. 110 km südlich von Chur.

Reichenau Das Dorf liegt in malerischer Lage am Zusammenfluß des Vorder- und Hinterrheins. Für die Schiffahrt ist hier Rheinkilometer 0. Im klassizistischen Schloß mit barokker Gartenanlage, 1616 errichtet und 1819 unter Ulrich von Planta umgebaut, produziert *Gian Battista von Tscharner* hervorragende Weine. Auf Voranmeldung empfängt er Weinfreunde. 1793 und 1794 versteckte sich hier der flüchtige Herzog von Chartres, besser bekannt als nachmaliger König Louis-Philippe von Frankreich, als Französischlehrer.
Anfahrt: Mit Bahn oder Auto, 9 km westlich von Chur.
Auskunft:
Gian Battista von Tscharner
Reichenaustr. 59
7015 Tamins
Tel. 081/371195
Fax 081/371895

Rheinschlucht Als Rheinschlucht wird der rund 15 km lange Durchbruch des Vorderrheins durch die Massen des eiszeitlichen Flimser Bergsturzes bezeichnet. Das wilde, tiefe und oft enge Tobel bietet eine großartige Szenerie: Erosionsanrisse mit steilen Graten wechseln mit Schuttkegeln, um die sich der Fluß herumzwängen muß, und erlenbestandenen Aueninseln. Den besten Einblick in den »Rhein-Canyon« gewinnt man von einem Punkt nordöstlich des Dorfes Versam (an der Straße von Bonaduz nach Ilanz) oder bei den Höfen von Conn (Fußweg von Flims-Waldhaus). Noch eindrücklicher ist es natürlich, die Schlucht vom Wasser aus zu erleben. Auskunft über geführte Schlauchbootabenteuer gibt es bei den Verkehrsbüros der Umgebung und an den Bahnhöfen der Schweizerischen Bundesbahnen.

Sargans → Der gute Tip S. 61

Savognin Das alte Dorf an der Julier-Straße, Hauptort des Oberhalbsteins, bestand einst aus drei deutlich voneinander getrennten Ortsteilen. Heute, da der Ort vom Tourismusboom, der Anfang der 70er Jahre begann, zu großen Teilen verschandelt ist, ist die ursprüngliche Struktur wenigstens noch an den drei Kirchen aus dem 17. Jh. zu erkennen. Am bemerkenswertesten erscheint St. Martin, das höchstgelegene der drei Gotteshäuser, wegen der reichen malerischen Ausschmükkung durch Carlo Nuvolone von 1681. Einer der bekanntesten Maler Graubündens, der Italiener Giovanni Segantini, lebte und arbeitete von 1886–94 in Savognin. Zur Erinnerung an ihn zeigt die Sala Segantini gelegentlich Gemäldeausstellungen. Sehenswert ist auch das volkskundli-

che Museum in einem typischen Oberhalbsteiner Bauernhaus. Doch die meisten, die nach Savognin kommen, wollen Ski fahren. So gibt es hier tatsächlich 80 km Skipisten. Von der kleinen Alpsiedlung Radons (Seilbahn) führt ein Fußweg hinüber ins Val Ferrera.
Anfahrt: Mit dem Auto oder Postauto über Lenzerheide und Tiefencastel, per Bahn von Chur, Postauto ab Tiefencastel (ca. 30 km südlich von Chur).
Auskunft:
Verkehrsbüro Savognin
7460 Savognin
Tel. 081/742222
Fax 081/742821

Sedrun Das kleine, hinter Disentis gelegene Dorf, romanisch Tujetsch, ist der Hauptort des Tavetsch. Es ist ein beliebter Sommer- und Wintersportort – ideal für Familien und Leute, die sich auch ohne allen touristischen Glitzerkram gut erholen können. Die Sedruner bemühen sich aktiv, im Dorf ihre rätoromanische Kultur wieder stärker zu betonen. Geschäfte und Gasthäuser firmieren seit einiger Zeit nicht mehr deutsch, sondern romanisch. Das Skigebiet zieht sich über den Oberalp-Paß bis nach Andermatt hinüber. Im Sommer lassen sich herrliche Wanderungen machen, zum Beispiel eine Tour über den Krüzlipaß ins Maderanertal im Kanton Uri oder auf den Piz Pazzola.
Anfahrt: Mit dem Auto oder dem Postbus über Disentis/Mustér (ca. 67 km westlich von Chur).
Auskunft:
Verkehrsverein Sedrun
7188 Sedrun
Tel. 086/91515

Senda Sursilvana Das Dorf Ruschein, eine Postautoviertelstunde von Ilanz entfernt und der Überlieferung nach eine bronzezeitliche Fruchtbarkeitskultstätte, ist Ausgangspunkt für Wanderungen auf der 90 km langen Senda Sursilvana, dem Höhenweg über dem Vorderrheintal bis zur Oberalp-Paßhöhe. In den Dörfern am Weg findet man im Sommer und Herbst problemlos Unterkunft. Der Weg kann in beliebige, bequeme Etappen eingeteilt werden. Wer müde ist, steigt in den Postbus oder in die Bahn. Informationen sind beim Verkehrsverein Graubünden (→ Auskunft) erhältlich.

Splügen Der Ort am Fuße des Splügen- und des San-Bernardino-Passes im Rheinwald, der obersten Talstufe des Hinterrheins, hat seinen Charakter als typisches Walser Bergdorf bewahren können. Wie sehr die Lage an zwei Pässen Wohlstand nach Splügen brachte, zeigen die stattlichen Berg- und Herrenhäuser. Der Ort wird als Sommer- und Winterkurort rege besucht. Sehenswert ist das Bodenhaus, das 1722 als Herrenhaus erbaut und im 19. Jh. zum Hotel umfunktioniert wurde. Neben der Brücke steht das Doppelhaus Schorsch-Albertini, um 1719 errichtet. Im Haus Schorsch am Platz (erbaut 1716) befindet sich das *Heimatmuseum Rheinwald.* Von Splügen aus kann man eine Fahrt über den Splügenpaß nach Chiavenna in Italien machen. Wanderern sei die rund zweieinhalbstündige Tour zu den drei Suretta-Seen (2266 m) empfohlen.
Anfahrt: Per Auto oder Postbus von Chur über die N 13 (San-Bernardino-Paß) oder per Bahn nach Thusis und weiter mit dem Postbus (ca. 45 km südwestlich von Chur).
Auskunft:
Verkehrsverein Splügen/Rheinwald
7435 Splügen
Tel. 081/621332
Fax 081/621826
Heimatmuseum Rheinwald
Oberdorfplatz 65
Jan.–Mitte April, Juli–Mitte Sept. Mitte–Ende Dez. Di, Do 15–17 Uhr

Tiefencastel An der Kreuzung zwischen Lenzerheide im Norden, dem Julierpaß im Süden und dem Albulapaß im Südosten, beim Zusammenfluß von Julia und Albula, liegt der alte Verkehrsknotenpunkt Tiefencastel. Von ihrem erhöhten Standort auf einem Felssporn aus beherrscht die barocke, 1660 vollendete, kreuzförmige Saalkirche das Dorfbild. Der reiche Innenschmuck stammt von Künstlern aus dem Misox, den Hochaltar gestaltete 1655 ein Tiroler Meister.
Wer sich für Kunstdenkmäler interessiert, sollte, etwas unterhalb von Tiefencastel am östlichen Eingang zur Schinschlucht, nicht versäumen, die Kirche von Mistail zu besichtigen. Das Gotteshaus aus karolingischer Zeit ist eines der ältesten erhaltenen Bauwerke in Graubünden. Der Bau gehörte zu einem Frauenkloster, das schon im 11. Jh. aufgehoben wurde. Er ist exemplarisch für die rätische Kirchenarchitektur des späten 8. Jh.: eine einschiffige Anlage mit drei Apsiden. Im Innern Fresken aus dem 14. und 15. Jh. (Wenn die Kirche geschlossen ist, können Sie nach dem Schlüssel im Bauernhaus nebenan fragen.)
Statt auf der neuen Julierstraße ins Oberhalbstein (romanisch: Surses) zu fahren, lohnt es sich, dem alten linksseitigen Weg durch die Dörfer Mon (sehenswert ist dort eine barokke Saalkirche und, unterhalb des Dorfs, hoch über der Julia, eine frühromanische Saalkirche mit Wandmalereien), Salouf (spätgotische Kirche mit Sterngewölbe und geschnitztem Flügelaltar) und Riom (barocke Kirche und, unterhalb des Dorfs, Ruine der Burg Ream aus der Zeit um 1200) bis nach Cunter zu folgen. Von Mon aus ist zudem ein Abstecher nach Stierva (spätgotische Kirche) empfehlenswert.
Anfahrt: Per Bahn von Chur über Thusis, mit dem Auto und Postauto über Lenzerheide (ca. 20 km südlich von Chur).

Auskunft:
Verkehrsverein Tiefencastel
7450 Tiefencastel
Tel. 081/71 12 72

Tomasee Auf einem schmalen Fußweg von Tschamut aus, dem letzten Weiler im Tavetsch, über karge Alpweiden und an Felsabstürzen vorbei erreichen geübte Bergwanderer auf 2345 m Höhe die Quelle des Rheins. »Rheinursprung, 1320 km bis zur Mündung«, heißt es auf einem Stein neben dem kleinen Tomasee. Kaum zu glauben, daß das winzige Bächlein, das von hier talwärts rauscht, zu einem der mächtigsten Ströme Europas wird. In ihm vereinigen sich alle den Nordabhang der Alpen entwässernden Flüsse, darunter die aus dem Berner Oberland kommende Aare und die Reuß aus dem Gotthardgebiet. Aus dem riesigen Wasserschloß der Alpen gewinnt die Schweiz rund die Hälfte ihrer Elektrizität. Speicherseen, sinnreich miteinander verbunden, sammeln die Energie. Die Energiewirtschaft möchte weitere Alpentäler zu Staubecken machen und mit Hilfe überschüssigen Atomstroms vollpumpen. Doch dagegen regt sich seit einigen Jahren Widerstand (→ Greina).
Anfahrt: Mit dem Auto oder der Bahn von Chur bis Disentis und weiter per Auto oder Postauto bis Tschamut (ca. 70 km westlich von Chur).

Trun Das Dorf am Vorderrhein hat in der Geschichte Graubündens eine wichtige Rolle gespielt. Unter dem Ahorn vor der St.-Anna-Kapelle am Ortseingang rechts wurde 1424 von den Talschaften des Vorderrheins der »Graue Bund« geschlossen. Die kleine Kirche, 1704 errichtet, hat einen Polygonalchor und eine toskanische Vorhalle. Die Fresken stellen die Gründung des Grauen Bundes und seine letzte Erneuerung 1778 dar. Die Bundesversammlungen fanden am Westende des Dorfes, im

Landrichtersaal des Disentiser Hofes, statt. In dem Gebäude, heute Cuort Ligia Grigia genannt, ist das Oberländer Talmuseum (Museum Sursilvan) untergebracht.
Anfahrt: Per Bahn oder mit dem Auto, 49 km südöstlich von Chur durchs Vorderrheintal.
Auskunft:
Uniun da traffic
7166 Trun
Tel. 086/81410

Vals Auf 1200 m liegt das moderne Thermalbad Vals (gipshaltige Quellen) im gleichnamigen Tal. Der Ort hat trotz seiner touristischen Erschließung seinen ländlichen Charakter weitgehend bewahren können. Am pittoresken Dorfplatz steht die Kirche St. Peter und Paul aus dem Jahre 1646. Der bemerkenswerte Hochaltar im Innern, entstanden um 1749, zeigt im Tabernakel eine geschnitzte Abendmahlsszene. In der Marienkapelle sind Rokokofiguren (um 1740) am Nepomukaltar und ein spätgotischer Flügelaltar aus dem frühen 16. Jh. zu bewundern. Sehenswert ist auch das *Gandahaus,* mit einer heimatkundlichen Sammlung zur Geschichte der Walser Bauernkultur. Die ersten Walser, die das Tal im 14. Jh. besiedelten, kamen über den Paß des Valserbergs (2504 m). Der Weg ist immer noch begehbar und führt nach Hinterrhein, ins oberste Dorf im Rheinwald (Hinterrheintal). Es gibt ohnehin zahlreiche Möglichkeiten, von Vals aus Wanderungen zu unternehmen. Eine geht über den Tomülpaß nach Thalkirch im Safiental. Bequemer ist ein Ausflug zum Zervreila-Stausee, 8 km oberhalb des Dorfes.
Anfahrt: Mit dem Auto über Ilanz oder per Bahn bis Ilanz und weiter mit dem Postauto (ca. 50 km südwestlich von Chur).
Auskunft:
Verkehrs- und Kurverein Vals
7132 Vals
Tel. 086/51242

Gandahaus
Alfred Rieder
15. April–15. Okt. Di und Fr 14 Uhr (Führungen, Treffpunkt beim Verkehrsbüro) oder nach Vereinbarung

Via-Mala-Schlucht → Der gute Tip S. 104

Waltensburg/Vuorz Berühmt ist der Ort über dem Vorderrheintal an der Senda Sursilvana vor allem wegen der wunderbaren Wandmalereien in der um 1100 erbauten Kirche. Das Gotteshaus wurde später umgebaut und erhielt einen eingezogenen quadratischen Chor. Die Fresken stammen vom sogenannten Waltensburger Meister, einem Vertreter der höfischen Frühgotik. Er wirkte vor allem im Gebiet der bündnerischen Freiherren von Vaz, Rhäzüns und Belmont. Typisch für den Künstler ist die streifige Einteilung der Malfläche, wobei die beiden äußeren Streifen meist charakteristische Teppichmuster aufweisen.
Eine halbe Stunde Fußmarsch östlich des Dorfs steht die Ruine der Burg Jörgenberg. Diese größte Burganlage des Bündner Oberlands entstand aus einem frühmittelalterlichen Kirchenkastell. Unterhalb der Straße nach Brigels verdient außerdem die Ruine Kropfenstein, eine dreigeschossige Höhlenburg aus dem 12. Jh., Beachtung. In Waltensburg steht auch die *Usteria Ucliva,* das erste alternative Hotel der Schweiz, ein familienfreundlicher Betrieb, der konsequent nach ökologischen Grundsätzen geführt wird und deshalb von den Gästen Gemeinschaftssinn erwartet.
Anfahrt: Per Bahn bis Ilanz, dort umsteigen ins Postauto, oder per Pkw, Abzweigung rechts 7 km hinter Ilanz auf der Hauptstraße durch das Vorderrheintal.
Auskunft:
Uniun da traffic Vuorz/Andiast
7158 Vuorz
Tel. 086/41088

Usteria Ucliva
Tel. 42242
3. Kategorie

Werdenberg → Der gute Tip S. 54

Zillis Das Dorf, romanisch: Ziràn, im Schams (Hinterrheintal) ist vor allem wegen seiner Martinskirche und ihrer romanischen Bilderdecke – der ältesten bemalten Kirchendecke der Welt! – berühmt (→ Der gute Tip S. 63). Um 500 befand sich an der Stelle der Kirche ein frühchristlicher Kultbau, der um 800 durch eine karolingische Dreiapsidenkirche ersetzt wurde. Um 1130 wurde ein romanischer Neubau erstellt, von dem Langhaus und Turm erhalten sind. Die talseitige Mauer schmückt ein über 6 m hoher Christophorus (um 1300).
Lohnend ist in Zillis allerdings auch ein Besuch des *Schamser Talmuseums,* wo eine reichhaltige heimatkundliche Sammlung zu besichtigen ist.
Anfahrt: Mit dem Postbus oder dem Auto auf der N 13 (ca. 30 km südlich von Chur).
Schamser Talmuseum
(Neben der Kirche)
Juli/Aug. 10–12 Uhr, 14–17 Uhr; Sept. So 10–12 und 14–17 Uhr oder auf Voranmeldung (Tel. 081/611419)

Davos

Das Zentrum der mit 255 Quadratkilometern größten Gemeinde der Schweiz, die bezeichnenderweise nicht einfach Davos – allen anderslautenden Gewohnheiten zum Trotz »Dafoos« ausgesprochen! –, sondern »Landschaft Davos« heißt, ist längst kein Kurort mehr, sondern eine richtige Stadt. Smog inklusive. Zum Glück für das Tourismusgewerbe hängen die Abgase jedoch vor allem über der langen Promenade, der Hauptstraße, die die Ortsteile Davos-Dorf und Davos-Platz verbindet. Nur selten vertreibt ein kräftiger Wind vom weiten, geschützten Talboden des Landwassertals den Gestank der Autokolonnen, so daß die Erinnerung an den einstigen hochalpinen Lungenkurort ein bißchen lebendig wird. Städtisch sind auch die Apartmenthäuser aus den sechziger und frühen siebziger Jahren, die vor allem die Gegend um die Einmündung der Flüela-Straße verstellen. Dennoch gehört Davos mit seiner Umgebung immer noch zu den ersten Adressen im alpinen Touristenzirkus – vor allem im Winter. Der Aufstieg begann 1865, als die ersten Fremden in dieser Landschaft Quartier nahmen. In den achtziger Jahren des vorigen Jahrhunderts wurde dann der heilende Einfluß der Bergluft auf Lungenkrankheiten, vor allem Tuberkulose, entdeckt. Das lockte zunächst wohlhabende Heilungsuchende und später massenhaft Krankenscheinkurgäste aus den Städten an. Es entstanden zahlreiche Sanatorien, »die vor lauter Balkonlogen von weitem löchrig und porös« wirken – geradezu »wie ein Schwamm« (so Thomas Mann im Anfangskapitel des Davos-Romans »Der Zauberberg«). Auch Erich Maria Remarque beschrieb das Tbc-Milieu (in: »Der Himmel kennt keine Günstlinge«).
Schon 1899 wurde die Standseilbahn zur Schatzalp (1861 m) eröffnet. Als der Skisport aufkam, waren Davoser Hoteliers unter den ersten, die die neuen Möglichkeiten nutzten. 1934 nahmen sie den Balgen-Skilift in Betrieb, den ersten in der Schweiz. Und 1936 wurde der sagenhafte Parsenn-Dienst gegründet, der bis heute zu den besten Pisten- und Bergrettungsdiensten der Welt gehört. Doch es gab auch Rückschläge: Lawinen begruben unvorsichtig in gefährdete Hänge gebaute Häuser, zermalmten Ställe und Vieh. Das Schneeforschungsinstitut auf dem Weissfluhjoch wurde eine der führenden wissen-

schaftlichen Institutionen auf seinem Gebiet. Seine Experten interpretieren die Schneelage im ganzen Alpenraum und veröffentlichen im Winter regelmäßig Lawinenbulletins. Nach dem Ende des Heilstättenbooms nutzte Davos sein Renommee als umfassend organisierte Skistation zur Förderung des Kongreßtourismus. Im modernen Kongreßzentrum am Fuß der Ski- und Wanderberge tagen nicht nur gern Ärzte und Ärztinnen aller Disziplinen. Seit 1972 helfen Staatsmänner und Wirtschaftsführer aus aller Welt, mit dem »International Management Forum« das Januarloch zu überbrücken. Die heutigen Zelebritäten setzen die von Anfang an wohldotierte Davoser Gästeliste fort, die im vorigen Jahrhundert mit Leuten wie Robert Louis Stevenson, Sir Arthur Conan Doyle und Christian Morgenstern begann. Der expressionistische Maler Ernst Ludwig Kirchner, einer der Gründer der Künstlergruppe »Die Brücke«, lebte seit 1917 in Davos und schied hier 1938 freiwillig aus dem Leben. Auch gänzlich unerfreuliche Gestalten wählten das Landwassertal zu ihrem Wohnsitz. Zum Beispiel der Landesgruppenführer der NSDAP Wilhelm Gustloff. Er wurde am 4. Februar 1936 von dem jüdischen, in Bern immatrikulierten Studenten David Frankfurter in seinem Haus erschossen.
Für Sportfreunde stehen heute im Winter 55 Bergbahnen und Skilifte zur Verfügung. Am schönsten ist im Hochwinter die rund 18 Kilometer lange Abfahrt nach Küblis. Im Sommer sind im Zentrum Mittelbündens mit Verbindungen ins Engadin und ins Schanfigg 450 Kilometer Wander- und Bergwege offen.

Karte → Umschlag hinten

Auskunft
Kur- und Verkehrsverein Davos
Promenade 67
7270 Davos
Tel. 081/452121
Fax 081/452100

Bergbahnen
Am bekanntesten ist die 1932 in Davos-Dorf eröffnete *Parsennbahn* zum Weissfluhjoch, mit einfachen Skipisten im Winter und herrlichen Wanderwegen im Sommer. Eine Luftseilbahn führt weiter zum Weissfluhgipfel (2817 m).
In Davos-Platz befindet sich die Talstation der Standseilbahn auf die *Schatzalp* mit einer Fortsetzung zur Strela (2360 m) sowie der Luftseilbahn *Jakobshorn* (2590 m) mit Verbindung zum *Brämabüel* (2473 m). Die Skipisten auf dem sonnigen Jakobshorn sind mittelschwer, im Brämabüel anspruchsvoll. Das Brämabüel ist der Treff der Snowboardszene. Hier gibt es auch einige schöne Bergrestaurants. Im Flüelatal befindet sich die Luftseilbahn auf die *Pischa* (2485 m) mit einfachen Pisten an sonniger Südwestlage. Die Bergbahn ist mit dem Bus (Abfahrt gegenüber Parsenn-Talstation) oder dem Auto erreichbar. Das *Rinerhorn* in Davos-Glaris ist der Berg der Einheimischen und hat das schönste Bergrestaurant.

Essen und Trinken
Bündnerstübli In der Arvenholzstube, an den langen Schiefertischen, schmecken die Bündner Spezialitäten hervorragend.
Dischmastr. 8
Tel. 463393
Mittags, Mo sowie Mai/Juni und Nov. geschl.
(Unbedingt reservieren)
1. Kategorie
Davoserhof In der wunderschönen Jenatschstube und dem holzgetäfelten Davoserstübli gibt es köstlich zubereitete traditionelle Küche.
Am Postplatz
Tel. 436817
Im Sommer Mo und 15. April bis 15. Juni geschl.

Der gute Tip von MERIAN

Museum:

Ernst-Ludwig-Kirchner-Museum Über 500 Bilder und Skizzen des großen Expressionisten, der 1917 aus gesundheitlichen Gründen nach Davos zog, sind hier zu bestaunen (→S. 72).

Nachtleben:

Cabanna und Carlo's Café Américain Auch wenn das Nachtleben von Davos nicht gerade aufregend ist, in der Disko »Cabanna« und in dem weniger turbulenten »Carlo's Café Américain« gegenüber ist, zumindest im Winter, immer was los (→S. 100).

Außerhalb:

Alte Post in Klosters Räucherlachs und Gänseleber aus eigener Produktion sind nur zwei der Köstlichkeiten, die den Ruf dieses Feinschmeckerlokals begründet haben (→S. 82).

(Reservierung notwendig)
1. Kategorie

Hubli's Landhaus Ausgezeichnete Fisch- und Fleischgerichte.
Kantonsstraße
Davos-Laret
Tel. 462121
Sommer Mo abends sowie 15. April bis 15. Mai und 15. Nov.–15. Dez. geschl.
1. Kategorie

Zauberberg Für Leute, die auch in den Bergen nicht auf chinesische Küche verzichten wollen.
Im Hotel »Europe«
Promenade 63
Tel. 431167
Tgl. 18–24 Uhr, Mai geschl.
(Reservierung empfehlenswert)
1. Kategorie

Hotels

Alte Post Zentral gelegenes, mittelgroßes Haus.
Tel. 435403
Fax 435125
34 Betten: 2. Kategorie

Berghotel Schatzalp Die Schatzalp liegt auf 1800 m über dem Dorf, in absolut ruhiger Lage im Wald. Einziges Hotel der Gegend mitten im Ski- und Wandergebiet. Zimmer mit herrlichem Blick auf die Berge. Erreichbar mit Davos-Schatzalp-Bahn ab Davos-Platz (Garagen und Gepäckdienst an der Talstation; Zufahrt zum Hotel nur im Sommer möglich).
Tel. 441331
Fax 431344
173 Betten: 1. Kategorie

Brauerei Einfaches Hotel in zentraler Lage. Alle Zimmer mit Bad.
Tel. 461488
20 Betten: 3. Kategorie

Davoserhof In zentraler Lage mit ausgezeichnetem Restaurant (cuisine du marché).
Tel. 436817
Fax 431614
41 Betten: 1./2. Kategorie

Post Frauenkirch Einfaches Hotel in einem wunderschönen Haus. Alle Zimmer mit WC. Sehr gutes Restaurant.
Tel. 436104
30 Betten: 2. Kategorie

Steigenberger Belvedere Das Hotel in der Nähe des Kurparks und des Eisstadions ist zentral gelegen und kinderfreundlich.

Tel. 441281
Fax 431171
238 Betten: 1. Kategorie

Kirchen
Die englische Kirche *St. Luke* entstand 1882/83 nach Plänen eines Londoner Architekten. Im neuen Heimatstil wurde die katholische Kirche *Herz Jesu* 1915 erstellt. Die reformierte Pfarrkirche, ursprünglich *St. Johann Baptista,* wurde wahrscheinlich um 1280 errichtet und später erweitert und umgebaut. Die Glasfenster (1929) im Chor malte Augusto Giacometti. Die reformierte Kirche *St. Theodul* wurde 1466 erstmals erwähnt. Im Innern Tauf- und Abendmahlstisch von 1974. Im Erdgeschoß des Turms spätgotische Fresken aus der Zeit um 1500.

Medizinische Hilfe
Spital
Tel. 081/441212
Ambulanz (Express-Taxi)
Tel. 081/471111

Museen
Ernst-Ludwig-Kirchner-Museum
→ Der gute Tip S. 72
Heimatmuseum Möblierte Interieurs der Bauern und Patrizier der Landschaft Davos, dazu landwirtschaftliche Gerätschaften, Dokumente zu Verkehr und Sport, Jugendstilraum.
Altes Pfrundhaus, Davos-Dorf
Jan.–April, Juni–Okt., Ende Dez.
Mi, So 16–18 Uhr

Nachtleben
Cabanna und **Carlo's Café Américain** → Der gute Tip S. 100

Öffentliche Verkehrsmittel
Die Autobusse in Davos verkehren alle 15 bis 20 Minuten. Es lohnt sich, die öffentlichen Verkehrsmittel zu benutzen, da die Straßen in Davos oft verstopft sind. Im Winter gibt es täglich Kutschenfahrten (Standplatz Bahnhof Davos-Platz).

Polizei
Gemeindepolizei
Berglistutz 1
Tel. 443311
Kantonspolizei
Promenade 85
Tel. 437622

Post
Die Davoser Hauptpost befindet sich am Platz 1. Hier stehen auch öffentliche Telefonzellen zur Verfügung.
Tel. 435915

Sehenswürdigkeiten
Das alte *Gemeindehaus* an der Jürg-Jenatsch-Straße in Davos-Dorf wurde 1634 vom Bündner Politiker Jürg Jenatsch (→ Chur) erbaut. Seine Fassade zieren verschiedene Wappen. Das *Postgebäude* in Davos-Platz, wo sich das Ernst-Ludwig-Kirchner-Museum befindet, ist mit Sgraffiti geschmückt. Im *Rathaus,* von Hans Ardüser 1564 erbaut, verdient die »Große Stube«, der Repräsentationsraum des Zehngerichtebundes, Beachtung. Sehenswert ist auch das *Alexanderhaus* von 1907, ein typischer Sanatoriumsbau. Von den modernen Bauten ist die *Eishalle* von 1979, ein Zentralbau aus Holz mit Kreuzfirst, besonders gut gelungen. Das altehrwürdige Eisbahngebäude, ein hölzernes Denkmal aus der frühen Tourismuszeit, wurde im August 1991 ein Raub der Flammen. Zu den Sehenswürdigkeiten gehören auch verschiedene alte Kirchen in den andern Orten der Landschaft Davos, etwa in Frauenkirch, Glaris und Sertig-Dörfli.

Sport
Sport in jeder Form wird in Davos großgeschrieben: im Winter alle Arten des Skisports alpiner und nordischer Richtung, dazu Schlitteln (Rodeln) und alle Eissportarten (Eislaufen, Eisschnellauf, Curling, Eisstockschießen) auf der weltberühmten Natureisbahn. Zudem stehen Tennishallen, eine Reithalle und Hal-

lenbäder zur Verfügung sowie 80 km gepfadete Spazierwege; im Sommer zusätzlich ein Freibad und das Strandbad am 0,6 qkm kleinen Davoser See. Der lädt nicht nur zum Bade, sondern auch zum (bescheidenen) Surfen und Segeln. Aber auch Eislaufen (auf Kunsteis in einer Halle), Fußball, Leichtathletik, Golf und Minigolf sowie Angeln, Gleitschirmfliegen und Tontaubenschießen gehören zum Sportangebot. Davos verfügt ferner über eine Bergsteigerschule mit eigenem Klettergarten und über eine Sommerschlittelbahn. Informationen über alle Sportaktivitäten sind beim Kurverein erhältlich (→Auskunft). Auch Golfspieler kommen auf ihre Kosten, es gibt einen 18-Loch-Golfplatz (Tel. 465634 und 465271).

Skischule:

Schweizer Skischule Davos Alpin Ski, Langlauf, Snowboard.
Promenade 83
Tel. 081/437171
Fax 081/462454

Wanderungen

Sehr eindrücklich und bergsteigerisch anspruchslos, aber ein wenig Ausdauer erfordernd sind die Paßwanderungen über die alten Übergänge in die Nachbartäler. Sehr schön ist zum Beispiel der Weg durch das langgezogene Dischmaltal, das mittlere der drei südlichen Nebentäler der Landschaft Davos. An seinem Ende bei Dürrboden, mit dem herrlichen Panoramablick auf den Piz Grialetsch und seine Nachbarberge, beginnt der Anstieg zum Übergang ins Engadin. Der Scaletta-Paß (2606 m), ein alter Säumerweg, führt ins Val Susauna und beim gleichnamigen Dorf auf die Engadiner Talstraße. Lieblicher ist das parallel zum Dischmaltal verlaufende, bei Frauenkirch beginnende Sertigtal mit dem alten Sertig-Dörfli. Auf der rechten Seite des Landwassertals, oberhalb von Frauenkirch, führt eine angenehme Route über die Maienfelder Furka nach Arosa (→Chur, Ziele in der Umgebung).

Ziele in der Umgebung

Albulabahn So kühn und ingeniös wie die Albulastrecke der Rhätischen Bahn ist sonst keine Alpenbahn in die Landschaft gebaut. Ab Chur sind es 125 km bis St. Moritz – eine Trasse, die die Bündner Bahnpioniere vor und nach der Jahrhundertwende mit großer Sorgfalt in die Landschaft legten, getreu der Maxime des österreichischen Bergbahnpioniers Carl Ritter von Ghega, des Erbauers der Semmeringbahn: »Eine Bahnlinie, die ihre Landschaft nicht schmücket, mag wohl als praktisch gelten können, aber Vollendung wird ihr der Betrachter nicht zugestehen.« Über elegante, gewölbte Brücken – die schönste und größte: das 90 m hohe, aus Bruchstein gemauerte Landwasserviadukt zwischen Alvaneu und Filisur –, über Rampen und durch Dutzende von Tunnel, manche wendeltreppenartig als Kehrtunnel in den Berg gebohrt, winden sich die Züge durchs Albulatal, vom 851 m hohen Tiefencastel (→Chur, Ziele in der Umgebung) bis auf 1789 m zum Eingang des Albulatunnels in Preda. Die Steigung beträgt zum Teil bis 35 Prozent. Die Fahrt auf der seit 1922 elektrifizierten Albulabahn ins Engadin ist auch jenen Automobilisten zu empfehlen, denen Bahnfahren gewöhnlich als zweifelhaftes Vergnügen erscheint. Für besonders Interessierte ist oberhalb von Bergün ein bahnhistorischer Lehrpfad markiert.

Anfahrt: Von Davos per Bahn bis Filisur; dort umsteigen.

Bergün Das wunderschön erhaltene Bergdorf – romanisch: Bravuogn – im Albulatal wird vor allem von

Bergsteigern und Familien besucht. Im Ortsbild dominieren stattliche Häuser im Engadiner Stil. In der Mitte des Dorfes ein mittelalterlicher Meierturm aus dem 12. Jh., dessen barocke Haube alle andern Gebäude überragt. Aus der gleichen Zeit wie der Turm stammt die reformierte Kirche. Um 1500 wurde das Gotteshaus vergrößert und, wohl von einem lombardischen Künstler, im Innern mit Wandmalereien geschmückt. Besiedelt war Bergün schon in der Bronzezeit. Ein kleiner Abstecher führt, am rechten Talhang entlang, nach Stugl (deutsch: Stuls) mit einer innen und außen mit Fresken aus dem 14. Jh. geschmückten Kirche. Besonders eindrücklich ist die Darstellung vom Drachenkampf des hl. Georg. In Latsch, zwischen Bergün und Stugl, befindet sich ein schönes, kleines *Dorfmuseum.* Die meisten Besucher Bergüns kommen allerdings weniger wegen seiner kunsthistorischen Schätze, als um Sport zu treiben. Eine Sesselbahn erschließt das Ski- und Wandergebiet am Piz Darlux. Berühmt ist das Dorf auch bei Schlittelfans: Im Winter wird die Paßstraße von Preda nach Bergün zur – nachts sogar beleuchteten – Rodelbahn. Die Schlittler werden mit dem Zug an den Ausgangspunkt der 5 km langen Abfahrt gebracht. Eingeweihte essen zuerst im *Hotel Kulm* in Preda eine deftige Schweizer Mahlzeit, bevor sie sich zum Nachtrodeln aufmachen. Wer lieber in Bergün bleibt, geht ins *Weiße Kreuz,* wo wir Ihnen die gratinierten Spätzli empfehlen. Die Schlittelbahn ist nur bei guten Schnee- und Wetterverhältnissen geöffnet. Rufen Sie deshalb zuerst beim Bergüner Verkehrsverein an. Schlitten können am Bahnhof Preda gemietet werden (unbedingt reservieren). Im Sommer verfügt Bergün über ein Wanderwegenetz von 130 km Länge und bietet mannigfache zusätzliche Attraktionen. Besonders interessant ist an Wochenenden die Fahrt mit der vierspännigen Postkutsche über den Albulapaß. Wer gut zu Fuß ist, wird sicher einmal durchs Val Tuors zu den Ravaisch-Seen (2505 m) hinaufgehen und vielleicht noch weiter zum Sertigpaß (2739 m). Von diesem Übergang ins Sertigtal bietet sich ein großartiger Blick zum Piz Kesch und zum Porchbellagletscher. Mit ein bißchen Ausdauer schafft man auch noch den Abstieg ins Sertig-Dörfli, von wo aus man mit dem Postauto nach Frauenkirch fahren kann. Per Bahn geht's dann nach Filisur und zurück nach Bergün.

Anfahrt: Mit Bahn oder Auto durchs Albulatal (ca. 45 km von Davos).

Auskunft:

Verkehrsverein Bergün
Tel. 081/731146

Touristik-Information
Tel. 081/731414

Bahnhof Preda
Tel. 081/731144

Dorfmuseum Latsch
Tel. 081/731153
Juli–Okt. Mo 14–17 Uhr und nach Vereinbarung

Hotel Kulm
Preda
Tel. 081/731146
3. Kategorie

Restaurant Weißes Kreuz
Bergün
Tel. 081/731162
2./3. Kategorie

Filisur Das langgestreckte Straßendorf über der Albula nahe der Mündung des Davoser Landwassers hat sein schönes Ortsbild mit zahlreichen gut erhaltenen Engadiner Häusern (→ St. Moritz) bewahrt. Die breiten Fassaden sind reich mit Sgraffiti geschmückt. Auffallend auch die Erker und die bauchig nach außen gewölbten Gitter vor den schräg in die dicken Mauern geschnittenen Fensteröffnungen. Auf einem Felsen steht, etwas erhöht, die gotische Kirche (um 1495 vollendet). Aus derselben Zeit stammen die Wandmalereien im Innern, unter anderem eine

Verkündigung und Taufe Christi an der Chorbogenwand. Oberhalb des Dorfs verwittern die Reste der Burg Greifenstein aus dem 12. Jh., einst eine dreigeschossige Anlage mit Hauskapelle. Etwas talabwärts Richtung Tiefencastel steht das Landwasserviadukt der Rhätischen Bahn (→ Albulabahn). Filisur ist ein wichtiger Umsteigebahnhof der RhB. Hier zweigt die Trasse nach Davos von der Albulalinie ab.
Anfahrt: Mit Bahn oder Auto Richtung Albulatal (ca. 38 km von Davos).
Auskunft:
Verkehrsverein
7477 Filisur
Tel. 081/721310

Flüelapaß Das dritte der Davoser Quertäler führt geradewegs zum Flüelapaß, der das Prättigau und die Landschaft Davos mit dem Engadin verbindet. Die Paßstraße durch das langgezogene, im oberen Teil von großen Geröllfeldern beherrschte Flüelatal ist normalerweise auch im Winter (mit entsprechender Ausrüstung!) befahrbar. Ab Februar wird sie aber oft tage- und stundenweise wegen Lawinengefahr geschlossen. Es empfiehlt sich daher, zuvor den lokalen Straßenzustandsbericht bei der Polizei abzufragen, da derjenige über Tel. 163 oft nicht ganz aktuell ist. Bei schönem Wetter und klarer Sicht bietet sich nach einer etwa dreistündigen Wanderung vom Schwarzhorn (3147 m) eine herrliche Rundsicht.

Frauenkirch Wie sich die Davoser von alters her auf bedrohliche Lawinen und Schneerutsche vorbereiteten, ist zum Beispiel, rund 4 km von Davos-Platz entfernt, an der um 1500 erbauten kleinen Kirche in Frauenkirch zu sehen. Die Westmauer gegenüber dem Polygonalchor ist als breiter Keil ausgebildet, der als Lawinenbrecher diente und die darunterliegenden Häuser vor Schaden schützen sollte. Der Ortsteil liegt am Eingang zum lieblichen Sertigtal, das im Sommer dank einem Postautobetrieb bequem erreichbar ist (→ Sertig-Dörfli). Vom nahen Glaris erschließt der Sessellift aufs Rinerhorn ein schönes Skigebiet.
Anfahrt: Mit Zug oder Auto Richtung Filisur.

Grüsch In dem alten Ort im unteren Prättigau fallen die mächtigen Patrizierhäuser aus dem 17. und 18. Jh. auf. Hier bauten die einflußreichen Familien von Salis und Ott. Besonders eindrücklich ist der Herrensitz »Haus zum Rosengarten« aus der Mitte des 17. Jh., in dem jetzt das Prättigauer *Heimatmuseum* untergebracht ist. Eine Sesselbahn erschließt das Skigebiet Schwänzelegg (1777 m).
Anfahrt: Ab Davos mit Zug oder Auto auf der Hauptstraße 28 Richtung Landquart (ca. 44 km).
Heimatmuseum Prättigau
Haus zum Rosengarten
Tel. 081/531345
Mi 20–22 Uhr, Sa, So 14–16 Uhr oder nach Vereinbarung
(Tel. 081/521230, Andreas Schmid)

Klosters Ähnlich wie das größere, aber weit mehr verstädterte Davos besteht Klosters, das oberste Dorf im Prättigau, aus mehreren Ortsteilen. Sie heißen Klosters-Platz, Klosters-Dorf, Serneus, Selfranga, Monbiel und Aejua. Klosters ist von allen Seiten von hohen Bergen umgeben, was den Eindruck großer Abgeschiedenheit vermittelt. Bereits um 1215 ist der Ort erstmals urkundlich erwähnt. Damals wurde, als Filiale der Abtei in Churwalden, in Klosters-Platz eine kleine Prämonstratenserabtei gegründet, die aber im 16. Jh. wieder aufgelöst wurde. Die ältesten Teile der Kirche, speziell ihr romanischer Turm, stammen noch aus jener Zeit. Im Sterngewölbe des Chors haben sich spätgotische Malereien erhalten. Augusto Giacometti gestaltete 1928 die Glasfenster, die Jakobs Traum darstellen. Sehenswert ist auch das *Nutli-Hüschi* (Nuttli-Häuschen), ein Bauernhaus von 1564, das, traditionell eingerichtet, als Heimatmuseum dient. Im sogenannten Doktorhaus (1680) sind die holzgetäfelten Stuben und die mit Intarsien verzierten Buffets beachtenswert. Nach dem Anschluß des Dorfes an die Rhätische Bahn, Ende des 19. Jh., entwickelte es sich zu einem vielbesuchten Luftkurort und Wintersportplatz. Aufgrund strenger Baubestimmungen ist das Bild des Ortes von Holzhäusern geprägt – beinahe schon ein bißchen aufdringlich. Das gefällt aber offenbar auch den Reichen und Schönen aus aller Welt, die seit Jahren in Klosters beinahe rummelfreie Winterferien verbringen, zum Beispiel – als der Haussegen noch nicht schief hing – das britische Thronfolgerpaar Lady Di und Prinz Charles und ihre Freunde. Gekrönten und ungekrönten Herrschaften bieten Restaurants und Hotels den Komfort eines großen Fremdenverkehrsortes. Die beste Gaststätte des Prättigaus ist die *Walserstube* im kleinen Hotel Walserhof. Das Restaurant *Alte Post* ist berühmt für seinen selbstgeräucherten Lachs und eine hervorragende Entenleberterrine (→ Der gute Tip S. 82). Schicke Menschen besuchen gern den Landgasthof *Chesa Grischuna* in einem ehemaligen Patrizierhaus. Das Angebot ist klein, aber fein, das Interieur eine Augenweide und die Terrasse im Sommer einfach herrlich. Unter den Hotels steht das *Pardenn* mit fünf Sternen an der Spitze. Der Komfort hat Klasse, wie es sich gehört: riesige, stilvoll eingerichtete Zimmer, ruhige Lage, schöner Garten. Das *Alpina,* ein modernes Haus beim Bahnhof, vermietet sowohl Zimmer als auch Appartements. Von den bescheideneren Häusern ist das *Wynegg* recht zentral.

Vom Bahnhof Klosters-Platz aus führt eine Seilbahn auf den Gotschnagrat (2285 m) und schafft so die Verbindung zum Weissfluh- und Parsenngebiet. Das heißt: Der gesamte Davoser Skizirkus auf der nördlichen Seite des Landwassertals ist auch von Klosters aus leicht erreichbar. Von Klosters-Dorf führt eine Gondelbahn an die Hänge des Madrisahorns. Im Sommer ist Klosters Ausgangspunkt für anspruchsvolle Hochgebirgstouren im Silvrettagebiet. Eine Bergsteigerschule vermittelt das nötige Rüstzeug. Leichtere Bergwanderungen führen zum Beispiel über das Schlappiner Joch ins benachbarte Montafon (Österreich) oder durchs Quellgebiet der Landquart über die Vereina ins Engadin.

Anfahrt: 10 km nördlich von Davos.

Auskunft:

Verkehrsverein Klosters
7250 Klosters
Tel. 081/691877
Fax 694906

Verkehrsverein Klosters-Dorf
Tel. 081/691978

Verkehrsverein Serneus
Tel. 081/694810

Informationsdienst
Tel. 081/692200

Heimatmuseum Nutli-Hüschi
Mi, Fr 16–18 Uhr

Hotel-Restaurant Walserstube (im Hotel Walserhof)
Tel. 694242
Fax 691437
21 Betten: 1. Kategorie
Juni–Nov. Mo und April–Mai geschl.
(Unbedingt reservieren)

Landgasthof Chesa Grischuna
Bahnhofstr. 12
Tel. 692222
23. April–6. Juni geschl.
42 Betten: 1. Kategorie
(Unbedingt reservieren)
Restaurant: 1. Kategorie

Hotel Pardenn
Tel. 691141
Fax 694006
110 Betten: 1. Kategorie

Alpina
Tel. 694221
Fax 694710
180 Betten: 1. Kategorie

Wynegg
Tel. 69 13 40
30 Betten: 2. Kategorie

Küblis Von Bergen umrahmt liegt das Dorf in einem weiten Talbecken in der Mitte des Prättigaus. Das Ortsbild prägen typische Prättigauer Holzhäuser, wie sie die Walser Bauern seit Jahrhunderten bauen. Früher wurden die Fassaden oft mit geschnitzten Fratzen verziert. Die reformierte Kirche, ursprünglich dem hl. Nikolaus geweiht, wurde 1472 erbaut und später erneuert und erweitert. Die Glasgemälde mit den zwölf Aposteln gestaltete 1921 Augusto Giacometti. Im Chor Wandmalereien von 1491, Kanzel von 1641, spätgotischer Taufstein. Das Schlössli ist ein prächtiges Patrizierhaus, 1642 errichtet. Im Innern blieb eine Küche mit altem Kamin und ein holzgetäfeltes Zimmer erhalten. Von der Burg Kapfenstein aus dem 12. Jh. sind lediglich Reste der Umfassungsmauer übrig. Küblis, auf 813 m ü. M., ist der Endpunkt der klassischen, rund 18 km langen Parsennabfahrt, die allerdings nur bei guten Schneeverhältnissen ein Genuß ist. Im Frühling vereisen die Waldwege im unteren Teil schnell und an den engen Stellen bilden sich immer wieder Knäuel von gefährlich stürzenden und hilflos purzelnden Menschen. Im Sommer lohnt sich ein Ausflug nach Luzein (schöne Kirche, acht Häuser der Patrizierfamilie Sprecher von Bernegg) und zum kleinen Ferienort St. Antönien.
Anfahrt: Mit Bahn oder Auto (23 km nördlich von Davos).

Monstein In der Nähe des Davoser Ortsteils, etwa 200 m über der Zügenstraße am linken Hang des Landwassertals, wurde früher Silber abgebaut. Im Verwaltungsgebäude der einstigen Minengesellschaft auf dem »Schmelzboden« – heute ein Gasthaus – wurde 1979 ein Museum eingerichtet. Zu sehen sind Erze und Mineralien aus den Bündner Bergbaugebieten, Werkzeuge und Dokumente; es gibt auch eine Tonbildschau. In der Zügenschlucht wurde ein Gesteinslehrpfad eingerichtet.
Anfahrt: Per Bahn und zu Fuß oder mit dem Auto, ca. 19 km.
Bergbaumuseum
Mitte Juni–Mitte Okt. Mi, Sa 14 bis 16 Uhr, für Gruppen nach Vereinbarung (Dr. Hans Krähenbühl, Davos-Platz, Tel. 081/436366)

Preda Der Weiler ohne eigene Post, 1789 m hoch, am Nordportal des knapp 6 km langen Albulatunnels mit einfachen touristischen Einrichtungen – ein Hotel, ein paar Ferienwohnungen –, ist nicht nur Startort der im Winter beliebten Rodelstrecke nach Bergün, sondern auch Ausgangspunkt für Touren im Grenzgebiet zwischen Mittelbünden und dem Engadin. Eine einfache Wanderung führt zum Lai da Palpuogna (Palpuogna-See) in der Nähe der Albulapaßhöhe (2312 m).
Anfahrt: Per Bahn oder Auto auf der Albulastraße.
Auskunft:
Verkehrsverein Bergün → Bergün

Schiers Der Hauptort des unteren Prättigaus, an der Mündung des Schraubachs gelegen, wurde erstmals im Jahre 1101 urkundlich erwähnt. Allerdings weisen Funde aus der Bronze- und Römerzeit auf eine frühere Besiedlung hin. Ausgrabungen förderten zudem eine der ältesten christlichen Kultstätten im Kanton zutage. Die Bauten aus dem 5. und 6. Jh. sind, im Garten des Pfarrhauses, in Umrissen markiert. Die St.-Johann-Kirche wurde im spätgotischen Stil 1519–22 erbaut und 1926 erweitert. Das Innere, mit Ausnahme der Kanzel von 1768, ist neu. Die reformierte Kirche der hl. Anna wird 1508 erstmals urkundlich erwähnt. Im Innern sind die spätgotisch bemalte Leistendecke und zwei spätgotische Wandmalereien zu bewundern.

Heute ist Schiers eine kleine Schulstadt mit einer landesweit bekannten evangelischen Mittelschule und einem Lehrerseminar.
Wer einen Überblick über das Tal haben möchte, fährt von Schiers 12 km auf einer engen Straße zum Stelserberg hinauf. Etwas anstrengender ist ein Ausflug ins angrenzende Montafon: Zuerst geht der Weg auf einer Fahrstraße über die sehenswerte Selginatobelbrücke nach Schuders (Postauto), wo bis ins 16. Jh. Bergbau betrieben wurde. Von dort weiter zu Fuß talaufwärts zum »Schweizertor«.
Anfahrt: 34 km nordöstlich von Davos (Richtung Landquart).
Auskunft:
Verkehrsverein
7220 Schiers
Tel. 081/532228

Schlappinatal In dem langgezogenen, auf die österreichische Grenze hin orientierten Tal, das bei Klosters ins Prättigau mündet, wird auf mehreren hochgelegenen Alpen Vieh gesömmert. Von der kleinen Ortschaft Schlappina aus führt ein Weg über das Schlappiner Joch (2202 m) hinüber ins vorarlbergische Montafon. Der Übergang ist auch auf einem Weg erreichbar, der, hoch an der rechten Talseite, aus dem unterhalb von Klosters gelegenen Dorf Saas aufsteigt.

Schmitten In dem früheren Bergbaudorf hoch über der Mündung des Landwassers in die Albula an der Zügenstraße ist vor allem die wohl 1000 Jahre alte St.-Luzi-Kapelle sehenswert. Die romanische Saalkirche hat eine halbrunde Apsis und ist innen mit Malereien aus der zweiten Hälfte des 15. Jh. geschmückt. Neben der Kapelle steht auf dem Kirchhügel die Allerheiligenkirche, die um 1480 erbaut und später barockisiert wurde. Beeindruckend der mächtige Frontturm von 1522, der wahrscheinlich einmal Teil einer Wehranlage war. Seine Mauern sind über 2 m dick.
Anfahrt: Mit Zug oder Auto ab Davos Richtung Filisur (ca. 28 km).

Sertig-Dörfli Zu hinterst im Sertigtal, das bei Frauenkirch ins Landwassertal mündet, steht die schön erhaltene Bergbauernsiedlung mit einer prächtigen alten Bergkirche. Seit dem 14. Jh. sind hier Walser heimisch. Von dem kleinen Ort, der im Sommer mit dem Postauto von Davos aus zu erreichen ist, führt der Weg durch das Kühalptal am Augstenhörnli vorbei zum Sertigpaß (2739 m), dem Übergang nach Bergün.

Vereina Es wird nicht mehr lange dauern, dann fahren Autozüge durch einen 19 km langen Tunnel zwischen dem Prättigau und dem Engadin hin und her. Ziel dieser neuen Verbindung ist es, dem Unterengadin und dem Münstertal eine bessere und wintersichere Anbindung an die Nord- und Ostschweiz zu sichern. Umweltschützer haben lange das Projekt bekämpft, da sie eine starke Zunahme des Autoverkehrs voraussehen – mit allen schlimmen Folgen für die Umwelt und den Tourismus in den betroffenen Tälern. Die Vereina ist aber nicht nur ein Tunnel, sondern auch ein Paßübergang vom obersten Prättigau ins Engadin. Der Weg ist in einem Tag gut zu bewältigen – besonders, wenn man den privaten Kleinbus nimmt, der zwischen Klosters und dem Berghaus Vereina verkehrt. Vom Berghaus führt der Weg über die Vereinaebene durch das Süsertal und über Alpweiden zur Paßhöhe (2585 m) hinauf. Der Blick auf den mächtigen Piz Linard und, rechter Hand, auf den Piz Fless begleitet den Abstieg durch das Val Sagliains ins Engadin nach Lavin.
Anfahrt: Mit Auto oder Bus nach Klosters (10 km nördlich von Davos), dann mit dem Kleinbus zum Berghaus Vereina.

Auskunft und Reservierung:
Tel. 081/691197

Wiesen Die alte Walsersiedlung auf einer windgeschützten, sonnigen Terrasse hoch über dem Landwassertobel halten Experten für einen idealen Erholungsort. Kein anderer in der Schweiz, behaupten sie, verfüge über ein derart heilkräftiges Klima. Das ruhige Feriendorf ist in den letzten Jahren für Leute, die den Rummel großer Touristenorte verabscheuen, sehr attraktiv geworden. Dank guter Bahn- und Postautoverbindungen sind die Sportanlagen im nahen Davos auch für jene leicht erreichbar, die das öffentliche Verkehrsmittel vorziehen. Ruhesuchende finden in den umliegenden Wäldern viele Spazierwege: In einer halben Stunde ist man bei den Wasserfällen im Sägetobel oder beim imposanten, 210 m langen und 88 m hohen Wiesner Viadukt der Rhätischen Bahn. Bis zum Aussichtspunkt »Bärentritt« am Eingang zur Zügenschlucht sind es 40 Minuten, und in anderthalb Stunden ist die kleine Bergsiedlung Jenisberg auf der linken Talseite zu erreichen. An der Obergass steht das alte Gemeindehaus (Haus »zum Süesa Wichel«), in dem ein *Dorfmuseum* eingerichtet ist.
Anfahrt: Mit Zug oder Auto Richtung Filisur (ca. 25 km).

Auskunft:
Kur- und Verkehrsverein Wiesen
7994 Wiesen
Tel. 081/721469
Dorfmuseum
Febr., Mitte Juni–Mitte Juli Mi 15–17 Uhr, ab Mitte Juli und Aug. Mi und Sa 15–17 Uhr; Sept.–Mitte Okt., Ende Dez. Mi 15–17 Uhr und nach Vereinbarung (Tel. 081/721523

Zügenstraße Die gut ausgebaute Straße zweigt zwischen Surava und Alvaneu durchs Albulatal ab. Sie führt zunächst nach Alvaneu hinauf und führt, am Berghang entlang, über Schmitten und Wiesen ins Landwassertal. Eine Zufahrt ist auch über Lantsch möglich. Ihren Namen erhielt die Zügenstraße, weil sie teilweise durch ein stark zerklüftetes Gebiet mit vielen und gefährlichen Lawinenzügen führt. Sie war deshalb bis 1974 im Winter unpassierbar. Dies hat sich geändert, seit die gefährlichste Stelle, die Zügenschlucht, durch einen 2,8 km langen Tunnel gesichert ist. Der Engpaß ist auf der alten, dem Landwasser folgenden Straße zu Fuß begehbar. Der Weg führt durch mehrere kleine Tunnel, gibt aber den Blick immer wieder auf die wilde Landschaft frei – auch auf die kühne Bahnstrecke, die über sechs Brücken und sieben Tunnel verläuft. Besonders eindrücklich ist der Blick beim »Bärentritt« (1265 m).

St. Moritz

St. Moritz (romanisch: San Murezzan) liegt inmitten des Oberengadins, einer der schönsten Hochgebirgslandschaften der Welt. Das Tal des Bündner Inn (romanisch: En) erstreckt sich über mehr als neunzig Kilometer von 1000 Meter Höhe bei Martina und Vinadi im Dreiländereck Schweiz–Österreich–Italien bis auf 1815 Meter beim jähen Talbabbruch in Maloja. Seinen höchsten Punkt erreicht das Tal bei 1856 Metern in St. Moritz. Der Ortsname – übrigens auf der zweiten Silbe zu betonen – ist seit einigen Jahren als Markenzeichen eingetragen, was für Exklusivität bürgen soll. Tatsache ist: Die Sonne scheint hier intensiver als in der übrigen Schweiz, das Klima ist trocken (der Kurverein preist es als »Champagner-Klima«), und der Schnee bleibt – fast immer – länger liegen als bei der Konkurrenz in den Nordalpen. Doch die hochalpine Klein-

stadt, dieser Bilderbuchkurort, bestehend aus den Ortsteilen St. Moritz-Dorf, St.Moritz-Bad und Champfèr, ist jedes Jahr während rund sechs Monaten ein verschlafenes Nest mit nur 6000 Einwohnern, geschlossenen Restaurants und Geschäften und Hunderten von unbewohnten Villen und Appartements. Erst ab Weihnachten sind die Hotels (es gibt fünfzig traditionelle Hotels, über die Hälfte davon Luxus- und Fünfsternehäuser) und die Ferienwohnungen besetzt: Etwa 12000 Gäste kann St. Moritz beherbergen. In dem riesigen Skigebiet tummeln sich zudem Sportler aus allen umliegenden Ortschaften. Die Wintersaison dauert etwa bis Mitte April. In dieser Zeit herrscht auf den Pisten und Loipen im Oberengadin Hochbetrieb, zuweilen sogar ein unangenehmes Gedränge mit langen Wartezeiten. Die Restaurants sind proppenvoll, und in den Nachtklubs herrscht Massenandrang. Übrigens: Die wirklich Reichen und Berühmten sind dort nicht anzutreffen. Sie pflegen die Geselligkeit lieber privat, unter ihresgleichen in den Villen am Suvretta-Hang.
Immer wichtiger wird das Sommergeschäft: Das Engadin ist dann weniger überfüllt und weniger nobel. Statt Nerzen werden auf der Rathausstraße die roten Wandersocken spazieren geführt. Aber die einzigartige Engadiner Landschaft ist im Juli, im September und noch im Oktober genauso reizvoll wie im März. Kein Gast, der nicht ins Schwärmen geriete, wenn er die herbstklare Luft, die sattgelben Lärchenwälder hinter den dunkelblauen Seen und darüber die weiße Pracht der vergletscherten Viertausender beschreiben soll.
Schon vor Jahrhunderten war St. Moritz ein bekanntes Heilbad. 1535 lobte Paracelsus die beiden wohltätigen Quellen St. Mauritius und Surpunt, die im modern eingerichteten Kurzentrum heute bei Blutarmut und Kreislaufleiden Linderung bringen. Die ersten Wintergäste – Engländer natürlich, wie anderswo auch – kamen 1864. Sie stiegen in dem schon sechs Jahre früher aus der »Pension Faller« durch Umbau entstandenen Hotel »Engadiner Kulm« von Johannes Badrutt ab. 1879 brannten im Speisesaal des Kulm die ersten elektrischen Lampen in der Schweiz. Und ab 1894 verkehrte zwischen Dorf und Bad eine elektrische Straßenbahn. Zwei Jahre später, am 29. Juli, wurde das Palace Hotel eingeweiht – die architektonische Umsetzung der Tourismusideologie der Belle Epoque: Die Herrschaften sollten im Anblick des Hochgebirges tagsüber zwar in Ehrfurcht erschauern, abends aber, in ihren Palast zurückgekehrt, sollten sie alle Annehmlichkeiten genießen, die sie auch zu Hause in ihren Städten gewöhnt waren. Weltruhm erlangten St. Moritz und das Engadin allerdings nicht wegen der Luxusherbergen, sondern durch die Olympischen Winterspiele (1928 und 1948) und die Weltmeisterschaften der Ski- und Bobfahrer. Aber längst werden nicht mehr nur traditionelle Wintersportarten gepflegt. Auf dem zugefrorenen See – er ist anderthalb Kilometer lang, 500 Meter breit und etwa vierzig Meter tief – finden stiebende Pferderennen statt. Und Polo, Cricket oder Golf kann man auch auf Schnee spielen.

Karte → Umschlag hinten

Auskunft
Kur- und Verkehrsverein
Via Maistra 12
7500 St. Moritz
Tel. 082/33147
Fax 082/32952
Automatischer Informationsdienst
Tel. 082/34641

Auto
Kein Autofahrer sollte so unvorsichtig sein, zwischen Spätherbst und Frühsommer ohne Winterausrüstung ins Engadin zu fahren. Plötzliche starke Schneefälle können die Pässe für Stunden oder gar Tage unpassierbar machen. Auskunft über

Der gute Tip von MERIAN

Außerhalb:

Pension Chesa Pool im Fextal Wer auf Luxus keinen Wert legt, dafür aber die grandiose Bergwelt des Engadin direkt vor der Tür haben möchte, der ist hier richtig (→ S. 85).

Guarda Der Schauplatz der Geschichte vom »Schellenursli« ist im wahrsten Sinne des Wortes ein Bilderbuchdorf: behäbige Häuser mit Sgraffiti und üppigem Blumenschmuck (→ S. 56).

Kloster St. Johann in Müstair Die kunsthistorische Attraktion der Klosterkirche sind die Fresken aus karolingischer Zeit (→ S. 50).

Hotel Chasa Capòl in Santa Maria Die Mauern der stilvollen Herberge im Münstertal sind über tausend Jahre alt, die Zimmer mit Antiquitäten bestückt (→ S. 88).

Restaurant Chesa Marquetta in Sils In familiärer Atmosphäre servieren die Schwestern Godly mit herbem Charme Engadiner Köstlichkeiten (→ S. 80).

Panoramafahrt mit dem Glacier Express Der zum Teil atemberaubende Gleisverlauf der Strecke zwischen St. Moritz und Zermatt läßt Eisenbahn-Fans wie Naturfreunde auf ihre Kosten kommen (→ S. 102).

den aktuellen Straßenzustand gibt der
Verkehrsverein Oberengadin
Tel. 082/21191

Einkaufen
In St. Moritz gibt es fast alles zu kaufen, was teuer ist – manchmal noch etwas teurer als anderswo. In einigen Geschäften steht den Preisen auch entsprechende Qualität gegenüber. Und wenn's leer wird im Portemonnaie, gibt es an der Badstraße (Via dal Bagn) ein Coop-Center samt Selbstbedienungsrestaurant, wo man den Kindern freie Hand bei der Kuchenauswahl lassen kann.

Geronimi Der Delikatessenladen ist ein Augenschmaus.
Via Somplatz 12
Tel. 33364

Glattfelder Riesige Auswahl an Tee, Kaffee, Kaviar, Wein und Champagner.
Via Maistra
Tel. 33344

Hanselmann Im Café Hanselmann schmeckt die Schokolade zwar auch nicht mehr so hausgemacht wie früher, doch die Kuchen sind noch immer vorzüglich. Unbedingt probieren sollten Sie die im Hause hergestellten Pralinen und Früchte mit Zuckerguß.
Via Maistra 8
Tel. 33864

Jet Set Mode
Via Maistra 35
Tel. 38181

Engadiner Architektur
Wo immer man ins Engadin gelangt, fallen sofort die für eine Bauerngegend ausgesprochen großen Häuser mit den sich nach innen verjüngenden Fensteröffnungen in dicken Außenmauern auf. Solche Häuser kommen nur im obersten Oberhalb-

stein (→ Bergün; Davos, Ziele in der Umgebung) und im Inntal vor. Zugrunde liegt ein Bauernhaustyp, unter dessen Dach ein ganzer Landwirtschaftsbetrieb möglich ist: Wohnung, Stall und Vorratshaltung. Seit dem 16. Jh. war dieses eigenständige Konzept die Grundlage der Engadiner Architektur – auch für Patrizierhäuser oder Gastwirtschaften. Auffallend sind die zwei nahe beieinanderliegenden Eingänge: Einer führt unter das Straßenniveau in die »cuort« (Hof). Dort gibt es Platz für den Misthaufen, den Stall und einen Vorratskeller. Der zweite, größere, oft mit einer schön geschnitzten, zweiflügligen Tür über einer kleinen Auffahrt, geht zum »Sulér« (Söller), einen breiten Hausgang, in dessen Hintergrund sich eine weniger repräsentative Tür zur Scheune öffnet, die die Hälfte des Hauses beansprucht. Dieser Teil ist traditionell aus Rundhölzern konstruiert, wobei das Fundament und die tragenden Eckpfeiler gemauert sind. Im Sulér konnte der Wagen abgestellt und auch das Brennholz gelagert werden. Neben dem Eingang geht's über einige Stufen in die sorgfältig aus Arven- oder Lärchenholz getäfelte »Stüva« (Stube), mit großem Kachelofen, der von der danebenliegenden Küche aus beheizt wurde. Die Ofentreppe führte in eine darüberliegende Schlafkammer. Das ganze Hauskonzept zielte darauf ab, die Wärme im Haus zu halten – durch dicke Mauern und nur kleine Fenster, durch den immer warmen Stall und den Misthaufen im Untergeschoß und die enge Verbindung von Küche, Stube und Schlafraum. Oft sind die Fassaden mit Sgraffiti – in den noch feuchten Putz gekratzte Zeichnungen und Ornamente – und schmiedeeisernen Gittern vor den Fenstern geschmückt. Als Blumenzier sind Hängenelken typisch für das Engadin.
Erst als zu Beginn des Jahrhunderts das aufkommende Tourismusgewerbe die landwirtschaftliche Prägung des Lebens ablöste, begann die Bautradition zu zerfallen. Zwar wird seither weiter im »Engadiner Stil« gebaut, doch sind seine Besonderheiten – Erker, Fenstergitter, Sgraffiti, große, zweiflüglige Holztore – nur noch Dekoration. Diese Entwicklung traf vor allem St. Moritz, wo vom alten Bauerndorf nichts mehr übrig blieb. Schöne Engadiner Häuser finden sich aber in den Gemeinden talabwärts noch in großer Zahl, zum Beispiel in S-chanf, La Punt, Zuoz und Samedan. Fast schon ein Freilichtmuseum ist das Dorf Guarda im Unterengadin (→ Der gute Tip S. 56).

Essen und Trinken

Chasellas Direkt bei der Talstation des Suvretta-Lifts gibt es das beste Käsefondue, aber auch täglich ein liebevoll zubereitetes Menü.
Via Suvretta 22
Tel. 33854
Luxuskategorie

Corviglia (Marmite) Wer auch in einem Bergrestaurant auf 2500 m Höhe nicht bloß Wurst und Käse essen will, ist bei Hartly Mathis am richtigen Ort: Bei herrlicher Panoramasicht werden hier alle Köstlichkeiten der Welt serviert.
Tel. 36355
Nur in der Saison geöffnet
(Reservierung notwendig)
Luxuskategorie

Veltlinerkeller In den schlichten Räumen des Veltlinerkellers verkehren sowohl Schickis als auch Einheimische. Ausgezeichnete Bündner Spezialitäten, Fleisch und Innereien vom offenen Grillfeuer.
Via dal Bagn 11
Tel. 34009 und 34010
(Reservierung notwendig)
1. Kategorie

Hotels

Badrutts Palace Hotel Hier steigt in der Wintersaison ab, wer zum internationalen Jet-set gehören will. In dieser Jahreszeit ist auch die Küche des Hauses exzellent.

Tel. 211 01
Fax 377 39
380 Betten: 1./Luxuskategorie
Chesa Guardalei Ruhige Lage, schöne Aussicht.
Tel. 231 21
Fax 323 73
210 Betten: 1. Kategorie
Edelweiss In St. Moritz-Bad. Koschere Küche.
Tel. 355 33
Fax 387 40
100 Betten: 2. Kategorie
Meierei Landgasthof am St. Moritzer See, am Ortsende.
Tel. 320 60
17 Betten: 3. Kategorie
Steffani Traditionelles Haus in zentraler Lage. Im Restaurant treffen sich auch die Einheimischen.
Tel. 221 01
Fax 340 97
120 Betten: 1. Kategorie
Suvretta House Das gediegenste Haus am Platz, etwas außerhalb des Ortes in ruhiger Lage mit schönem Garten. Man legt Wert auf Etikette.
Tel. 211 21
Fax 385 24
360 Betten: 1./Luxuskategorie

Kirchen

Das Wahrzeichen von St. Moritz ist der *Schiefe Turm* am Nordostrand des Dorfes. Er ist der Rest der einstigen St.-Mauritius-Kirche aus dem 13. Jh., im 19. Jh. abgebrochen wurde. Dem romanischen Unterbau des Turms wurde 1672 ein barockes Obergeschoß aufgesetzt. Sehenswert ist außerdem die ehemalige *Englische Kirche* in St. Moritz-Bad, ein neuromanischer Bau des ausgehenden 19. Jh.

Museen

Engadiner Museum Bedeutende heimatkundliche Sammlung mit einer Gruppe von möblierten Interieurs aus dem 16. bis 19. Jh., dazu frühgeschichtliche Ausgrabungsfunde aus dem Engadin.
Via dal Bagn (Badstraße)
Jan.–April sowie Dez. Mo–Fr 10–12 und 14–17 Uhr, So 10–12 Uhr; Juni–Okt. Mo–Fr 9.30–12 und 14–17 Uhr, So 10–12 Uhr
Eintritt 4 sfr, Kinder 2,50 sfr
Segantini-Museum Kleine Sammlung von Gemälden und Zeichnungen von Giovanni Segantini.
Via Somplaz 30
Jan.–April und Dez. Di bis Sa 10 bis 12.30 und 15–17 Uhr, So 15–17 Uhr; Juni–20. Okt. Di–Sa 9–12.30 Uhr und 14.30–17 Uhr, So 10.30 bis 12.30 Uhr und 14.30–16.30 Uhr
Eintritt 5 sfr, Kinder 1,50 sfr

Polizei

Gemeindepolizei
Via Quadrellas 7
Tel. 330 17
Kantonspolizei
Via dal Bagn 47
Tel. 333 39
Notruf
Tel. 117

Post

St. Moritz-Dorf:
Hauptpost
Via Serlas 23 (oberhalb des Bahnhofs)
Tel. 330 74
Postautodienst und Platzbestellungen:
Tel. 330 72
St. Moritz-Bad:
Post
Via Rosatsch 12
Tel. 330 93

Sport

Im Winter fahren auf die speziellen Bedürfnisse der Skifahrer ausgerichtete Sportbusse aus den Ortszentren zu den Bergbahnen in der ganzen Umgebung. Es gibt Abonnements, die für alle Oberengadiner Bahnen gültig sind, inklusive Sportbus und Eintritt ins Hallenbad in St. Moritz-Bad. Direkt ab St. Moritz erschließen verschiedene Bergbahnen das herrliche Ski- und Wandergebiet der Corviglia und des Piz Nair. Auch von Cele-

rina aus gelangt man über Marguns auf die Corviglia. In Silvaplana befindet sich die Talstation der Luftseilbahn auf den Piz Corvatsch. Von Sils Maria aus erreicht man die Furtschellas. Oberhalb von Pontresina, am Berninapaß, stehen die Talstationen der Bahnen auf Diavolezza und Lagalb.
Begeistern diese Gebiete im Winter Skifahrer, so freuen sich im Sommer die Wanderer an der herrlichen Alpenflora und -fauna.

Telefon
Telefonische Vorwahl des Oberengadin ist 082, im Unterengadin ist es 084. Öffentliche Sprechzellen befinden sich bei der Hauptpost (→ Post).

Volksbräuche
Das Engadin kennt zahlreiche Bräuche, die zum Teil bis heute gepflegt werden. Der wichtigste ist am 1. März der *Chalandamarz* (von lat. Calendae Martis), ein Frühlingsfest. Schon frühmorgens versammeln sich die Schulbuben mit einer möglichst großen, umgehängten Kuhglocke. Mit ohrenbetäubendem Lärm zieht die Herde unter Leitung der drei ältesten Jungen von Haus zu Haus und singt das Chalandamarzlied. Traditionsbewußte Familien schicken die lärmenden Kolonnen vom Keller bis unters Dach, um die bösen Geister zu vertreiben. Als Entgelt für die Geisterbeschwörung und Wintervertreibung zieht der »Kassier« Nüsse, Äpfel, Süßigkeiten ein, die den Jungen später in ihre Glocken und Schellen verteilt werden – je größer die Glocke, desto größer der Lohn. Der Chalandamarz ist das Thema eines der schönsten Schweizer Kinderbücher, des »Schellen-Ursli«. Die Mädchen übrigens sind nur in einzelnen Dörfern zum Chalandamarz-Umzug zugelassen.
Ebenfalls noch lebendig ist in einigen Gemeinden der Brauch der *Schlitteda:* Die unverheirateten jungen Leute eines Dorfes fahren – die Frauen in der scharlachroten Sonntagstracht, mit reichbestickter schwarzer Schürze und Schultertuch – an schönen Wintersonntagen auf leichten, ein- oder zweisitzigen Pferdeschlitten, manchmal von Reitern begleitet, zu einer Tanzveranstaltung in den Nachbarort.

Ziele in der Umgebung

Bergell Rund 23 km lang zieht sich die Val Bregaglia, wie das Bergell auf italienisch heißt, vom 300 m steilen Talabbruch des Maloja-Passes mit seinen 13 Spitzkehren bis zur italienischen Grenze und weiter bis Chiavenna (325 m) hinunter. Von dort ist es nicht mehr weit zum Comer See. Das Tal der Meira (italienisch Mera) ist in seinem Schweizer Abschnitt geprägt von den steil aufragenden Talflanken und den mächtigen Granittürmen darüber. Viele der Bergeller Gipfel und Felswände gelten als bergsteigerisch schwierig, doch gibt es in dem Tal auch einige schöne Wanderwege, zum Beispiel den Höhenweg von Casáccia nach Soglio. Die Bergeller sprechen eine an Umlauten reiche italienisch-romanische Mundart, wie sich schon beim ersten Blick auf eine Landkarte an den Flurbezeichnungen zeigt. Die berühmtesten Bergeller tragen den Namen Giacometti. Die Familie stammt aus dem Dorf Stampa, wo man ihr Andenken im kleinen Ortsmuseum pflegt.

Berninapaß Die Paßstraße ist nicht nur die einzige Verbindung mit dem italienischsprachigen Südtal Puschlav (Val Poschiavo), sondern einer der pittoreskesten Pässe überhaupt. Vor allem von der Bahnstrekke aus eröffnen sich phantastische Ausblicke auf die Eisriesen des

Oberengadins und später ins schon ganz italienisch anmutende Tal. Die Trassen von Straße und Bahn verlaufen parallel aus der Ebene von Samedan zunächst sanft ansteigend an Pontresina vorbei. Über die hohe Endmoräne des Morteratsch-Gletschers wird das Bernina-Hochtal mit seinen wichtigen Bergbahnstationen Diavolezza und Lagalb und kurz darauf die Paßhöhe beim schön in die Landschaft gebauten zweiseitigen Stausee Lago Bianco erreicht. Die Bahnstation beim Ospizio Bernina (2253 m) ist der höchstgelegene, ganzjährig bediente Bahnhof Europas. Hier trennen sich die Wege: Die Bahn bleibt am rechten Talhang und schraubt sich durch kühne Kehren talwärts. Auf einer Luftliniendistanz von weniger als 10 km muß sie einen Höhenunterschied von über 1000 m überwinden. Die Straße benutzt dafür den linken Talhang. Das Gebiet am Berninapaß ist – wie andere Täler in Graubünden – von den Begehrlichkeiten der Elektrizitätswirtschaft bedroht. Die Kraftwerke Brusio AG planen, das Volumen des Lago Bianco auf 52 Millionen Kubikmeter zu verdreifachen. Der Seespiegel würde dann 18 m höher liegen, gerade einen Meter tiefer als die Bahnstation auf der Paßhöhe. Auch hier, wie andernorts, kämpfen Umweltschützer gegen die weitere Ausbeutung der Hochgebirgslandschaft. Denn unterhalb des Lago Bianco bei dem klassischen Ausflugsziel Alp Grüm mit ihrem hübschen Alpengarten, wo man einen herrlichen Ausblick auf den Abbruch des Palü-Gletschers hat, soll ebenfalls gebaut werden. Das Wasser, das hier noch ungefaßt über den Talboden der Alpe Palü fließt, soll in einem See gestaut werden, der 18 Millionen Kubikmeter fassen würde.

Bivio Der höchstgelegene Ort des Oberhalbsteins, romanisch: Beiva, ist in den letzten Jahren touristisch stark gewachsen, hat aber zumindest teilweise den rauhen Charme einer uralten Säumerstation behalten. Die Julier-Paßhöhe, der meistbefahrene Übergang ins Engadin, ist nur 7 km entfernt. Für Berggänger interessanter ist die Tour über den besonders im Mittelalter vielbenutzten Septimerpaß ins Bergell. Über den Stallerberg führt eine Route ins Avers nach Juf. Bemerkenswert ist die Tatsache, daß der untere Ortsteil traditionell von einer romanischen und katholischen, der obere dagegen von einer italienisch sprechenden, aber protestantischen Bevölkerung bewohnt wird. Sehenswert ist der spätgotische Flügelaltar in der katholischen Kirche, der schon einzelne Stilmerkmale der Renaissance aufweist.

Anfahrt: Per Pkw oder Postauto von St. Moritz, 22 km westlich.

Auskunft:

Verkehrsverein Bivio
7457 Bivio
Tel. 081/751323
Mo–Fr. 9–11.30 und 15.30–18 Uhr

Celerina Als Touristenort etwas ruhiger als St. Moritz und um einiges weniger vornehm, liegt Celerina – ausgesprochen Zelerina – ein bißchen talwärts am Rand der weiten Ebene, die sich bis nach S-chanf erstreckt. Leider ist das Dorf in den vergangenen Jahrzehnten von häßlichen Ferienwohnungssilos verunstaltet worden, doch sind, anders als in St. Moritz, einige sehenswerte Herrenhäuser einheimischer Familien aus dem 17. und 18. Jh. erhalten geblieben. Bemerkenswert ist das Haus Secchi von 1643, ein typischer Engadiner Giebelbau mit Sgraffitobändern. Von großer kunsthistorischer Bedeutung ist, auf einem kleinen Hügel mitten auf der Ebene Richtung Pontresina, die Kirche San Gian. Ihre ältesten Teile stammen aus dem 11. und 12. Jh. (Chor, östlicher Teil des Schiffes und der kleine Turm). Um 1478 wurde die Kirche erweitert. Das Gotteshaus erhielt eine reich geschnitzte und farbig bemalte

Decke mit dem Wappen des Churer Bischofs Ortlieb von Brandis. An der südlichen Chorwand ist das Fragment einer Mauritius-Darstellung zu erkennen. Am Ende des 15. Jh. schmückte der »Meister von Pontresina« den Chor mit einem Johannes-Zyklus, einer Verkündigung und anderen Darstellungen. Der freistehende Glockenturm wurde 1682 durch einen Blitzschlag beschädigt. Die Gondelbahn Val Saluver–Marguns schafft im Winter den Anschluß ans St. Moritzer Skigebiet. Für Langläufer steht ein ausgedehntes Loipennetz zur Verfügung, das sich dem Flaz-Bach entlang ins Val Roseg hinzieht. Im Sommer können Wanderer die herrliche Bergwelt um Celerina auf vielen gut beschilderten Wegen erkunden. Abends lohnt sich ein Besuch im *Restaurant Stüvetta Veglia,* das eine phantasievolle Küche auf hohem Niveau pflegt.
Anfahrt: Von St. Moritz mit dem Zug, mit dem Pkw oder zu Fuß, rund 2 km.
Auskunft:
Verkehrsverein
7505 Celerina
Tel. 082/33966
Fax 082/38666
Restaurant Stüvetta Veglia
Tel. 38008
Fax 34542
Nur in der Saison geöffnet
(Reservierung notwendig)

Fextal Pension Chesa Pool → Der gute Tip S. 85

Ftan In steilen Windungen führt die Straße nach Ftan, 400 m hoch über dem Inntal mit Blick auf die Lischana-Gruppe. Das malerische Unterengadiner Dorf liegt gegenüber dem Schloß Tarasp. Ftan ist ein beliebter Winter- und Sommersportort. Sehenswert sind die typischen Engadiner Häuser mit ihren Sgraffiti.
Auskunft:
Società da Trafic
7551 Ftan
Tel. 084/90557

Guarda → Der gute Tip S. 56

Lü Der winzige, auf einer aussichtsreichen Terrasse über dem Münstertal gelegene Ort, gilt als kleinste selbständige Gemeinde der Schweiz. Er ist Ausgangspunkt eindrücklicher Höhenwanderungen im Ofenpaß-Gebiet. Die Paßhöhe ist in drei Stunden, Müstair (→) oder Sta. Maria (→) in rund zwei Stunden erreichbar. Eine sehr schöne Tour führt über den Paß da Costainas ins Val S-charl am Rande des Nationalparks.
Anfahrt: Mit der Bahn bis Zernez und mit Postautos (umsteigen in Fuldera) oder mit Pkw, 60 km von St. Moritz.
Auskunft:
Verkehrsverein Val Müstair
7537 Müstair
Tel. 082/85566

Maloja Die »Krone des Oberengadins«, wie der Ort auch genannt wird, liegt 1815 m hoch am jähen, 300 m tiefen Talabfall ins Bergell. Das oberhalb des Silser Sees gelegene Dorf bietet einen herrlichen Ausblick auf das oberste Inntal und seine einmalig schöne Seenlandschaft. Nach dem Willen des belgischen Grafen Renaisse sollte Maloja zum Treffpunkt der konservativen Aristokratie Europas werden. Er ließ am Ufer des Silser Sees das Maloja Palace bauen, einen riesigen Prunkbau mit Spielcasino, Ballsälen, Theater- und Konzertsaal und Schlafzimmern mit 700 Betten. Zum Spaß baute er noch eine mittelalterliche Ruine, die Burg Belvédère, dazu. 1884 wurde standesgemäß Einweihung gefeiert. Die gewaltige Nobelherberge war für ihre rauschenden Feste berühmt – so etwa für die »Venezianische Nacht«, in der der Speisesaal überflutet und das Diner in echten venezianischen Gondeln serviert wurde. Die Kellner zirkulierten mit kleinen Buffet-Booten. Doch der Traum des Grafen, das größte Casino zwischen Monte Carlo und Baden-Baden zu betreiben, erfüllte sich

nicht. Er machte Konkurs, und die Hautevolée verlegte ihre Feste nach St. Moritz. Sehenswert sind die nahegelegenen Gletschermühlen: Sie sind bis 6 m breit und 15 m tief. Neben der katholischen Kirche weisen Steinplatten angeblich keltische Ritzzeichnungen auf. Ein hübscher Spaziergang führt mitten durchs Dorf, entlang der »Strada Romana« mit Radrillen für die römischen Zweiradkarren. In der Casa Segantini bei der Post befindet sich das *Atelier* des Malers Giovanni Segantini; auf dem Bergfriedhof ist er begraben.
Anfahrt: Per Postauto oder Pkw, 17 km von St. Moritz.
Auskunft:
Verkehrsverein
7516 Maloja
Tel. 082/431 88
Fax 082/436 37
Atelier Segantini
Juli–Mitte Okt. 15–18 Uhr

Müstair Die Grenzstation nach Südtirol ist auch Sprachgrenze: Der Rombach aus dem Münstertal heißt fortan Rambach, und gesprochen wird hier deutsch und italienisch, nicht mehr romanisch. Tausende zieht es jährlich in den östlichsten Zipfel der Schweiz auf Grund der einmaligen Kulturdenkmäler: Im ausgehenden 8. Jh. soll Karl der Große hier ein Männerkloster gegründet haben. Mitte des 12. Jh. wurde daraus der Benediktinerinnen-Konvent St. Johann. Die Klosterkirche aus der Gründungszeit ist vor allem wegen der karolingischen Malereien berühmt (→Der gute Tip S. 50). Im 15. Jh. wurde sie zu einer spätgotischen Hallenkirche umgebaut. Sehenswert sind auch die Stuckarbeiten. Die bemalte Stuckstatue von Karl dem Großen entstand wahrscheinlich um 1165. Die Doppelkapelle St. Ulrich und Nikolaus wurde am Ende des 11. Jh. erbaut. Sehenswert sind die romanischen Gewölbestukkaturen im Chor. Die Heiligkreuzkapelle mit ihrem kleeblattförmigen Grundriß, entstanden um 1160, ist eine in der Schweiz einmalige Anlage. Ihre spätgotische Felderdecke datiert um 1520. Das Hospiz an der Straße westlich des Klosters wurde 1709 von italienischen Kapuzinern erbaut. Die Kapelle St. Sebastian im Oberdorf stammt von 1510. Sie ist mit spätgotischen Wandmalereien des hl. Christophorus und der Pestheiligen Rochus und Sebastian (wahrscheinlich um 1513) geschmückt. Beachten Sie am Dorfplatz die »Chasa Chalvaina«, in deren mittelalterlichen Kern ein Wohnturm (13. Jh.) steht.
Anfahrt: Bis Zernez mit der Bahn, dort umsteigen ins Postauto oder mit dem Pkw (68 km nordöstlich von St. Moritz).
Auskunft:
Verkehrsverein Val Müstair
7537 Müstair
Tel. 082/855 66
Klostermuseum
Feb.–Mai Mo–Sa 14–17 Uhr, So 15–17 Uhr; Juni–Okt. Mo–Sa 9–11 und 14–17 Uhr, So 10.30–11 und 15–17 Uhr

Muottas Muragl Im Jahre 1907 in Betrieb genommen, erschließt die altmodische Standseilbahn auf Muottas Muragl (gesprochen Murail) den schönsten und am leichtesten zugänglichen Aussichtsberg des Engadins. Von hier oben ist zu erkennen, wie während der Eiszeit die merkwürdige Topographie des Oberengadins zustande kam. Genährt von den Firnfeldern der Bernina-Gruppe flossen damals gewaltige Eismassen aus den Seitentälern. Auch Muottas Muragl war damals von Eis bedeckt, wie an der abgerundeten Form des Bergrückens abzulesen ist. Eine der Gletscherzungen schob sich talaufwärts gegen Maloja und stürzte dann über die Geländekante ins Bergell ab. Bei dem Abbruch hoch über Maloja entstanden tiefe Risse; die Gletschermühlen zeugen davon. Als die Eiszeit zu Ende ging, schmolzen die

Gletscher ab, ließen aber in den Mulden zwischen Maloja und St. Moritz große Massen von Eis zurück. Die Flüsse aus den schmelzenden Gletschern brachten mächtiges Geschiebe zu Tal; daraus entstand die Ebene von Samedan und der übrige Talboden. Nur die vereisten Mulden blieben unausgefüllt. Dort entstanden später die Seen. Eine schöne und leichte Wanderung führt auf einem 7 km langen Höhenweg in etwa zweieinhalb Stunden von Muottas Muragl über den Schafberg (romanisch Munt da la Bês-cha) zur Alp Languard und hinunter nach Pontresina. Wer eine längere Tour machen will, kann von der Alp Languard in zweieinhalb Stunden den Gipfel des Piz Languard (3262 m, herrliche Rundsicht!) besteigen. Auf dem Schafberg steht die Segantini-Hütte, das Haus, in dem der 41jährige Maler am 28. September 1899 an Bauchfellentzündung starb.
Anfahrt: Zur Bodenstation Punt Muragl 4 km nordöstlich von St. Moritz (Richtung Pontresina).

Nationalpark Der einzige Nationalpark der Schweiz, ein 170 qkm großes Naturreservat, das sich zwischen den von Südosten zum Engadin verlaufenden Tälern Val Trupchun und Val S-charl erstreckt, wurde 1909 gegründet. Nur wenige wissen, daß die Gründer des Parks das Gebiet keineswegs im Urzustand übernahmen. Vielmehr war hier Jahrhunderte lang Bergbau und intensive, zerstörerische Forstwirtschaft betrieben worden. Heute leben in der großartigen wilden Gebirgslandschaft Tiere und Pflanzen völlig unberührt. Wer den Park betritt, muß auf den markierten Wegen bleiben, Pflanzen und Tiere genießen absoluten Schutz. Das Reservat, das fast überall erst oberhalb der Baumgrenze beginnt, ist unter den Einheimischen allerdings nicht ganz unumstritten. Das Wild – vor allem Rothirsche, aber auch Steinböcke und Gemsen – vermehrt sich mangels natürlicher Feinde sehr stark und richtet jedes Jahr innerhalb und außerhalb des Parks große Schäden an. Besonders nach milden Wintern müssen die Bestände deshalb durch kontrollierten Abschuß außerhalb des Parks reguliert werden. Es ist ratsam, vor einem Besuch des Parks die Ausstellung im Nationalparkhaus in Zernez zu besichtigen. Wanderrouten beginnen auch in S-chanf (Val Trupchun), an der Ofenpaß-Straße, die mitten durch den Park führt (Il Fuorn) und bei Scuol (Val S-charl).
Anfahrt: Mit Bahn, Postauto oder Pkw, rund 35 km bis Zernez.

Nationalparkhaus
7530 Zernez
Tel. 082/81378
Fax 082/81740
1. Juni – ca. Ende Okt. 9–12 und 13.30–18.30 Uhr, Sa bis 17 Uhr

Pontresina Mit Grindelwald, Saas Fee und Zermatt ist Pontresina (romanisch Puntraschigna) eines der klassischen Bergsteigerzentren des Landes. Die *Bergsteigerschule* und das *Museum Alpin* zeugen von der Bedeutung des Alpinismus für die Gemeinde. Fürs Geschäft ist heute der Winter allerdings genauso wichtig wie die warme Jahreszeit. Pontresina profitiert von seiner sonnigen, windgeschützten Lage am rechten Talhang des Val Bernina oberhalb der Straße zum Berninapaß und von den kurzen Distanzen zu wunderschönen Langlaufloipen und Wanderwegen. Wohin man blickt, überall hat man die Eisriesen vor Augen. Eine sehr eindrückliche, leichte Wanderung führt im südwärts verlaufenden, herben Val Roseg in zwei Stunden zum Restaurant Roseggletscher. Wer es gern gemächlich nimmt, leistet sich eine Kutsche oder macht eine Pferdeschlittenfahrt. Noch schöner ist ein Ausritt in dieses Tal: Man kommt sich vor wie in den Rocky Mountains! Im Winter ist Pontresina vor allem für Langläufer ideal. Die beiden Luftseilbahnen in seiner Nähe, eine auf die Diavolezza (2973 m – die Eisriesen Piz Palü, Bellavista und Piz Bernina erscheinen zum Greifen nah!), die andere auf den Piz Lagalb (2893 m, im Sommer schöner Rundwanderweg), machen den Ort aber auch für Alpinskifahrer attraktiv. Denn beide bieten auch geübten Skifahrern anspruchsvolle Abfahrten. Am schönsten ist bei gutem Wetter und genügend Schnee die über 10 km lange Route von der Diavolezza über den Pers- und den Morteratsch-Gletscher (im Sommer geführte Wanderung; Auskunft beim Verkehrsverein).

Wegen eines verheerenden Dorfbrandes im Jahr 1720 blieben leider nur wenige alte Häuser erhalten, doch die etwas über dem Dorf gelegene Kirche Santa Maria blieb verschont. Der Turm stammt aus der ersten Hälfte des 12. Jh., der kleine Saalbau wurde einige Zeit später hinzugefügt. Die Westwand und die Apsis dieses Baus sind erhalten geblieben, ebenso romanische Fresken (Anbetung der Heiligen drei Könige). Die übrigen Teile des Gotteshauses wurden Ende des 15. Jh. erbaut. Die Malereien stammen vom gleichen oberitalienischen Künstler, der auch die Kirche San Gian in Celerina geschmückt hat und als »Meister von Pontresina« bekannt ist. Auf dem Friedhof liegt der »König der Bernina«, Gian Marchet Colani. Er starb am 14. August 1837 mit 65 Jahren. Der Schriftsteller J. C. Heer hat dem verwegenen Gemsenjäger aus La Punt-Chamues-ch ein episches Denkmal gesetzt. Erhalten geblieben sind in Pontresina auch einige schöne alte Hotels, darunter der sorgfältig renovierte *Kronenhof.* Im Restaurant Kronenstübli genießt man eine ausgezeichnete Küche und hat eine herrliche Aussicht auf die Bergwelt.

Anfahrt: Mit Zug, Postauto oder Pkw, 7 km von St. Moritz.

Auskunft:
Verkehrsverein
7504 Pontresina
Tel. 082/66488
Fax 082/66525
Bergsteigerschule
Tel. 082/66444
Museum Alpin
Via Maistra
Jan. – 15. April, Juni – 15. Okt., Dez. Mo – Sa 16 – 18 Uhr (bei schlechtem Wetter ab 15 Uhr) sowie nach Vereinbarung für Gruppen (mit Führung)
Grand Hotel Kronenhof
Via Maistra
Tel. 60111
Fax 66066
180 Betten: 1./Luxuskategorie
Restaurant Kronenstübli:
1. April – 9. Juni und 22. Sept. bis 20. Dez. geschl.
(Reservierung notwendig)
1./Luxuskategorie

Poschiavo Der Hauptort des Puschlav (Val Poschiavo) ist von einer ganz italienisch anmutenden, urbanen Atmosphäre geprägt. Die Piazza, umgeben von großen Patrizierhäusern mit flachen Steindächern, erinnert an das Zentrum einer oberitalienischen Stadtrepublik. Das kommt nicht von ungefähr: Hier wurde 1552 der erste ladinische Katechismus, die »Taefla« von Jachiam Bifrun aus Samedan, gedruckt. Eine andere, 1780 gegründete Offizin brachte die erste italienische Übersetzung von Goethes »Werther« heraus. Beides beweist, wie aufgeschlossen die Bewohner des steilen Gebirgstals von alters her für geistige Neuerungen sind. Ihr Selbstbewußtsein und ihre Unabhängigkeit im Denken strahlten auch auf die Politik aus. Nie gerieten die Puschlaver (und die Bewohner der andern Südtäler Graubündens) wie die Tessiner unter Deutschschweizer Herrschaft. Vielmehr nahmen sie seit dem 15. Jh. aus freien Stücken und mit großem Einfluß an der Föderation der unabhängigen Bündner Gemein-

den und Talschaften teil. Zu ihren Eigenheiten gehört auch, daß die protestantische Bürgerschicht und die katholische Landbevölkerung jahrhundertelang ohne Glaubenskämpfe zusammenleben konnten.
Zu den zahlreichen Sehenswürdigkeiten des Ortes, der auch als Ausgangspunkt für schöne Wanderungen am Südrand des Berninagebiets dient, gehört die spätgotische Stiftskirche San Vittore. Sie wurde 1503 vollendet, ihr Turm stammt noch aus romanischer Zeit. 1653 wurde das Gotteshaus barockisiert. Südlich der Ortschaft steht die Kirche Santa Maria Assunta. Den barocken Bau aus der Zeit um 1700 schmückt ein prunkvolles, illusionistisches Kuppelgemälde. Am westlichen Talhang steht die mittelalterliche Kapelle San Pietro mit schönen Wandmalereien. Das Spaniolenviertel am Südrand des Tales wurde um 1830 von Auswanderern gebaut, die aus Spanien zurückkehrten. Im *Hotel Albrici* (erbaut 1682, seit 1848 Hotel) verdient der Sibyllensaal mit Kassettendecke und zwölf Sibyllendarstellungen Beachtung. In der Casa Mengotti (um 1655, umgebaut im 18. Jh.) befindet sich das Puschlaver *Talmuseum.* Poschiavo war viele Jahre lang die Heimat des Schriftstellers Wolfgang Hildesheimer (1916 bis 1991; u. a. »Lieblose Legenden«, »Mozart«, »Masante«, »Marbot«). Die Gemeinde verlieh dem gebürtigen Hamburger 1982 die Ehrenbürgerschaft.
Anfahrt: Mit der Bahn (Bernina-Express) oder mit dem Pkw, 40 km von St. Moritz.
Auskunft:
Ente Turistico
Piazza da Cumün
7742 Poschiavo
Tel. 082/50571
Mo–Fr 8–11.30 und 14–18.30 Uhr (Sommer), Mo–Fr 14–18 Uhr (Winter)
Hotel Albrici
Piazza da Cumün
Tel. 50173

Museo Vallerano Poschiavino
(Talmuseum)
Via di Spoltrio
Juni–Okt. Di 15–17 Uhr, Fr 10 bis 12 Uhr; Juli Di ab 14 Uhr

S-chanf Das sonnige Dorf mit prächtigen Patrizierhäusern liegt 2 km unterhalb von Zuoz. 1806 war S-chanf mit 450 Einwohnern die größte Gemeinde des Engadins. (In St. Moritz, der drittkleinsten, zählte man damals nur 183 Seelen.) Die evangelische Kirche wurde im Jahre 1493 erbaut, wobei der im Kern mittelalterliche Turm miteinbezogen wurde. Im Innern ein spätgotisches Sterngewölbe. Sehenswert ist die Chesa Juvalta, 1662 von der einflußreichen Familie Perini erbaut, mit herrlichen Sgraffiti (Meerjungfrau und Drachen). Der dank der neuen Umgehungsstraße sehr ruhige Ort mit zwei kleinen Hotels ist ein beliebter Ausgangspunkt für Touren in den Schweizerischen Nationalpark (→ Nationalpark). Im Winter sehr gute Möglichkeiten für Langläufer. Hinter S-chanf beginnt sich das Inntal zu verengen. Am Eingang zur Innschlucht, kurz hinter der Einmündung des Vallember-Bachs aus dem Val Susauna liegt auf einer kleinen Geländeterrasse das Dorf Cinuos-chel mit einer Kirche von 1615 und gut erhaltenen Engadiner Häusern mit originellem Sgraffito-Schmuck.
Anfahrt: Mit Bahn oder Pkw, 18 km von St. Moritz Richtung Scuol.
Auskunft:
Kur- und Verkehrsverein
7525 S-chanf
Tel. 082/72255

Samedan Das Dorf war zeitweise Hauptort des Oberengadins, bis ihm Zuoz den Rang ablief. Die reich ausgestatteten Patrizierhäuser im ganzen Dorf zeigen, daß Samedan seine Zentrumsfunktion in der weiten Talebene nie verloren hat. Hier steht das größte Patrizierhaus des Engadins, das *Plantahaus.* Sein Name

führt allerdings in die Irre: Gebaut und ausgebaut wurde der Palazzo im 16. und 18. Jh. von Angehörigen der Familie von Salis. An die Familie von Planta kam es erst später durch Heirat. Heute ist es Sitz der Fundaziun Planta, die sich neben der Verwahrung und Bearbeitung von Archivalien der Stifterfamilien ganz der Pflege der rätoromanischen Kultur verschrieben hat. In dem Haus befindet sich eine rätoromanische Bibliothek, und jeden Sommer finden Sprachkurse statt (→ S. 137). Ein weiterer berühmter Einwohner von Samedan war der Bündner Freiheitsheld Georg (Jürg) Jenatsch 1596 bis 1639), der hier geboren sein soll. Verehrt wird der bauernschlaue und skrupellose Haudegen, weil er die Franzosen aus Graubünden vertrieb. Er war einer jener protestantischen Engadiner Prädikanten, die in den wilden Jahren des Dreißigjährigen Krieges in den umliegenden Talschaften den neuen Glauben predigten und gleichzeitig heftig politische Agitation betrieben. Wer die Geschichte des Engadins als Durchgangsland kennt, wundert sich nicht, daß der neue Glaube aus den italienischsprachigen Südtälern Puschlav und Bergell heraufgedrungen war.
In Samedan begann um 1830 der Tourismus im Engadin. Baumeister Johannes Badrutt richtete damals in seinem Haus einige Gästezimmer und einen Ballsaal ein. Die Häuser im Dorfkern stammen zumeist aus dem 16. und 17. Jh., so daß das Ortsbild typische Engadiner Charakteristika aufweist. Die reformierte Begräbniskirche St. Peter ist ein spätgotischer Bau vom Ende des 15. Jh. mit einem romanischen Turm aus der Zeit um 1100. Im Innern weisen die Reste einer alten Bestuhlung (17. Jh.) die Wappen der Familien von Planta und von Salis auf. In der um 1682 erbauten reformierten Kirche befinden sich eine schöne Rokokoorgel (1772) und ein prächtiger Abendmahlstisch mit Intarsienarbeit. Das ehemalige Plantahaus wurde um 1750 erbaut und ist im Innern mit hübschem Rokokostuck und einer bemalten Rokokotäfelung verziert. Heute ist es Gemeindehaus. Touristische Bedeutung hat Samedan heute auch, weil auf seinem Gemeindegebiet der Engadiner *Flugplatz* liegt, der von einzelnen Engadinfans rege benutzt wird. Besonders geschätzt wird das Flugfeld auch von Segelfliegern, die die ausgezeichnete Thermik an den Hängen der Muottas Muragl nutzen. Schließlich befindet sich auf der weiten Ebene vor Samedan auch noch ein *18-Loch-Golfplatz.*
Anfahrt: Mit Bahn, Pkw oder zu Fuß, 5 km von St. Moritz.
Auskunft:
Verkehrs- und Kurverein
7503 Samedan
Tel. 082/65432
Chesa Planta (Plantahaus)
Neben der Chesa Cumünela (Gemeindehaus) am Plazzet
Tel. 65268 und 65244
Juli–Aug. Mo–Fr 9.30–16.30 Uhr
Regionalflugplatz Oberengadin
Tel. 65433
Engadin Golf
Klubhaus und Sekretariat (Juni bis Okt.)
Tel. 65226
Fax 64682

Samnaun Dort, wo das Engadin aufhört und Tirol beginnt, hinter der Grenzstelle Martina (Martinsbruck) bei der Ortschaft Vinadi, zweigt links eine Straße ins Tal von Samnaun ab. Sie wurde erst kurz vor dem Ersten Weltkrieg gebaut, um diesen deutlich tirolerisch sprechenden Schweizern einen direkten Zugang zu ihrer Heimat zu schaffen. Weil sie über Generationen nur über österreichisches Gebiet in ihr Tal gelangen konnten, hatten die ursprünglich rätoromanischen und reformierten Samnauner mit der Zeit die Sprache und auch die katholische Konfession ihrer nächsten Nachbarn angenommen. Das abgelegene Tal ist Zollausschlußge-

biet: Nirgendwo sonst in der Schweiz ist Schnaps so wohlfeil, Parfüm so preiswert und Benzin so billig – ein hochalpiner Duty-free-Shop. Und neuerdings befinden sich in den Autokolonnen der Tagestouristen auch Feriengäste. Eine Schwebebahn und ein Skilift schaffen die Verbindung zum Tiroler Skigebiet von Ischgl.
Anfahrt: Mit dem Auto bis Martina (76 km von St. Moritz), bei Vinadi links abbiegen (20 km bis Samnaun)
Auskunft:
Verkehrsverein
7563 Samnaun
Tel. 084/951 54
Fax 954 37
Veranstaltungen Tel. 954 84

Scuol Der sonnige Unterengadiner Kurort Scuol (deutsch Schuls) liegt malerisch am Ufer des Inns und bildet mit den etwas oberhalb, am rechten Talrand gelegenen Orten Tarasp und Vulpera ein Kurgebiet. Besonders bekannt ist der Ort für seine stark kohlensäurehaltigen Quellen. Wer das Wasser versuchen will: Es sprudelt auch aus dem Dorfbrunnen! Das Dorfbild von Unterschuls ist geprägt von vielen typischen Engadiner Häusern mit Sgraffiti und Wappensteinen. Das sogenannte Kloster Chà Grande wurde wahrscheinlich im 17. und 18. Jh. erweitert. Heute beherbergt es das *Unterengadiner Museum* mit einer kleinen heimatkundlichen Sammlung. Rund 4 km von Scuol, an der Straße ins Val Sinestra, liegt das Dorf Sent, das wegen seiner intakten Baustruktur und den originellen »Sentner Giebeln« seiner Engadiner Häuser sehenswert ist. Der Kurort bietet gute und vielfältige Sportmöglichkeiten: Das Skigebiet Motta Naluns (1200–2800 m), das von Scuol, Ftan und Sent aus erreichbar ist, wird von zwei Gondelbahnen, zwei Sesselliften und zwölf Skiliften erschlossen.
Anfahrt: Mit Bahn oder Auto, 59 km nordöstlich von St. Moritz.
Auskunft:
Kur- und Verkehrsverein
7550 Scuol
Tel. 084/994 94
Fax 084/999 39
Museum d'Engiadina Bassa
(Unterengadiner Museum)
Plaz (in der Nähe der reformierten Kirche)
Mitte Mai–Juni und Sept.–Mitte Okt. Di, Do 10–11.30 und 15–17 Uhr, Juli/Aug. Mo–Fr 10–11.30 und 15 bis 17 Uhr

Sils Die aus den Ortsteilen Sils Maria und Sils Baselgia bestehende Ortschaft (romanisch Segl) liegt auf dem Schwemmland zwischen dem Silser und dem Silvaplaner See. Sils ist im Sommer wie im Winter ein erstklassiger Erholungsort. Der Philosoph Friedrich Nietzsche verbrachte hier, nachdem er 1879 wegen einer schweren Krankheit seine Basler Professur hatte aufgeben müssen, einen Erholungsurlaub: »Mir ist, als wäre ich im Lande der Verheißung«, schrieb er an seine Schwester. »Es tut gut. Hier will ich lange bleiben.« Von 1881 bis zu seinem endgültigen Zusammenbruch 1889 verbrachte der Gelehrte jeden Sommer im Haus des Gemeindepräsidenten Durisch, machte einsame Spaziergänge, schrieb und ließ sich inspirieren. Dem Andenken Nietzsches sind eine Gedenktafel auf der Halbinsel Chastè im Silser See und das kleine Museum im *Nietzsche-Haus* gewidmet. Weit über Sils hinaus war die *Biblioteca Engiadinaisa* schon vielen Gästen nützlich, die sich vom genius loci inspirieren lassen wollten: Man bekommt dort innerhalb von wenigen Tagen auch Bücher aus anderen Schweizer Bibliotheken. Beachtung verdient die Kirche St. Lorenz in Sils Baselgia, deren Umfassungsmauern auf den spätromanischen Ursprung des Gotteshauses hinweisen. Auf dem Weg nach Sils Baselgia sollten Sie in der Konditorei Schulze die Silser Kugeln und die Engadiner Nußtorte versuchen. In Sils Baselgia ist vor allem der Patrizierbau des *Hotels Margna* von 1817 sehenswert. Das *Hotel Waldhaus* steht wie ein Märchenschloß etwas erhöht mit herrlicher Sicht auf den See und Maloja über der Silser Ebene. Zum Essen sollten Sie sich in der *Chesa Marchetta* von den Schwestern Godly mit Bündner Spezialitäten verwöhnen lassen (→Der gute Tip S. 80). Dem Südostufer des Silser Sees entlang führt ein schöner Spazierweg in 45 Minuten zum Weiler Isola. Die alte Bergeller Alp ist nur im Sommer bewohnt. In einer weiteren Dreiviertelstunde erreicht man Maloja (→).

Hübsche Wanderungen führen ins malerische Fextal, in dem auch ein Pferdetaxi verkehrt. In Crasta steht auf einem kleinen Hügel ein steingedecktes romanisches Kirchlein. Die Fresken im Chor stammen von 1511, vielleicht vom gleichen Meister, der die Kirchen San Gian in Celerina und jene von Pontresina geschmückt hat. Im Fextal macht man die ruhigsten Ferien, die man sich vorstellen kann: Die Pension *Chesa Pool* (→Der gute Tip S. 85) ist in einem 400 Jahre alten Bauernhaus eingerichtet.

Alpinskifahrer benutzen von Sils aus am liebsten die Furtschellas-Bahn – je früher am Morgen desto besser. Denn der Silser Hausberg wird auch von Feriengästen aus den umliegenden Orten sehr geschätzt. Lange Wartezeiten sind während der Hochsaison die Folge. Im Sommer erschließt die Luftseilbahn ein sehr schönes und großes Wandergebiet.

Anfahrt: Mit Pkw oder Postauto, 12 km südlich von St. Moritz.

Auskunft:

Verkehrs- und Kurverein
7514 Segl
Tel. 082/45237 und 45140
Fax 082/45960

Nietzsche-Haus
Tel. 45369
Jan.–Ostern, Mitte Juni–Mitte Okt., Ende Dez. Di–So 15–18 Uhr
Eintritt 2 sfr

Biblioteca Engiadinaisa
Tel. 45377
Mo–Fr 10–11.30 und 15–18 Uhr

Hotel Margna
Sils Baselgia
Tel. 45306
Fax 45470
110 Betten: 1. Kategorie

Hotel Waldhaus
Sils Maria
Tel. 082/45331
Fax 082/45992
220 Betten: 1. Kategorie

Silvaplana Der Ort am Fuß des Julierpasses, auf dem Schwemmkegel, der den Champférer See vom Silvaplaner See trennt, war schon den Römern bekannt. Ab 1844 verkehrte im Sommer eine vierplätzige Postkutsche von Chur nach Silvaplana. Die Fahrt kostete sieben Bündner Gulden und dreißig Kreuzer. (Privates Autofahren wurde im Kanton Graubünden erst nach einer Volksabstimmung im Jahre 1926 erlaubt! Es gibt Leute – nicht nur in Silvaplana –, die jenen Entscheid des Souveräns angesichts der stinkenden Blechlawinen, die zeitweise durchs Engadin rollen, heftig bedauern.) Heute ist das Dorf ein beliebter Ferienort im Sommer und im Winter. Hauptskigebiet ist der Piz Corvatsch (3295 m), auf dem auch im Sommer einige Skilifte in Betrieb sind. Daß die Corvatsch-Bahn auf der andern Talseite, im Ortsteil Surlej, liegt, stört nur wenige Gäste. Ein Sportbus bringt sie bis vor den Eingang der Luftseilbahn-Station. Wer dagegen seinen Pkw auf dem riesigen terrassierten Parkplatz abstellen will, muß bei schönem Wetter früh aufstehen. Eine besonders schöne, klassische Wanderung führt von Silvaplana über die Fuorcla Surlej ins Rosegtal und nach Pontresina. Die Tour ist am bequemsten, wenn man sie bei der Mittelstation der Corvatsch-Bahn beginnt. Silvaplana hat sein dörfliches Ortsbild gut bewahren können. Strenge Bauvorschriften und jahrelange Anstren-

gungen vieler Idealisten haben die Freihaltung der Ebene von Surlej (wie auch jener von Sils) möglich gemacht. Die Ufer aller Engadiner Seen sind für jedermann frei zugänglich. Zu den Attraktionen des Ortes gehören der Murmeltierpark (am Dorfausgang Richtung Sils) und auch das exzellente *Restaurant Albana*. Der Küchenchef beweist täglich, daß Vollwertkost ausgezeichnet schmecken kann. Beachtung verdient in Silvaplana die schöne Kirche. Sie wurde 1491 unter Verwendung eines romanischen Vorgängerbaus von der Bauhütte des Tirolers Steffan Klain, einem zu damaliger Zeit außerordentlich erfahrenen Baumeister, errichtet. Am zierlichen Turm wurden die romanischen Schallfenster nicht zugemauert, so daß man die Höhe seines Vorgängers abschätzen kann. Die eindrückliche Wandmalerei an der Nordwand (»Anna selbdritt« mit stürzendem Reiter) stammt offensichtlich vom gleichen Maler, der auch im Kirchlein im Fextal gearbeitet hat.
Anfahrt: Mit Pkw oder Postauto, 6 km südlich von St. Moritz.
Auskunft:
Verkehrsverein
7513 Silvaplana
Tel. 082/48151
Fax 082/48380
Restaurant Albana
Tel. 49292
Fax 48181
Nur in der Saison geöffnet
1. Kategorie

Soglio Der Stammsitz der Familie von Salis befindet sich in schönster Südlage in einem riesigen Kastanienwald über der Maira im Bergell. Von hier aus hat man eine herrliche Aussicht über das ganze Tal. Seit dem 13. Jh. bauten die von Salis hier, in diesem enggedrängten Dorf, ihre Häuser: zuerst bescheiden wie die 1524 errichtete und 1680 umgebaute »Casa alta«, dann vornehmer wie der Renaissancepalazzo »Casa Gubert« und schließlich hochherrschaftlich wie die »Casa Battista«, die heute als Hotel »Palazzo de Salis« genutzt wird. Später kamen noch die »Casa Max« und die »Casa Antonio« hinzu. In der Casa alta steht ein sehenswerter Turmofen aus dem 17. Jh. Die Casa Antonio besitzt eine herrliche Freitreppe in den Garten. Die Casa Battista ist im Louis-XVI.-Stil gestaltet. Im Kern des Bauwerks liegt eine zweistöckige Halle mit Galerie, dahinter, hangwärts, öffnet sich ein barocker Garten, der ähnlichen Anlagen in Graubünden als Vorbild diente.
Anfahrt: Mit dem Pkw oder mit dem Postauto, 38 km südwestlich von St. Moritz. Soglio ist auch zu Fuß auf einem sehr schönen Höhenweg zu erreichen. Dieser zweigt in Casaccia (Postauto), am Fuß des Maloja-Passes nach rechts ab und verläuft zunächst die Maira entlang, bevor er, leicht ansteigend, am rechten Talhang Höhe gewinnt. Der Höhenweg kann auch von Vicosoprano oder von Stampa aus erreicht werden.
Auskunft:
Ente Turistico Pro Bregaglia
7605 Stampa
Tel. 082/41555

Sta. Maria Der Hauptort des Val Müstair liegt am Fuß des Umbrailpasses, dessen Paßhöhe (2501 m) die Grenze zwischen Italien und der Schweiz markiert und die Verbindung zum Stilfser Joch (2757 m) schafft. Am Ortsbild mit seinen behäbigen Bürgerhäusern im Engadiner Stil ist zu erkennen, daß die Lage am Fuß zweier wichtiger Übergänge Wohlstand und Weltläufigkeit mit sich brachte. Beispielhaft dafür ist die *Chasa Capól*, erbaut 1651 und heute ein Hotel (→ Der gute Tip S. 88). Die spätgotische Kirche wurde 1492 von dem im Engadin viel beschäftigten Tiroler Baumeister Andreas Bühler unter Verwendung romanischer Bauteile errichtet. An der Außenmauer ist ein riesiger Christophorus, Schutzpatron der Reisenden, und eine Ölbergszene erhalten. Im Innern die sieben Apostel über Schriftbändern. Bekannt ist der Hauptort des Val Müstair auch für die traditionelle Handwebkunst. Sie wird in der *Webstube Münstertal* auf alten Webstühlen gepflegt. Bei gutem Wetter sollte man einen Aufenthalt in Sta. Maria unbedingt mit einer Fahrt aufs Stilfser Joch verbinden. Oben angekommen, lohnt sich ein kurzer Spaziergang zum Gipfel des Piz da las trais Linguas (Dreisprachenspitze). Hier, wo bis 1919 die Grenzen Österreichs, der Schweiz und Italiens zusammenliefen, genießt man einen sagenhaften Rundblick von den Ötztaler Alpen im Osten bis zur Bernina-Gruppe im Westen. Im Zentrum des Panoramas stehen die Gipfel des Ortler-Massivs. Von Sta. Maria aus können schöne Wanderungen unternommen werden. Besonders empfehlenswert ist die etwa dreistündige Tour zum Lai da Rims, die man auch vom Nachbardorf Valchava aus unternehmen kann. Der Weg führt durchs lärchenbestandene Val Vau zur Alp Tschucca. Dort zweigt man ins Val Madonna ab und gelangt auf knapp 2400 m Höhe zu dem kristallklaren, türkisfarbenen Bergsee.

Anfahrt: Mit Pkw oder mit Bahn und Postauto über Zernez und den Ofenpaß, 68 km von St. Moritz.

Auskunft:

Kurverein
7536 Sta. Maria
Tel. 082/857 27

Webstube Münstertal
Tel. 851 26

Stampa Der Ort liegt auf knapp 1000 m, etwa in der Mitte des Bergells. Er ist ein für dieses Tal typisches Dorf mit Steinhäusern, die in kleinen Gruppen auf beiden Seiten der Maira zusammenstehen. Kurz vor einer Talenge gelegen, die seit dem 9. Jh. durch die Burg Castelmur gesichert war. Die Festung zerfiel nach 1500. Der Name ist allerdings in dem im Ortsteil Coltura stehenden neugotischen Palazzo Castelmur lebendig. In der neugotischen Anlage aus dem 19. Jh., von Juni bis Oktober öffentlich zugänglich, ist die Ausstattung im Stil des Rokoko und des Biedermeier sehenswert. Weit bedeutender ist allerdings ein Relikt aus der Frühgeschichte, das in Palü, westlich des Dorfes an der Maira, entdeckt wurde: ein spätrömisches, exakt aus einem Granitblock gehauenes Wannengrab. Die meisten Besucher kommen allerdings nach Stampa, um die weltberühmte, hier seit Menschengedenken ansässige Künstlerfamilie Giacometti zu ehren. Im *Talmuseum* in der Ciäsa Granda sind neben einer volkskundlichen Sammlung auch Werke von Giovanni, Augusto, Alberto und Diego Giacometti ausgestellt. Der berühmteste ist Alberto (1901–66), der seit 1922 in Paris lebte und zum Kreis der bekanntesten Kubisten und Surrealisten gehörte. Von 1947 an schuf er seine dürren, hochbeinigen Menschenfiguren, die heute überall in den modernen Kunstsammlungen zu sehen sind. Albertos Vater Giovanni (1868–1933) war – zusammen mit Giovanni Segantini – der wichtigste Vertreter des Spätimpressionismus in der Schweiz. Sein Vetter Augusto verschrieb sich schon 1910 der abstrakten Malerei. Seine Glasfenster schmücken viele Kirchen in der Schweiz, vor allem in Graubünden.

Anfahrt: Mit Pkw oder Postauto, 34 km südwestlich von St. Moritz

Auskunft:

Ente Turistico Pro Bregaglia
Tel. 082/415 55

Museo Vallerano Bregagliotto
(Talmuseum)
Tel. 417 16
Juni–Okt. 14–17 Uhr

Tarasp Der Ort gehört zum Bäderdreigestirn Scuol–Tarasp–Vulpera im Unterengadin. In Scuol (→S. 206) stehen die Kureinrichtungen, Vulpe-

ra ist das Hotelviertel mit Kurhaus, und in Tarasp wird gebadet. Besonders berühmt ist der Ort aber wegen seines auf einem Felshügel am Talrand stehenden Schlosses (romanisch: Chastè). Die Burganlage entstand um 1200. Der Wohnturm und die Kapelle sind aus dieser Zeit erhalten geblieben; der übrige Bau stammt aus dem 17. Jh. Daß die Feste nicht ganz zerfiel wie viele ähnliche Burgen in Graubünden, ist dem Dresdner Mundwasserfabrikanten (»Odol«) Lingner zu verdanken. Er erwarb 1920 die Ruine für 20000 Franken, ließ sie außen und innen sorgfältig renovieren und stattete sie mit sorgfältig ausgewählten Antiquitäten aus dem Engadin und aus Tirol aus. Seit 1976 ist das Schloß im Besitz eines »Kuratoriums zum Schutz von Schloß und Region Tarasp«. Es ist öffentlich zugänglich (Führungen).
Anfahrt: Mit Bahn und Postauto oder Pkw, 57 km nordöstlich von St. Moritz.
Auskunft:
Verkehrsbüro
7553 Tarasp
Tel. 084/90505
Schloß Tarasp
Führungen Juni und 21. Aug. bis 15. Okt. Mo–Sa 14.30 Uhr; 1. bis 10. Juli 14.30 und 15.30 Uhr; 11. Juli–20. Aug. 11, 14.30, 15.30, 16.30 Uhr

Zernez Das stattliche Dorf am Fuß des Ofenpasses wurde 1161 erstmals urkundlich erwähnt. Sein einheitliches Dorfbild erhielt es nach einem verheerenden Brand im Jahr 1872. Die am südlichen Dorfrand, erhöht am Hang des Munt Baselgia stehende Kirche wurde 1619 vollendet. Ihr Turm stammt vom romanischen Vorgängerbau, erhielt aber später einen barocken Spitzhelm aufgesetzt. Im Innern frühbarocke Stukkaturen. Ebenfalls Beachtung verdienen die spätgotischen Wandmalereien in der Kapelle St. Sebastian. Schloß Wildenberg, das heute der Gemeindeverwaltung dient, war die Stammburg der Planta von Wildenberg. Im Treppenhaus und im Obergeschoß ist eine reiche Louis-XVI.-Ausstattung zu entdecken. Seine touristische Bedeutung verdankt Zernez dem Schweizerischen Nationalpark, der hier seinen Haupteingang und die Verwaltung hat (→ Nationalpark). Im *Nationalparkhaus* ist eine gepflegte naturwissenschaftliche und naturhistorische Sammlung zu sehen.
Anfahrt: Mit Bahn oder Pkw, 32 km nordöstlich von St. Moritz.
Auskunft:
Verkehrsverein
7430 Zernez
Tel. 082/81300
Fax 082/81155
Nationalparkhaus
Tel. 81378
1. Juni–ca. 25. Okt. 9–12 und 13.30 bis 18.30 Uhr, Sa bis 17 Uhr

Zuoz Der Hauptort des Oberengadins, in erhöhter Südlage über dem Inn, hat sich seine Bausubstanz und seinen Charakter als Engadiner Dorf trotz touristischer Bedeutung besser als andere Dörfer bewahren können. Hier, am Stammsitz der mächtigen Familie von Planta, ist deutlicher als an anderen Orten der Ausbau des Engadiner Bauernhauses in prächtig repräsentierende Patrizierpaläste zu sehen. Die zumeist durch die Einnahmen aus dem Söldner-Verleih finanzierten Herrschaftshäuser zeigen die gleiche Grundstruktur, auch die Raumaufteilung wurde nicht verändert, doch war die Ausstattung reicher, der Wohntrakt wurde durch einen zweiten ergänzt. In Zuoz wurden zusätzlich mittelalterliche Wohntürme in die Häuser integriert. Besondere Beachtung verdienen die beiden zusammengebauten Plantahäuser am ansteigenden Dorfplatz, das untere mit einem steinernen Barockgeländer an der Außentreppe, und das Haus Poult am Plazett, in dessen Mittelteil der ehemalige Wohnturm sofort erkennbar ist.

Die Glasfenster in der spätgotischen Dorfkirche stammen von Augusto Giacometti. Zuoz ist im Sommer ein ruhiger Fremdenort, der als Ausgangspunkt für Wanderungen in den nahen Schweizerischen Nationalpark (→) gut geeignet ist. Im Winter bietet er an seinem Sonnenhang Alpinskifahrern schöne, nicht sehr anspruchsvolle Abfahrten (drei Skilifte, ein Übungslift). Die überschaubaren Verhältnisse und die familiäre Skischule sind für Kinder ideal. Als Zielort des Engadiner Skimarathons ist Zuoz ein Mekka für Langläufer und Skiwanderer, die von einem ausgezeichnet ausgebauten Loipensystem talauf- und -abwärts profitieren können.

Anfahrt: Mit Bahn oder Pkw, 16 km nordöstlich von St. Moritz.

Auskunft:
Verkehrsverein
7524 Zuoz
Tel. 082/71510
Fax 082/73334

Zürich

Das Renommee der Schweizer Wirtschaftsmetropole hat gelitten: In der Trivialliteratur hat die Stadt den Ruf, alle kriminellen Gelder der Welt zu horten, und die Weltpresse weidete sich jahrelang an der Drogenszene im »Platzspitz-Park« in unmittelbarer Nähe der glitzernden Bahnhofstraße. Seit der Schließung des Parks leben die Süchtigen vor allem auf den Straßen im Quartier hinter dem Hauptbahnhof. Trotz lädiertem Ruf: In der grünen Stadt am See läßt es sich gut leben. Bei günstiger Wetterlage reicht die Sicht bis weit in die Alpen: Selbst wer geschäftig die Seepromenade entlangeilt, kann sich dann einer heiteren Stimmung nicht entziehen.
Zürich ist nicht Hauptstadt der Schweiz (Bern ist die sogenannte »Bundesstadt«), sondern Hauptort und damit Sitz von Parlament (Kantonsrat) und Regierung des Kantons und eidgenössischen Standes Zürich. Die Stadt besitzt eine Universität und eine Technische Hochschule. Mit 360000 Einwohnern auf einer Fläche von 93 Quadratkilometern ist Zürich die größte Stadt des Landes, aber noch lange keine Großstadt. Auf der Suche nach Größe haben clevere Marketingleute den Begriff des »Millionen-Zürich« gefunden: Gemeint ist damit die Großagglomeration Zürich, die Gebiete der benachbarten Kantone Aargau, Zug und St. Gallen umfaßt und rund eine Millionen Menschen zählt.
Die Stadt liegt auf 409 Meter Höhe am Nordende des Zürichsees, im Westen und Osten flankiert von Hügelzügen. Zürich-Kloten (sowohl mit dem Auto als auch mit dem Zug eine knappe Viertelstunde vom Stadtzentrum entfernt) ist der bedeutendste Flughafen des Landes. Zürich liegt an der Autobahn N 1 (Genf – St. Gallen). Die Eisenbahn nach Bern, Basel, Luzern und St. Gallen verkehrt im Halbstunden- oder Stundentakt.
Das historische und geographische Stadtzentrum ist der »Lindenhof«, ein Moränenhügel in der Altstadt links der Limmat. Schon in römischer Zeit stand dort ein Kastell, im Mittelalter dann eine Pfalzburg. Karl der Große stiftete das Großmünster (nach der Legende steht es dort, wo die Stadtpatrone Felix und Regula nach der Enthauptung ihre Köpfe hingetragen haben).
Als Stadt urkundlich erwähnt wird Zürich erstmals im Jahr 929. Das Großmünster und ein zweites Stift, das Fraumünster, trugen wesentlich zur Bedeutung der Stadt bei. 1218 wurde Zürich freie Reichsstadt, 1351 schloß sich die Stadt dem Bund der Eidgenossen an. Gemäß der von Bürgermeister Rudolf Bruns 1336 eingeführten Verfassung teilten sich Adel, Kaufleute und Zünfte bis zum Ende der alten Eidgenossenschaft 1798 die Macht. Im 16. Jahrhundert wirkte

Der gute Tip von MERIAN

Einkaufen:

Fabric Frontline Die phantasievoll bedruckten Halstücher, Krawatten und Stoffe, die hier angeboten werden, haben eins gemeinsam: Sie sind aus allerfeinster Seide (→S. 91).

Essen und Trinken:

Confiserie Schober Eine Institution für all jene, die Tradition, leicht angestaubten Charme und die hohe Qualität des angebotenen Naschwerks zu schätzen wissen (→S. 82).

Szenelokal J.O.S.E.F Im einstigen Industriebezirk »Kreis 5«, der sich mittlerweile zum Künstlerviertel gemausert hat, und voll im Trend liegt dieses Szenerestaurant mit internationaler Küche (→S. 76).

Hotel:

Hotel Wellenberg Die schicke, postmoderne Herberge am Hirschenplatz gleicht einer Oase der Ruhe in der quirligen Altstadt und ist vor allem bei jüngeren Geschäftsleuten beliebt (→S. 85).

Museum:

Schweizerisches Landesmuseum In der verspielten, historistischen Museumsburg ist die Kulturgeschichte der Schweiz von der Altsteinzeit bis zum 19. Jahrhundert detailreich und anschaulich dokumentiert (→S. 68).

Nachtleben:

Polygon Ein klassisches Varieté-Programm, diskreter Bar-Betrieb (garantiert jugendfrei!), Dancing und moderate Preise machen die Erfolgsmischung aus (→S. 98).

Stadtrundfahrt:

Zürich per Schiff Stadterkundung einmal anders: Auch und gerade vom Wasser aus kommen die Reize der Limmat-Stadt, deren bedeutendste barocke und mittelalterliche Bauten zum Fluß hin orientiert sind, voll zur Geltung (→S. 106).

Theater:

Zürcher Theater-Spektakel Einmal im Jahr verwandelt sich die Landiwiese am linken Seeufer in ein Heerlager für Gaukler und Komödianten, Clowns und Jongleure, Kartenleser und Pantomimen (→S. 96).

Außerhalb:

Radwandern um den Bodensee Wer im Urlaub aktiv sein und dennoch auf kulinarische und kulturelle Attraktionen nicht verzichten will, für den sind Radtouren rund um den Bodensee genau das Richtige (→S. 109).

Der gute Tip von MERIAN

(Fortsetzung)

Diessenhofen Prächtige spätgotische Bürgerhäuser bestimmen das Ortsbild des wehrhaften Städtchens am Oberrhein (→S. 57).

Kloster Einsiedeln Kernstück der im 18. Jahrhundert im Stil des Barock umgebauten Klosteranlage des Benediktinerordens und Ziel der zahlreichen Pilger ist die Gnadenkapelle mit der Schwarzen Madonna (→S. 49).

Restaurant Drachenburg und Waaghaus in Gottlieben Zwei Hotels und drei Restaurants mit Seeterrassen gehören zu diesem empfehlenswerten gastronomischen Komplex, der direkt am Ufer des Bodensees in historischen Gebäuden residiert (→S. 78).

Kaiserstuhl Das aargauische Grenzstädtchen am Rhein hat sich seine Ruhe und Beschaulichkeit über die Jahrhunderte bewahren können (→S. 53).

Stiftskirche Königsfelden Die elf hohen, bemalten Glasfenster der Pfeilerbasilika, die den Innenraum in mystisches Licht tauchen, sind wahre Perlen der gotischen Sakralkunst (→S. 52).

Waldfestung Kyburg Mitten im Eschenbergwald bei Winterthur erhebt sich das wehrhafte Märchenschloß der einstigen Grafen zu Kyburg, das heute mitsamt seiner beeindruckenden Waffensammlung zu besichtigen ist (→S. 58).

Schloß Lenzburg In der stattlichen Höhenburg aus dem 11. Jahrhundert hat der Kanton Aargau ein originelles Kulturzentrum eingerichtet (→S. 59).

Zirkus Knie in Rapperswil Hier bezieht das traditionsreiche Schweizer Zirkusunternehmen sein Winterquartier und unterhält einen Kinder-Zoo, im Sommer ist die Truppe auf Tournee (→S. 94).

Regensberg Der gut erhaltene Ortskern zu Füßen des Schlosses läßt das Mittelalter lebendig werden (→S. 53).

Stiftsbibliothek St. Gallen Der reichverzierte, barocke Bibliothekssaal des Benediktinerstifts mit seinen kostbaren Folianten und Inkunabeln läßt die Herzen von Bücherfreunden höher schlagen (→S. 65).

Textilmuseum in St. Gallen Die Exponate zur Geschichte der Stickerei erinnern an die Zeit, da St. Gallen ein Zentrum der internationalen Textilbranche war (→S. 70).

Das Rössli in Stäfa Das gemütliche Gasthaus in Stäfa am Zürichsee hat sich mit einem ambitionierten Kulturprogramm als Treffpunkt der Alternativ-Szene etabliert (→S. 99).

Seehotel Feldbach in Steckborn Architektonisch eigenständig, aber dennoch harmonisch schließt sich auf der Halbinsel Feldbach im Untersee der Neubau des Hoteltrakts an die alten Gemäuer des Klosters, in denen die Restaurant- und Konferenzräume untergebracht sind, an (→S. 86).

der Reformator Huldrych Zwingli in Zürich: Die Stadt wurde zum Zentrum der Reformationsbewegung in der deutschen Schweiz. Im 18. Jahrhundert hatte die Kleinstadt einen wichtigen Platz im deutschen Kulturleben inne: Hier wirkten die Literaturpäpste Bodmer und Breitinger; die Maler Salomon Gessner und Heinrich Füssli und der Pädagoge Heinrich Pestalozzi lebten in der Limmatstadt.

Im 19. Jahrhundert nahm Zürich einen großen wirtschaftlichen Aufschwung. Die Stadtbevölkerung wuchs stark an. Wichtigster Repräsentant der Gründerzeit ist Alfred Escher (1819–82): Eisenbahnmagnat, Gründer der Schweizerischen Kreditanstalt und Mitbesitzer der Maschinenfabrik Escher Wyss AG. Der Dichter Gottfried Keller (1819–90) amtete als Staatsschreiber. Das Geistesleben der Stadt prägten damals die politischen Flüchtlinge aus Deutschland.

Auch im 20. Jahrhundert war die Stadt ein Zufluchtsort: Lenin wohnte in »Niederdorf«, heute ein Vergnügungsviertel in der Altstadt rechts der Limmat, und zur Zeit des Nationalsozialismus war das Schauspielhaus am Pfauen das erste deutschsprachige Theater Europas.

Zürich ist die Stadt der Schweiz, in der sich politische und soziale Konflikte am deutlichsten offenbaren: 1918 ging der einzige Generalstreik der Schweizer Geschichte von Zürich aus; die bürgerliche Schweiz fürchtete in den dreißiger Jahren die in Zürich regierenden »Roten«, 1968 wurde an der Limmat der Aufstand geprobt, und 1980 war die Zürcher Jugend im Aufruhr.

Die Stadt Zürich wird seit 1990 von einer linksalternativen Koalition regiert; die wesentlichen Entscheidungen fällen aber kantonale Instanzen mit klaren bürgerlichen Mehrheiten: Kantonsrat und Regierungsrat (Exekutive), die ihren Sitz ebenfalls in der Stadt haben.

Karte → Umschlag hinten

Auskunft

Verkehrsbüro Zürich
Hauptbahnhof:
Bahnhofplatz 15
8001 Zürich
Tel. 01/2114000
Fax 01/2120141
Telex 813744
März–Okt. Mo–Fr 8–22 Uhr, Sa/So 8–20.30 Uhr, Nov.–Feb. Mo–Do 8–20 Uhr, Fr 8–22 Uhr, Sa/So 9–18 Uhr
Flughafen:
Terminal A und B
Mo-So 7-20 Uhr

Aussichtspunkt

Der Üetliberg Auf dem Üetliberg, dem an schönen Sonntagen ziemlich überlaufenen Hausberg der Zürcher, steht neben dem Berggasthof ein Aussichtsturm. Ab Hauptbahnhof oder Bahnhof Selnau direkt mit der S-Bahn-Linie S 10 bis Uto-Kulm (871 m). Wer nicht mit der Bahn zurückfahren will, steigt zu Fuß bis zum »Albisgüetli« ab (Zeitbedarf 1 Std., Tram Nr. 13 führt zurück ins Zentrum) oder wandert über den »Planetenweg« zur Felsenegg (2 Std.). Von dort mit der Luftseilbahn nach Adliswil und mit der S-Bahn S 4 zurück in die Stadt (Fahrkarten am Automaten Code »*131« wählen).

Auto

Das Zentrum der Stadt Zürich ist für den Autoverkehr gesperrt oder nur beschränkt zugänglich. Stellen Sie Ihren Wagen deshalb am besten in einer der »Park-and-Ride«-Anlagen am Stadtrand ab – die Zufahrten sind ausgeschildert – und fahren dann mit der Tram in die Innenstadt. Auf öffentlichen Parkplätzen darf das Auto meist nur während einer Stunde abgestellt werden (Gebühr 1 sfr), die Parkhäuser sind sehr teuer.

Pannenhilfe:
Tel. 140

Parkhäuser: Öffentliche Parkhäuser in Seenähe: »Hohe Promenade« an der Rämistraße beim Bellevue, »Escherwies« an der Beethovenstraße und »Feldegg« an der Feldeggstraße im Seefeld-Quartier; Parkhäuser beim Hauptbahnhof: »Sihlquai« und »Urania«.

Einkaufen

Die Zürcher Bahnhofstraße ist als Einkaufsmeile zwar ein Begriff – doch Entdeckungen werden Sie dort kaum machen – die meisten Geschäfte sind ebenso international wie ihre Kundschaft. Die folgenden Hinweise beschränken sich deshalb weitgehend auf Geschäfte, die Besonderes bieten. Viele Geschäfte sind am Montag(-vormittag) geschlossen. Donnerstags sind viele Innenstadtgeschäfte bis 21 Uhr offen. Samstags geht nach 16 Uhr nichts mehr.

Antiquitäten:

Arts et Décors Möbel und Kleinantiquitäten, Silber und Porzellan.
Kirchgasse 33

Galerie Kempf Historische Stiche, alte Bücher.
Strehlgasse 19
Tel. 2213830

August Laube Hervorragendes Angebot an Stichen und alter Graphik.
Trittligasse 19

Delikatessen:

Bianchi Das traditionsreiche Geschäft offeriert vor allem Fisch, Geflügel und Wild.
Marktgasse 3

Caviar House Kaviar, Lachs und die passenden Getränke.
Uraniastr. 7
Tel. 2114977

Delicatessa Die Lebensmittelabteilung im Untergeschoß des Warenhauses »Globus« bietet einen repräsentativen Querschnitt durch die leiblichen Genüsse dieser Welt. Großes Angebot an fertig zubereiteten Gerichten für eine schnelle Mahlzeit. Guter Weinkeller.
Löwenplatz/Bahnhofstr.

Mode:

Boutique Baccarat Herrenmode, schöne Stoffauswahl für Maßarbeiten.
Strehlgasse 7

Grieder les Boutiques Die gepflegte Auswahl für die nicht mehr ganz junge Dame und den schon etwas gesetzteren Herrn.
Bahnhofstr. 30

Hannes B. Sündhaft teure Designer-Mode für Herren.
Zunfhaus zur Meisen, Wühre 2

Lataa Style Exklusive Stücke der Zürcher Designerin Marion Wittenberg für gutsituierte Damen.
Waaggasse 5/Paradeplatz

Meth Maßkonfektion für Herren; im Notfall vermietet Marius Strub Smokings und andere formelle Kleidungsstücke.
Kanzleistr. 109

Pink Flamingo Designer-Mode der mittleren Preislage für Sie und Ihn.
Uraniastr. 16

Relief Kleines, aber feines Sortiment. Auch Schuhe. Eher teuer.
Stüssihofstatt 17/Limmatquai

Reto's Modisches für Herren nach Maß.
Weite Gasse 4

Philatelie:

Hans R. Schwarzenbach Seltene Briefmarken aus Europa und Übersee auf Briefen.
Oberdorfstr. 8

Walter AG
Rämistr. 7
Tel. 2512270

Schmuck:

Jean Beverly Exklusiver Modeschmuck, Taschen und Accessoires.
Hufgasse 19

Ernst Loosli Diamanten nach Wunsch.
Limmatquai 24
Franz Marfurt Edler Schmuck nach eigenem Design.
Münsterhof 9

Schuhe:
Bally Der Schweizer Schuhhersteller hat in Zürich viele Filialen. Hier zwei der besten Adressen:
– Storchengasse 15
– Bahnhofstr. 32
Andy Illien's Modisches Schuhwerk für Damen und Herren.
Torgasse 5 und 6

Stoffe:
Fabric Frontline →Der gute Tip S. 91
En Soie Stoffe, aber auch Accessoires.
Strehlgasse 26

Traditionelles Handwerk:
Heimatwerk Traditionelles Kunsthandwerk.
Rudolf-Brun-Brücke
Exklusives, auch modernes Kunsthandwerk in der Filiale:
Rennweg 14

Uhren:
Chronometrie Beyer Der edelste Uhrenhändler der Stadt verkauft die Renommierprodukte der Schweizer Uhrenhersteller und führt eine hervorragende Reparaturwerkstätte. Im Untergeschoß präsentiert Beyer eine Sammlung antiker Uhren. Das leitende Personal im Geschäft wirkt etwas barsch, aber der Cicerone im Untergeschoß, ein pensionierter Ingenieur, ist freundlich und kompetent.
Bahnhofstr. 31 / Ecke Bärengasse
Sammlung: Mo–Fr 10–12, 14 bis 16 Uhr
Meister Prestige-Uhren und Schmuck.
Bahnhofstr. 33
Harald Schade Der Spezialist für antike Uhren.
Waaggasse 7

Warenhäuser:
Globus Warenhaus mit breitem Sortiment der gehobenen Preisklasse. Besonders empfehlenswert: die Lebensmittelabteilung Delicatessa.
Löwenplatz / Bahnhofstraße
Jelmoli (Grands Magasins Jelmoli) Für Schweizer der Inbegriff des Warenhauses: umfassendes Sortiment.
Seidengasse 1 / Bahnhofstraße

Wein:
Baur au Lac Große Auswahl renommierter Weine, teuer.
Börsenstr. 27
René Moser Spezialist für Weine aus Burgund.
Predigerplatz 46
Staatskellerei Hier werden die Zürcher Riesling×Sylvaner und Räuschlinge gekeltert und verkauft.
Hirschengraben 13
Les grands vins Veric Spitzenerzeugnisse aus Frankreich und Raritäten.
Hirschengraben 20
Vinothek Bacchus in der Mühle Französische und italienische Weine (auch aus dem eigenen Weinberg).
Seefeldstr. 225
Weinkellerei zum St. Anna-Hof Im repräsentativsten Haus des Coop-Konzerns werden gute und beste Weine aller Provenienzen verkauft.
Bahnhofstr. 57

Essen und Trinken

Essen im Restaurant ist eine Lieblingsbeschäftigung der Zürcher, entsprechend groß ist das Angebot. Die besseren Lokale – und zu denen gehören alle, auf die hier hingewiesen wird – sind trotz Rezession häufig ausgebucht. Es empfiehlt sich also zu reservieren (in den Spitzenlokalen besser schon einige Tage vor dem geplanten Besuch). Essen in Zürich ist teuer bis sehr teuer. Sperrstunde ist um 0.30 Uhr, doch schalten die meisten Köche den Herd bereits um 22 Uhr ab. Wenn Sie das Küchenpersonal bei Laune halten wollen, sollten Sie vor 21 Uhr eintreffen.

Cafés, die Snacks und Süßigkeiten anbieten, haben spezielle Öffnungszeiten. In den Sommermonaten Juli und August sind viele Lokale für mehrere Wochen geschlossen.

Cafés und Konditoreien:

Buvette Bevor Sie bei Gianni Versace vis-à-vis ein halbes Vermögen ausgeben, überlegen Sie sich den Kauf bei einem Cappuccino in der Buvette.
Weinplatz 2
Tel. 2115510
Mo–Sa 8–23.30 Uhr, So 10 bis 23.30 Uhr

Café Raben Straßencafé am Limmatquai, der sommerlichen Promeniermeile der Zürcher Jugend.
Schifflände 5
Tel. 2528370
Tgl. 7–24 Uhr

Café Select Ehemals Treffpunkt der Zürcher Existentialisten – heute eher trostlos. Im Sommer Straßencafé.
Limmatquai 16
Tel. 2524372
So–Do 7–23.30 Uhr, Fr/Sa 7 bis 24 Uhr

Confiserie Honold Verlockendes Angebot an Süßigkeiten aus eigener Produktion.
Rennweg 53
Tel. 2115258
Mo–Fr 7.30–18.30 Uhr, Sa 7.30 bis 17 Uhr.

Confiserie Schober →Der gute Tip S. 82

Confiserie Sprüngli Das »Café Sprüngli«, im ersten Stock über dem Verkaufsgeschäft, ist eine Zürcher Institution. Frühstücks-Buffet bis 10 Uhr. Die »Truffes du Jour« sind unübertrefflich.
Bahnhofstr. 21
Tel. 2110795
Mo–Fr 7–18.30 Uhr, Sa 7.30 bis 17.30 Uhr

Restaurants in der Innenstadt:

Aargauerhof Spanische und italienische Küche.
Hohlstr. 43
Tel. 2424616
3. Kategorie

Agnes Amberg Die Erben der kürzlich verstorbenen Spitzenköchin wollen das Lokal im bisherigen Stil weiterführen.
Hottingerstr. 5
Tel. 2512626
Sa, So und Mo mittags sowie Mitte Juli – Mitte Aug. und über Weihnachten geschl.
Luxuskategorie

Bamboo Inn Chinesisches Lokal mit kleinem Garten.
Culmannstr. 19
Tel. 2613370
Mo geschl.
2. Kategorie

Barometer Unkompliziertes Lokal mit guter Bistroküche.
Glockengasse 16
Tel. 2115665
Sa und So geschl.
2. Kategorie

Baron de la Mouette Der Renommierbetrieb der Mövenpick-Kette. Riesige Weinauswahl zu günstigen Preisen.
Dreikönigstr. 18
Tel. 2865353
Sa und So geschl.
1. Kategorie

Barrique Große Auswahl an hervorragenden Weinen im Ausschank, kleine Karte. Offen bis 2 Uhr.
Marktgasse 17
Tel. 2525895
So geschl.
2. Kategorie

Da Bernasconi Elegantes italienisches Lokal etwas außerhalb des Zentrums.
Lavaterstr. 87
Tel. 2011613
1. Kategorie

Bierhalle Kropf Ein volkstümliches, lebhaftes Lokal mit buntem Publikum.
In Gassen 16
Tel. 2211805
So geschl.
3. Kategorie

Blaue Ente Urbanes Restaurant in einer alten Mühle. Günstige Weine. Treff der lokalen Schickimickis.
Seefeldstr. 223
Tel. 422 77 06
1. Kategorie

Blaueck Spanische und italienische Spezialitäten.
Langstr. 215
Tel. 272 18 17
So mittags geschl.
2. Kategorie

Brasserie Lipp Wie beim bekannten Namensvetter in Paris: französische Hausmannskost bis 23.30 Uhr.
Uraniastr. 9
Tel. 211 11 55
So geschl.
2. Kategorie

Casa Ferlin Publikum, Personal und Karte sind bei diesem Italiener seit Jahren unverändert.
Stampfenbachstr. 38
Tel. 362 35 09
Sa mittags und So geschl.
1./2. Kategorie

Chesa da Seoul Die koreanische Küche ist leicht, ohne viel Öl und Fett. Hervorragend zubereitetes Rindfleisch und roher Fisch.
Klingenstr. 33
Tel. 272 21 21
So geschl.
(Reservierung empfehlenswert)
1. Kategorie

Commercio Spaghetti in vielen Varianten bis 2 Uhr in der Früh.
Mühlebachstr. 2
Tel. 261 38 77
3. Kategorie

Cooperativo Treffpunkt der italienischen Emigranten und der linken Szene.
Strassburgstr. 5
Tel. 241 44 75
3. Kategorie

Eden au Lac Das »Hors-d'œuvre chaud« lohnt einen Besuch im Restaurant des altmodisch-eleganten Hotels am Zürichsee.
Utoquai 45
Tel. 261 94 04
2. Kategorie

Am Egge Hausmannskost in der Altstadt bis 23 Uhr.
Froschaugasse/Brunngasse
Tel. 251 13 33
3. Kategorie

Emilio Beliebtes Restaurant mit spanischen Spezialitäten.
Müllerstr. 5
Tel. 241 83 21
2. Kategorie

Fischstube Zürichhorn Sommerrestaurant auf einem Holzsteg am Seeufer.
Bellerivestr. 160
Tel. 422 25 20
2. Kategorie

Flühgass Große Auswahl an marktfrischen Produkten, hervorragend zubereitete Fische und Meeresfrüchte.
Zollikerstr. 214
Tel. 53 12 15
Sa und So, Juli und über Weihnachten geschl.
(Reservierung empfehlenswert)
Luxuskategorie

Franziskaner Preiswerte Bistroküche bis 23 Uhr.
Niederdorfstr. 1
Tel. 252 01 20
3. Kategorie

Freieck Kleines Lokal, das Menü richtet sich nach dem Marktangebot, vor allem aber nach der Lust des Patrons.
Wildbachstr. 42
Tel. 241 42 29
Sa und So geschl.
(Reservieren!)
2./3. Kategorie

Fribourger-Fondue-Stübli Das beste Fondue der Stadt: »Moitié-Moitié«, je zur Hälfte aus Greyerzer und Freiburger Vacherin-Käse.
Rotwandstr. 38
Tel. 241 90 76
Sa und So mittags und im Sommer geschl.
2. Kategorie

Gleich Vegetarisch.
Seefeldstr. 9
Tel. 251 32 03
So geschl.

Goethe-Stübli (Kaisers Reblaube) Gutbürgerliches, gepflegtes Lokal, bis 23 Uhr.
Glockengasse 7
Tel. 2212120
Sa und So geschl.
2. Kategorie

Golden Dragon Die Boat-people-Großfamilie Duong serviert chinesische und vietnamesische Spezialitäten in Vollendung.
Berner Str. Nord 226
Tel. 4311953
Sa mittags und So geschl.
1. Kategorie

St. Gotthard In der Hummer- und Austernbar werden kulinarische Wünsche bis 23.30 Uhr erfüllt.
Bahnhofstr. 87
Tel. 2115500
Luxuskategorie

Gusto Mondial Helvetisches und Exotisches für Film- und TV-People bis 23 Uhr.
Brauerstr. 4
Tel. 2426224
Mo geschl.
3. Kategorie

L'Hexagone Elegantes Bistro mit großer Weinauswahl. Im vorderen Teil brauchen Sie nur eine Kleinigkeit zu bestellen.
Kuttelgasse 15
Tel. 2119411
(Reservieren!)
2. Kategorie

Hiltl Vegi Frische Salate und Gemüse.
Sihlstr. 28
Tel. 2213870
2. Kategorie

Idaburg Kleines, gemütliches Bistro, das den Weg in dieses Quartier lohnt.
Gertrudstr. 44
Tel. 4511842
Sa mittags (im Sommer auch Sa abends) und So geschl.
1. Kategorie

J.O.S.E.F →Der gute Tip S. 76

Zum Königstuhl Für die Gäste im 1. Stock des Zunfthauses kocht der Elsässer Marc Zimmermann. Eine einfachere Küche wird im ebenerdigen Bistro und im Garten gepflegt.
Stüssihofstatt 3
Tel. 2617618
1. Kategorie

Kronenhalle Hier gibt's (bis 23.30 Uhr) die teuerste Bratwurst der Stadt. Die Kunst an den Wänden ist überzeugender als die kulinarische Leistung – dennoch ist die »Kronenhöhle« jeden Abend ausverkauft.
Rämistr. 4
Tel. 2510256
(Unbedingt reservieren!)
2. Kategorie

Latino Treffpunkt eines jugendlichen Publikums.
Seegartenstr. 14
Tel. 3834043
So geschl.
2. Kategorie

Mère Catherine Französische Bistroküche bis 23.15 Uhr.
Nägelihof 3
Tel. 2622250
2. Kategorie

O'Henry Hamburger und Steaks bis 23.30 Uhr.
Gottfried-Keller-Str. 7
Tel. 2517790
2. Kategorie

Onkel Toms Hütte Trotz des Namens: ein italienisches Lokal.
Rotwandstr. 42
Tel. 2419015
Mo geschl.
3. Kategorie

Piccola Accademia Große italienische Küche. Die besten Pasta-Gerichte der Stadt. Erkundigen Sie sich nach der Tagesspezialität.
Rotwandstr. 48
Tel. 2416243
Sa und So geschl.
(Reservierung empfehlenswert)
Luxuskategorie

Da Pin Eine Oase der lombardischen Küche, etwas außerhalb des Zentrums.
Hohlstr. 451
Tel. 4924809
Di geschl.
2. Kategorie

Raja Bongo Indische Köstlichkeiten.
Zwinglistr. 3
Tel. 241 80 11
So und Mo geschl.
2. Kategorie

Ravjs Relativ milde indische Küche.
Rütschistr. 29
Tel. 361 66 56
Sa mittags, So und Mo geschl.
2. Kategorie

Real Spanische Spezialitäten, unübertroffen das »Pollo asado«.
Rotwandstr. 62
Tel. 242 66 06
Mi und So geschl.
2. Kategorie

Rechberg Gemütlich-altmodisches Lokal mit gepflegter Küche.
Seilergraben 21
Tel. 251 17 60
So und Mo geschl.
2. Kategorie

Reithalle Alternativlokal im städtischen Kulturzentrum.
Gessnerallee 8
Tel. 212 07 66
3. Kategorie

Ribo Traditionelles, spanisches Lokal.
Luisenstr. 43
Tel. 272 48 64
Sa und So geschl.
2. Kategorie

Riesbächli Moderne leichte Küche. Gut sortierter Weinkeller.
Zollikerstr. 157
Tel. 55 23 24
Sa und So geschl.
Luxuskategorie

Zum Rüden Leichte Küche zu stolzen Preisen in einem schönen alten Lokal.
Limmatquai 42
Tel. 261 95 66
Sa und So mittags geschl.
1. Kategorie

Sala of Tokyo Leichte, japanische Küche, beste Qualität.
Limmatstr. 29
Tel. 271 52 90
So und Mo geschl.
(Reservierung empfehlenswert)
1./Luxuskategorie

Taverna Catalana Preiswerte spanische Küche.
Glockengasse 8
Tel. 221 12 62
So und Mo geschl.
2. Kategorie

Thai Kleines Lokal mit dem köstlichen Angebot der thailändischen Küche.
Stampfenbachstr. 26
Tel. 252 00 32
Sa mittags und So geschl.
(Unbedingt reservieren!)
Luxuskategorie

Du Théâtre Kleines, aber attraktives Angebot bis 24 Uhr.
Dufourstr. 20
Tel. 251 08 44
Sa und So geschl.
3. Kategorie

Tübli Leichte Küche. Große Auswahl an italienischen Weinen – vertrauen Sie dem Sommelier.
Schneggengasse 8
Tel. 251 24 71
Sa und So geschl.
(Reservierung empfehlenswert)
1. Kategorie

Turm Breites Angebot an mediterran beeinflußten Gerichten. Ziemlich laut.
Obere Zäune 19
Tel. 262 52 00
3. Kategorie

Zum weissen Schwan Warme Küche bis 23 Uhr.
Predigerplatz 34
Tel. 251 18 04
So geschl.
3. Kategorie

Weisser Wind Eines der letzten erhaltenen Quartierrestaurants in der Altstadt.
Oberdorfstr. 20
Tel. 251 18 45
So geschl.
2. Kategorie

White Elephant Ein Restaurant des Hotels Zürich. Hier zelebriert die Thailänderin Vandee Suwannatat die Küche ihrer Heimat.

Neumühlequai 42
Tel. 3636363
1. Kategorie

Zähringer Gesunde Kost für Preisbewußte.
Zähringerplatz 11
Tel. 2520500
3. Kategorie

Ziegel au Lac Alternativer Treffpunkt am See, etwas außerhalb im Kulturzentrum »Rote Fabrik«.
Seestr. 407
Tel. 4816242
3. Kategorie

Restaurants außerhalb:

Kunststuben Die kurze Fahrt den See entlang nach Küsnacht ist für Gourmets der schönste Weg Zürichs. In dieser Vorortgemeinde vollbringt Horst Petermann, der einfallsreiche Großmeister der französischen Küche, kulinarische Höchstleistungen. Hinreißende Desserts. Perfekter Service.
Seestr. 160, Küsnacht
Tel. 9100715
So, Mo und von Ende Aug. – Mitte Sept. geschl.
(Frühzeitig reservieren!)
Luxuskategorie

Les Vacances chez Max Der international gefeierte Max Kehl hat die Zwangsjacke der »Haute cuisine« abgeworfen. Lassen Sie sich überraschen!
Seestr. 53, Zollikon
Tel. 3918877
So und Mo geschl.
(Reservierung empfehlenswert!)
1. Kategorie

Witschis Restaurant Küchenchef Witschi liebt Fisch und Meeresfrüchte und richtet mit hochentwickeltem Sinn für Form und Farbe an.
Zürcher Str. 55
Unterengstringen
Tel. 7504460
So, Mo, Mitte Juni – Mitte Juli und Weihnachten geschl.
(Reservierung erforderlich!)
Luxuskategorie

Feste

Fasnacht Der legendäre Künstlermaskenball, die einzige eigenständige Fasnachts-Veranstaltung Zürichs ist nur noch eine schöne Erinnerung. Am Wochenende nach Aschermittwoch sorgen die Zürcher Narren in der Altstadt für einigen Lärm, am Sonntag paradieren sie am Limmatquai.

Knabenschießen Am zweiten Wochenende im Sept. halten die 12- bis 16jährigen ein Wettschießen ab. Neuerdings dürfen auch Mädchen zum Schießgewehr greifen. Auf dem Schießplatz »Albisgüetli«, am Stadtrand, wird für diese 3 Tage der größte Rummelplatz des Jahres eingerichtet.

Sechseläuten Am dritten Montag im April feiern die Zürcher ihr Frühlingsfest: Die Mitglieder der Zünfte, der früheren Handwerksinnungen, ziehen in historischen Kostümen durch die Innenstadt. Um 18 Uhr wird auf der Wiese beim »Bellevue-Platz« am See ein großes Feuer angezündet. Wenn der »Böögg«, eine Strohpuppe, die den Winter symbolisiert, explodiert, ist der Winter in Zürich angeblich vorbei.

Führungen

Zürich können Sie zu Fuß, im Bus, mit der Straßenbahn oder im Boot kennenlernen. Die Führungen werden vom Offiziellen Verkehrsbüro im Hauptbahnhof organisiert.
Tel. 2114000

Altstadtbummel Zweistündiger Spaziergang durch die ältesten Stadtquartiere.
Mai bis Okt. jeweils Di, Do und Sa 9.30 und 15 Uhr
Treffpunkt: Verkehrsbüro, Bahnhofplatz 15. Preis: Erwachsene 12 sfr, Senioren 9 sfr, Kinder zwischen 6 und 12 Jahren 6 sfr

Stadtrundfahrt im »Goldtimer« Ein Straßenbahnveteran aus dem Jahr 1928 fährt während einer Stunde kreuz und quer durch die Stadt.
Mai-Okt. jeweils Mi, Fr und So, Ab-

fahrt um 10.30, 11.30, 14.15 und 15.30 Uhr, Einstieg an der Kreuzung Bahnhof-/Usteristraße
Fahrpreis: Erwachsene 12 sfr, Studenten 9 sfr, Kinder von 6 bis 16 Jahren 6 sfr

Hotels und Pensionen
In der Bankenstadt Zürich sind die Hotels auf die Bedürfnisse der Geschäftsleute ausgerichtet – und durchweg teuer. Eigentliche Touristenhotels gibt es nur wenige.

In der Innenstadt:
Ammann Kleines, ruhiges Hotel in der Altstadt.
Kirchgasse 4–6
Tel. 2527240
Fax 2624370
Telex 817137
53 Betten: 2. Kategorie
Baur au Lac Hotel mit langer Tradition. Zentral in Seenähe gelegen und entsprechend laut. Die privaten Klubräume bieten den gutbetuchten Herren der Stadt einen Hort der Männlichkeit.
Talstr. 1
Tel. 2211650
Fax 2118139
Telex 813567
210 Betten: Luxuskategorie
Carlton Elite Businesshotel im Schatten der Großbanken.
Bahnhofstr. 41
Tel. 2116560
Fax 2113019
Telex 812781
115 Betten: 1. Kategorie
Central Plaza Neues Hotel, die Einrichtung suggeriert Strandatmosphäre – tatsächlich ist direkt vor dem Haus einer der verkehrsreichsten Plätze der Stadt.
Central 1
Tel. 2515555
Fax 2518535
Telex 817152
135 Betten: 1. Kategorie
Florhof Am Rand der Altstadt, im Univiertel, dazu ganz in der Nähe eines kleinen Parks. Ruhig.
Florhofgasse 4
Tel. 2614470
Fax 2614611
Telex 817364
56 Betten: 2. Kategorie
Franziskaner Kleines Hotel, mitten im Niederdorf, dem vor allem im Sommer lebhaften Altstadtvergnügungsviertel.
Niederdorfstr. 1
Tel. 2520120
Fax 2526178
Telex 816431
40 Betten: 2. Kategorie
Glockenhof Unprätentiöses Haus nahe der Bahnhofstraße.
Sihlstr. 31
Tel. 2115650
Fax 2115660
Telex 812466
170 Betten: 2. Kategorie
St. Gotthard In Bahnhofsnähe, direkt an der Bahnhofstraße, allerdings im weniger attraktiven Teil. Mit empfehlenswertem Fischrestaurant und schummriger »Hummer-Bar«.
Bahnhofstr. 87
Tel. 2115500
Fax 2112419
Telex 812420
200 Betten: 1. Kategorie
Grand Hotel Dolder Unbestritten das erste Haus am Platz. Hoch über der Stadt im exklusivsten Wohnquartier am Zürichberg gelegen. Sonntags eindrückliches Buffet, doch sonst hält die Küche nicht das Niveau des Hauses. Die gediegene internationale Kundschaft scheint sich daran nicht zu stoßen.
Kurhausstr. 65
Tel. 2516231
Fax 2518829
Telex 816416
300 Betten: Luxuskategorie
Italia Im Vergnügungsviertel Kreis 4, relativ ruhig (gegenüber einer Grünfläche). Die italienische Besitzerfamilie führt auch ein Restaurant, das vor allem wegen des Gartens besucht wird.
Zeughausstr. 61
Tel. 2410555

70 Betten, nur Etagenbad:
3. Kategorie
St. Josef Nette Pension am Rand der Altstadt.
Hirschengraben 64
Tel. 2512757
100 Betten (auch 3-, 4- und 5-Bett-Zimmer): 3. Kategorie
Limmathof In Bahnhofsnähe, mit Aussicht auf die Limmat, nicht sehr ruhig.
Limmatquai 142
Tel. 2614220
100 Betten: 3. Kategorie
Rössli Kleines komfortables Altstadthotel.
Rössligasse 7
Tel. 2522121
Fax 2522131
23 Betten: 2. Kategorie
Schiffände Kleines Hotel, nahe dem See.
Schifflände 18
Tel. 2624050
Fax 2624367
Telex 817821
40 Betten: 2. Kategorie
Senator Das erste Viersternehaus im ehemaligen Industriequartier, das sich zum neuen Dienstleistungszentrum der Stadt entwickelt.
Heinrichstr. 254/256
Tel. 2722021
Fax 2722585
210 Betten: 2. Kategorie
Splendid Einfaches Hotel, bekannt wegen seines Nachtcafés.
Rosengasse 5
Tel. 2525850
Fax 2612559
43 Betten (alle Zimmer ohne Bad):
3. Kategorie
St. Georges Ruhiges Hotel in zentraler Lage.
Weberstr. 11 / Hallwylplatz
Tel. 2411144
58 Betten, nur Etagenbad:
3. Kategorie
Zum Storchen Direkt an der Limmat, mit angenehmer Bar.
Am Weinplatz
Tel. 2115510
Fax 2116451
Telex 813354
110 Betten: 1. Kategorie
Tiefenau Ruhiges Haus in einem zentral gelegenen Wohnquartier.
Steinwiesstr. 8–10
Tel. 2512409
Fax 2512476
Telex 816395
50 Betten: 1./2. Kategorie
Wellenberg →Der gute Tip S. 85

Außerhalb der Stadt:
Belvoir Verunglückter Neubau in ruhiger Lage am Berg mit Blick über den See.
Säumerstr. 37, Rüschlikon
Tel. 7240202
Fax 7241176
Telex 826522
50 Betten: 2. Kategorie
Ermitage am See Renoviertes Hotel direkt am See, mit sehr gutem Restaurant. In der Sommerbar im Garten etwas viel Demimonde.
Seestr. 80, Küsnacht
Tel. 9105222
Fax 9105244
Telex 825707
47 Betten
2. Kategorie (saisonale Preisunterschiede)

Jugendherberge:
Im Außenbezirk Wollishofen:
Mutschellenstr. 114
Tel. 4823544
Telex 815862

Konzerte
Die Tonhalle ist der Ort klassischer Musik, Jazz und Rock gibt es vor allem im Volkshaus, in der Roten Fabrik und im Hallenstadion. Einen Überblick über die Termine geben das Bulletin des Verkehrsvereins und die Veranstaltungsbeilagen, die freitags den Tageszeitungen »Neue Zürcher Zeitung« und »Tages-Anzeiger« beiliegen. Höhepunkte des städtischen Kulturlebens sind die Juni-Festwochen: die Kulturinstitute der Stadt leisten dann zu einem jährlich wechselnden Thema ihren Beitrag.

Am einfachsten bezieht man Konzertkarten bei der Kartenzentrale am Werdmühleplatz hinter der Bahnhofstraße:

Billettzentrale
Werdmühleplatz
Tel. 221 22 83

Hallenstadion Die Arena der Popstars, etwas außerhalb des Zentrums, aber mit Tram Nr. 14 (bis »Sternen Örlikon«) problemlos erreichbar.
Wallisellenstr. 45
Tel. 311 30 30

Jazzclub Moods Neuer Club in einer ehemaligen Bahnhofsgaststätte. Eintrittskarten bis zu 7 Tage im voraus über einen Anrufbeantworter (Tel. 201 81 40) oder Telefax (201 81 55).
Sihlamtstr. 5

Rote Fabrik Ein alternatives Kulturzentrum der Avantgarde. Außer Konzerten gibt es hier auch Theatervorstellungen und Kunstausstellungen. Ab Bürkliplatz mit Bus Nr. 161 oder 165.
Seestr. 395
Tel. 481 91 43

Schützenhaus Albisgüetli Am Knabenschießen, einem der wichtigsten Feste im Zürcher Kalender, ist hier der große Luna-Park aufgebaut. Übers Jahr vor allem ein Treffpunkt der Freunde der Country-Musik. Mit Tram Nr. 13 erreichbar.
Ütlibergstr. 60
Tel. 242 56 20

Tonhalle Die Heimstatt des Tonhalle-Orchesters und des Zürcher Kammerorchesters. In den Konzertsälen der Tonhalle gastieren regelmäßig auch Orchester und Solisten von Weltruf.
Claridenstr. 7
Tel. 201 15 80

Volkshaus Das Veranstaltungszentrum der traditionellen Linken steht für Kulturanlässe aller Art zur Verfügung. Wer das Hallenstadion noch nicht (oder nicht mehr) füllen kann, gibt im Volkshaus seine Gastvorstellung.
Stauffacherstr. 60
Tel. 241 04 04

Märkte

Flohmarkt Professionelle Händler und Amateure, die den Dachboden endlich räumen wollen, bieten in den Sommermonaten ihre Ware feil. Trouvaillen möglich, aber nicht garantiert.
Bürkliplatz
Sa 6–16 Uhr

Kuriositätenmarkt Der alternative Markt für gesunde Kost und sinnvolles Schenken.
Rosenhof
Do 10–21 Uhr, Sa 10–16 Uhr

Wochenmärkte Die beiden größten Märkte für Gemüse, Früchte, Milchprodukte, Fisch, Geflügel und Blumen werden zweimal wöchentlich auf dem Bürkliplatz beim Stadthaus und auf dem Helvetiaplatz im Kreis 4 abgehalten.
Di und Fr 6–11 Uhr

Medizinische Hilfe

Ärztlicher Notfalldienst
Tel. 261 61 00, 361 61 61 und 218 71 11

Sanitätsnotruf
Tel. 144

24-Stunden-Apotheke:
Bellevue-Apotheke
Theaterstr. 14
Tel. 252 56 00

Museen

Aufgeführt sind nur Museen, die ständig mindestens Teile ihrer Sammlung präsentieren. Einen Überblick über Wechselausstellungen in den 30 Museen und 100 Galerien Zürichs geben die Veranstaltungskalender, die jeweils am Freitag der »Neuen Zürcher Zeitung« und dem »Tages-Anzeiger« beiliegen. Am 2. Januar, über die Osterfeiertage, am Auffahrtstag (Christi Himmelfahrt), über Pfingsten, am 1. August, am Knabenschießen, am Bettag und über Weihnachten sind die meisten Museen geschlossen.

Geologisch-Mineralogische Ausstellung Die Sammlung von Mineralien, Gesteinen und Fossilien der Eidgenössischen Technischen Hochschule.
Sonneggstr. 5 (Stock E)
Mo–Fr 10–19 Uhr, Sa 10–16 Uhr
Eintritt frei

Graphik-Sammlung Die Technische Hochschule besitzt eine große Zahl von Holzschnitten, Kupferstichen, Radierungen und Druckgraphiken europäischer Meister. Zu sehen ist jeweils eine Auswahl zu wechselnden Themen.
Rämistr. 101 (Eingang Seite Künstlergasse)
Mo–Fr 10–17 Uhr
Eintritt frei

Haus zum Rech Das Baugeschichtliche Archiv der Stadt ist in einem ehemaligen Patrizierhaus untergebracht, das allein schon den Besuch lohnt. Besonders schön ist der Innenhof mit Dekorationsmalereien aus dem 16. und 17 Jh. Ein Modell zeigt die Stadt um 1800.
Neumarkt 4
Mo–Fr 8–18 Uhr, Sa 8–11.30 Uhr
Eintritt frei

Heidi-Weber-Haus Das letzte Bauwerk von Le Corbusier ist ein Privatmuseum, das Architektur, Skulptur und Malerei zu einem Gesamtkunstwerk verbindet.
Höschgasse 8
Mitte Mai–Mitte Sept. Mi 14–20 Uhr, Do–So 14–17 Uhr
Eintritt 8 sfr, Schüler und Studenten 5 sfr

Indianermuseum Das in seiner Art in Europa einzigartige Museum hat rund 1400 Einzelstücke gesammelt: Kleidung, Schmuck, Decken, Masken und Kultgegenstände der Indianer Nordamerikas. Das Museum ist in einem Schulhaus untergebracht und während der Schulferien unregelmäßig geöffnet, ein Telefonbeantworter gibt über die Einzelheiten Auskunft.
Feldstr. 89
Tel. 241 00 50
Sa 14–17 Uhr, So 10–12 Uhr
Eintritt frei

Johann-Jacobs-Museum Das Privatmuseum eines Jacobs-Nachfahren dokumentiert den Einfluß des Kaffees auf das gesellschaftliche Leben. Zur Sammlung gehören außer Porzellan- und Silberwaren, Grafiken und Gemälden auch 3000 Bücher zum Thema.
Seefeldquai 17 / Ecke Feldeggstraße
Fr, Sa 14-17 Uhr, So 10-17 Uhr
Eintritt frei

Kunsthaus Zur Sammlung der Zürcher Kunstgesellschaft gehören Plastiken und Tafelmalerei aus dem Mittelalter, Gemälde aus dem niederländischen und italienischen Barock, Werke lokaler Künstler seit dem 15. Jh. (von Füssli bis Bill und Lohse) und große Werkgruppen bedeutender Schweizer (Böcklin, Hodler, Vallotton und Amiet). Die Moderne repräsentieren u. a. Monet, Munch, Kokoschka, Picasso, Chagall, Rodin und Alberto Giacometti.
Heimplatz 1
Mo 14–17 Uhr, Di–Fr 10–21 Uhr, Sa/So 10–17 Uhr
Eintritt zur Sammlung 3 sfr

Medizinhistorisches Museum Eine Dokumentation zur Geschichte der Chirurgie, der Krankheiten und der Krankenpflege. Zu sehen sind Rekonstruktionen einer Apotheke des 18 Jh., einer Kindbettstube um 1850 und einer Arztpraxis aus der Zeit vor 1900.
Rämistr. 69
Di–Fr 13–18 Uhr, Sa/So 11–17 Uhr
Eintritt frei

Mühlerama Ein Stück Zürcher Industriegeschichte: 1889/90 wurde hier eine Brauerei im Stil der Belle Epoque erstellt, 1913 wurde sie zur Mühle umgebaut, die bis 1983 in Betrieb war. Vorgeführt wird ein Teil der alten Mühle in Funktion. Der Rundgang folgt dem Weg des Korns bis zum Mehl.
Mühle Tiefenbrunnen, Seefeldstr. 231
Di–Sa 14–17 Uhr, So 13.30–18 Uhr
Eintritt 5 sfr, Kinder 3 sfr

Museum Rietberg Im 19. Jh. war die Villa Wesendonck ein Angelpunkt des Zürcher Kulturlebens, Musiker und Literaten gingen ein und aus (Richard Wagners Romanze mit der Dame des Hauses brachte ihn um die Gastfreundschaft der Zürcher). Heute ist hier eine beachtliche Sammlung außereuropäischer Kunst untergebracht.
Gablerstr. 15
Di–So 10–17 Uhr, Mi 10–21 Uhr
Eintritt 3 sfr

Schweizerisches Landesmuseum
→ Der gute Tip S. 68

Stiftung Sammlung E. G. Bührle Der Waffenfabrikant Bührle legte einen Teil seiner Profite in einer bedeutenden Impressionistensammlung an.
Zollikerstr. 172
Di und Fr 14–17 Uhr, jeden ersten Fr im Monat 14–20 Uhr
Eintritt 6.60 sfr, Lehrlinge, Schüler und Studenten 3 sfr

Strauhof Das kleine Museum beherbergt das James-Joyce-Archiv, das nur nach Vereinbarung besucht werden kann.
Augustinergasse 9
Tel. 2163139
Eintritt frei

Thomas-Mann-Archiv Die Eidgenössische Technische Hochschule verwaltet den Mannschen Nachlaß und hat Arbeitszimmer und Bibliothek des Dichters getreulich rekonstruiert.
Schönberggasse 15 (2. Stock)
Mi–Sa 14–16 Uhr und nach Vereinbarung
Eintritt frei

Zoologisches Museum Mammut und Riesenhirsch als Skelett und lebende Wassertierchen unter der Stereolupe. Filme um 11 und um 15 Uhr.
Künstlergasse 16
Di–Fr 9–17 Uhr, Sa/So 10–16 Uhr
Eintritt frei

Zunfthaus zur Meisen Hier, im elegantesten Zürcher Zunfthaus, wird die Porzellan- und Fayencensammlung des Landesmuseums gezeigt.
Münsterhof 20 (Eingang gegenüber dem Fraumünster)
Di–Fr, So 10–12 und 14–17 Uhr, Sa 10–12 und 14–16 Uhr
Eintritt frei

Nachtleben

Es hat sich längst herumgesprochen, daß Zürich nicht die Stadt der Nachtschwärmer ist: Polizeistunde ist um 0.30 Uhr. Doch in einigen der hier erwähnten Bars und Nachtcafés vergnügt sich ein lebenslustiges Publikum bis weit nach Mitternacht. Lassen Sie sich nicht davon irritieren, daß Ihnen das Personal gelegentlich den Eindruck vermitteln will, es sei eine Ehre, in einem Zürcher Lokal bedient zu werden. Am Wochenende werden an wechselnden Orten, meist in leerstehenden Fabrikgebäuden, Tanzpartys organisiert. Am besten informieren Sie sich im »züri tip«, der freitags dem »Tages-Anzeiger« beiliegt.

Babalu Aus der heruntergekommenen Niederdorf-Spelunke ist nach einem Umbau ein In-Treffpunkt geworden.
Schmidgasse 6

Barfüsser Der traditionelle Schwulen-Treffpunkt im Niederdorf in der Altstadt.
Spitalgasse 14

Don Weber Bar mit Restaurant am Escher-Wyss-Platz, dem Ort der Stadt, an dem Zürich einen Hauch Großstadt atmet.
Hardstr. 316

Helvetia Die »Helvti«-Bar am »Tor zu Aussersihl«, dem ehemaligen Arbeiter- und Ausländerviertel, ist jeden Abend bis 4 Uhr früh proppenvoll. Die Kellner gehören zu den schnoddrigsten der Stadt. Im 1. Stock ein Restaurant, das nur Leuten kurz vor dem Verhungern empfohlen werden kann.
Stauffacherquai 1

El Internacional Die Szenenkneipe mit der besten Bierauswahl der Stadt.
Zentralstr. 53

Kon-Tiki Hier treffen sich nicht die In-People, sondern die kritischen und weniger angepaßten jungen Zürcherinnen und Zürcher.
Niederdorfstr. 24
Kronenhalle-Bar In der Bar des berühmten »Kronenhalle-Restaurants« lassen sich Schickimickis die besten Drinks der Stadt mixen.
Rämistr. 4
Limmatbar Live-Musik. Recht lärmig, aber der beste Ort, um nach Mitternacht mit Zürcherinnen und Zürchern unter 20 ins Gespräch zu kommen. Wenn Sie dem Türwächter einen zahlungskräftigen Eindruck machen, werden Sie auch bei Andrang bevorzugt eingelassen.
Limmatquai 82
Malatesta Kleine Bar (Raum an Raum mit einem italienischen Restaurant) mit Tradition. Seit 20 Jahren das gleiche Publikum. Besonders lebhaft ist die Stimmung, wenn im Fernseher über der Theke ein Fußballspiel mit einer italienischen Mannschaft übertragen wird.
Niederdorfstr. 15
Odeon Trauriger Rest des berühmten Literatencafés am Bellevue. Nach Mitternacht fallen Sie als Dame auf.
Limmatquai 2
Old Fashion Falls Sie um 20 Uhr noch nicht wissen, mit wem Sie essen gehen wollen, sind Sie in der Bar hinter der Fraumünsterkirche richtig für den Apéritif.
Fraumünsterstr. 15
Polygon →Der gute Tip S. 98
Rössli-Bar Neue Bar im umgebauten Hotel. Hervorragende Snacks. Gute Auswahl an Weinen.
Rössligasse 7
Splendid Vor Jahren die Bar der Wahl nach Mitternacht, wo sich traf, wer am nächsten Tag nicht vor 10 Uhr aus dem Bett mußte. Heute ist das Publikum eher bieder.
Rosengasse 5
Züri Bar Einer der ältesten Szene-Treffpunkte. Das Publikum ist auch nicht jünger geworden.
Niederdorfstr. 24
Z 33 Musictemple Disko mit Live-Musik.
Zähringerstr. 33

Öffentliche Verkehrsmittel
Zürich und seine Agglomeration verfügt über ein dichtes öffentliches Verkehrsnetz mit S-Bahn, Straßenbahn und Bussen. Die Fahrkarten lösen Sie an Automaten, für die S-Bahn auch an den Schaltern der SBB-Bahnhöfe. Einfache Fahrten mit Straßenbahn oder Bus kosten 1,80 sfr (bis zu 5 Haltestellen), 3 sfr im ganzen Stadtnetz. Die Tarifstruktur im Verbundnetz Straßenbahn/S-Bahn ist so kompliziert, daß sie auch die Einheimischen überfordert. Am einfachsten lösen Sie für 6 sfr eine Tageskarte, die während 24 Stunden im ganzen Verbundnetz gültig ist.
Zürichsee: Die Kursschiffe fahren während des ganzen Jahres, von April bis Oktober bietet die Schifffahrtsgesellschaft zusätzlich Rundfahrten verschiedener Dauer an. Im Hochsommer fahren bei schönem Wetter auch die alten Raddampfer. Die Anlegestelle ist dort, wo die Bahnhofstraße anfängt: am Bürkliplatz. Täglich unternimmt ein Schiff von 12.10 bis 13.15 Uhr eine Lunchfahrt. Von Mai bis Oktober legt immer dienstags um 20.15 Uhr das »Fondue-Schiff« ab; das »Tanzschiff« mit Orchester dreht im Juli und im August am Mi, Fr und Sa, im Juni und im September nur am Sa von 20.15 bis 22.30 Uhr seine Runden.

Polizei
Kantonspolizei Hauptwache
Kasernenstr. 29
Tel. 2472211
Notruf
Tel. 117
Stadtpolizei Hauptwache
Bahnhofquai 3
Tel. 2167111

Post
Zürich 1 Sihlpost
Kasernenstr. 95–99

Mo–Fr 7.30–18.30 Uhr, Sa 7.30 bis 11 Uhr
Dringlichschalter (mit Zuschlag): Mo–Fr 6.30–7.30 und 18.30–22.30 Uhr, Sa 6.30–7.30 und 11–20 Uhr, So 11–22 Uhr

Sehenswürdigkeiten

Botanischer Garten Vor wenigen Jahren hat die Universität ihren neuen Botanischen Garten in einem ehemaligen privaten Park angelegt.
Zollikerstr. 107
Mo–Fr 7–19 Uhr, Sa/So 8–18 Uhr (März–Sept.); Mo–Fr 8–18 Uhr, Sa/So 8–17 Uhr (Nov.–Feb.); Schauhäuser: Mo–So 9.30–11.30 Uhr, 13–16 Uhr
Eintritt frei

Fraumünster Die Kirche, deren Ursprünge auf das 9. Jh. zurückgehen (die Stiftsdamen verfügten im Mittelalter über bedeutenden Grundbesitz in der Zentralschweiz), ist weltberühmt wegen ihrer Chorfenster, für deren Gestaltung die Zürcher Marc Chagall gewinnen konnten. Sehenswert auch der Kreuzgang.
Münsterhof
Mo–Sa 10–12 und 14–16 Uhr, Gottesdienst So 10 Uhr

Grossmünster Hier wirkte der Zürcher Reformator Huldrych Zwingli, dessen Sittenstrenge immer noch nachwirkt. Der Bau ist im 11. und 12. Jh. entstanden. Augusto Giacometti entwarf die Chorfenster.
Tgl. 9–18 Uhr (April–Sept.), 10 bis 16 Uhr (Okt.–März).
Gottesdienst So 10 Uhr

Spiegelgasse (Niederdorf) Im Haus Nr. 14 erinnert eine Inschrift an die Zürcher Jahre des berühmten Mieters Lenin.

Sukkulenten-Sammlung 25000 Kakteen, Agaven, lebende Steine und Dickblattgewächse aus der Alten und der Neuen Welt.
Mythenquai 88
Tgl. 9–11.30, 13.30–16.30 Uhr
Eintritt frei

Zoologischer Garten Im Zoo am Rand des Zürichberg-Waldes werden etwa 1500 Tiere von 250 Arten gehalten. Neu ist das Hauptgebäude mit einer Regenwald-Halle und ein Katzenhaus.
Zürichbergstr. 221
Tgl. 8–18 Uhr (März–Okt.), 8 bis 17 Uhr (Nov.–Feb.)
Eintritt 7,70 sfr, Lehrlinge und Schüler 3,85 sfr, Kinder 3,30 sfr

Taxi

ABC Taxi
Tel. 4612222
Taxiphon
Tel. 2711111
Taxi-Zentrale
Tel. 2724444
Rollstuhl-Taxi
Tel. 2724242
Grundtaxe 6 sfr, pro km 2,60–2,80 sfr (je nach Distanz). Die Fahrt von der Stadtmitte zum Flughafen oder umgekehrt kostet etwa 40 sfr.
Limousinen, luxuriöse Kleinbusse oder gar einen gepanzerten Mercedes 500, natürlich mit Fahrer, vermietet die Firma Astoria Fretz Limousine Service (Tel. 2722444), das Vergnügen, von einem Fahrer am Flughafen abgeholt und ins Hotel gefahren zu werden, kostet je nach Fahrzeugtyp zwischen 110 und 200 sfr.

Telefon

Vorwahl Stadt Zürich und Umgebung 01, aus Deutschland und aus Österreich 00411
Öffentliche, bediente Sprechstellen (mit Telegrammaufgabe, Telefax und Telex):
– Hauptbahnhof
Mo–Fr 7–22 Uhr, Sa/So 9–21 Uhr
– Fraumünsterpost
Kappelergasse 1
Mo–Fr 7–21 Uhr, Sa 7–16 Uhr

Theater

Das Zürcher Theater-Angebot ist vielfältig: Außer den traditionellen Kulturträgern Schauspiel- und Opernhaus bietet eine stattliche Zahl von Bühnen täglich Aufführungen an. Ein Ereignis besonderer Art ist das alljähr-

lich im Spätsommer stattfindende Theater-Spektakel am linken Seeufer (→ Der gute Tip S. 96).
Eine Übersicht über Angebot und Termine vermitteln die Veranstaltungsbeilagen, die freitags der »Neuen Zürcher Zeitung« und dem »Tages-Anzeiger« beiliegen. Karten können in der Regel direkt bei den einzelnen Theaterkassen reserviert werden (die Vorverkaufszeiten sind zu beachten) oder zentral bei der *Billettzentrale* am Werdmühleplatz:

Billettzentrale:
Werdmühleplatz
Tel. 2212283
Mo–Fr 10–18.30 Uhr, Sa 10–14 Uhr

Bernhard-Theater Lustspiele, Klamotten und Talk-Shows.
Theaterplatz
Tel. 2526055 und 2512145
Mo–Sa 10–19 Uhr, So 13–19 Uhr

Depot Hardturm Auf der Bühne der Schauspielschule treten auch freie Truppen auf. Mit Tram Nr. 4 bis Fischerweg.
Hardturmstr. 124
Tel. 2212283

Opernhaus Ein Wallfahrtsort des bürgerlichen Zürich: Die Bemühungen, gelegentlich weltbekannte Sängerinnen und Sänger zu engagieren, widerspiegeln das Bedürfnis nach Großstadtprestige.
Falkenstr. 1
Tel. 2620909
Mo–Sa 10–18 Uhr

Schauspielhaus Während des Zweiten Weltkrieges die wichtigste deutschsprachige Bühne. Heute leidet die größte Bühne der Stadt unter Geldnot.
Rämistr. 34
Tel. 2511111
Mo–Sa 10–18 Uhr

Theater am Hechtplatz Gastspielbühne vor allem der Kleinkünstler, verwaltet von der städtischen Präsidialabteilung.
Hechtplatz 7
Tel. 2523234
Tgl. 15–19 Uhr

Theater am Neumarkt Gegründet als Alternative zum Schauspielhaus, um auch zeitgenössischem Theater eine Chance zu geben. Heute blühen die freien Gruppen, und die Stadtregierung erwägt, die Subventionen zu streichen und damit das Todesurteil für das verdiente Theater zu fällen.
Neumarkt 5
Tel. 2514488
Di–Sa 15–19 Uhr

Theater an der Winkelwiese Experimentierfreudiges Kellertheater in einer alten Stadtvilla.
Winkelwiese 4
Tel. 2612179
Mo–Sa 12–15 Uhr

Theater Westend Die Mitglieder des »ch tanztheaters« haben eine alte Fabrikhalle zu einem stimmungsvollen Theater umgebaut. Außer Tanz auch Konzerte und Gastspiele freier Gruppen. Mit Tram Nr. 4 bis Förrlibuckstraße.
Hardturmstr. 116
Tel. 2727380

Theaterhaus Gessnerallee In einer ehemaligen Reithalle der Armee treten heute alternative Gruppen aus der Schweiz und dem Ausland auf.
Gessnerallee
Tel. 2120083

Zürcher Puppentheater Marionettenspiele für Kinder und Erwachsene.
Stadelhoferstr. 12
Tel. 2529424
Di–Sa 17–18.30 Uhr

Ziele in der Umgebung

Baden Die Kleinstadt mit 14000 Einwohnern wird seit der Römerzeit als Badeort geschätzt. 48 Grad Celsius hat das Wasser, das aus den Schwefelquellen sprudelt. Im *Thermalbad* mit Hallen- und Freiluftbad sind auch Tagesgäste willkommen. In Baden haben Brown und Boveri

den Weltkonzern gegründet, der mit der schwedischen Asea zur ABB fusioniert hat. Bis ins 18. Jh. wurde in Baden eidgenössische Politik gemacht: Im Rathaus wurden die Tagessatzungen, die Konferenzen der Standesvertreter, abgehalten.
Anfahrt: Von Zürich 20 km auf der Autobahn N1 Richtung Bern oder mit der S-Bahn.
Auskunft:
Verkehrsbüro
Bahnhofstr. 50
Tel. 056/225318
Mo–Fr 8.30–12 und 14–18 Uhr, Sa 8.30–12 Uhr
Thermalbad
Kurplatz
Mo–Fr 7.30–21 Uhr, Sa/So 8 bis 18 Uhr
Eintritt 12 sfr

Bodensee Radwandern → Der gute Tip S. 109
Diessenhofen → Der gute Tip S. 57
Einsiedeln → Der gute Tip S. 49
Gottlieben Restaurant Drachenburg und Waaghaus → Der gute Tip S. 78
Kaiserstuhl → Der gute Tip, S. 53

Klausenpaß Eine der reizvollsten Paßfahrten der Schweiz beginnt im Kanton Glarus, einer früh industrialisierten Region, und endet in Altdorf im Kanton Uri. Über den 1984 m hohen Paß führt eine gut ausgebaute Straße in die Urschweiz, die Heimat des mythologischen Volkshelden Wilhelm Tell.
Anfahrt: Auf der Autobahn N3 Richtung Chur bis zur Ausfahrt Niederurnen, dann Richtung Glarus. Zurück von Altdorf über die Axenstraße den Vierwaldstätter See entlang und kurz vor Brunnen auf die N4 Richtung Zürich. Die ganze Paßfahrt führt über etwa 220 km.

Königsfelden → Der gute Tip S. 52
Kyburg → Der gute Tip S. 58
Lenzburg → Der gute Tip S. 59

Rapperswil Kleinstadt am oberen Ende des Zürichsees mit schöner Altstadt unter einem mächtigen Schloß, in dem heute ein *Polen-Museum* mit einer Sammlung zur Geschichte Polens seit der Renaissance eingerichtet ist. Der *Kinderzoo* des Schweizer Nationalzirkus »Knie« ist ein beliebtes Ausflugsziel von Familien mit Tieren zum Anfassen, einer Delphinschau und der Möglichkeit zum Elefanten- und Ponyreiten (→ Der gute Tip S. 94). Vor Rapperswil liegen die beiden kleinen Inseln Ufenau und Lützelau. Die Ufenau war das Asyl des Humanisten Ulrich von Hutten (1488–1523).
Anfahrt: 30 km südöstl. von Zürich. Mit dem Auto die Seestraße entlang oder mit der S-Bahn.
Auskunft:
Verkehrsbüro
Seequai
Tel. 055/277000
Mo–Fr 8.30–12 und 13.30 bis 17.30 Uhr
Polen-Museum
Schloß Rapperswil
Tel. 055/275602
Ostern–ca. Ende Okt. tgl. 13 bis 17 Uhr; Nov./Dez. Sa und So 14 bis 17 Uhr; Jan. und Feb. geschl.
Eintritt 4 sfr
Kinderzoo
Mitte März–Juni, Sept. und Okt. tägl. 9–18 Uhr, Juli und Aug. tägl. 9 bis 19 Uhr,
Eintritt 6 sfr, Kinder von 4–14 Jahren 3 sfr

Regensberg → Der gute Tip S. 53

Schaffhausen Das Wahrzeichen der Stadt (34000 Einwohner) ist der Munot, ein Kastell, das im 16. Jh. streng nach Albrecht Dürers Befestigungslehre angelegt wurde. Zeitgenössische Kunst aus einer bedeutenden Schweizer Privatsammlung ist in den *Hallen für neue Kunst* in einer ehemaligen Kammgarnfabrik zu sehen. Bei Neuhausen, südwestlich der Stadt, stürzt der Rhein über eine

25 Meter hohe Kalksteinschwelle. Der Rheinfall gilt als höchster Wasserfall Europas.
Anfahrt: Rund 60 km von Zürich. Auf der N 1 Richtung St. Gallen bis Winterthur-Ohringen, dann auf der viel befahrenen Kantonsstraße weiter.
Auskunft:
Verkehrsbüro
Vorstadt 12
Tel. 053/255141
Mo–Fr 9–18 Uhr, Sa 9–12 Uhr
Von April bis Okt. bietet der Verkehrsverein einen geführten Spaziergang an durch die Altstadt (1½ Std.). Mo, Mi und Fr (ausgenommen Feiertage), 14.15 Uhr
Treffpunkt: Verkehrsbüro, Vorstadt 12
Erwachsene 8 sfr, Kinder 4 sfr (pro Erwachsener 1 Kind frei)
Hallen für neue Kunst
Baumgartenstr. 23
Tel. 053/252515
Anfang Mai–Ende Okt. Di–Sa 15 bis 17 Uhr, So 11–15 Uhr (außerhalb dieser Öffnungszeiten nach telefonischer Vereinbarung)
Eintritt 10 sfr

Stäfa Restaurant Rössli → Der gute Tip S. 99
Steckborn Seehotel Feldbach → Der gute Tip S. 86

St. Gallen In einem zerklüfteten Hochtal hat sich im Jahre 612 der irische Mönch Gallus niedergelassen. Aus der Einsiedelei wurde eines der wichtigsten Klöster des Mittelalters. Heute ist St. Gallen wirtschaftliches Zentrum der Ostschweiz. Zu Wohlstand kam die Stadt dank der blühenden Textilindustrie, die noch heute von Bedeutung ist. Im *Textilmuseum* ist eine eindrückliche Sammlung untergebracht: Stickereien vom 14. bis ins 20. Jh., Spitzen aus 4 Jahrhunderten Maschinenstickerei und Musterbücher (→ Der gute Tip S. 70). Die Hochschule bildet Betriebswirte und Juristen aus. Einen Besuch lohnt die berühmte *Stiftsbibliothek* (→ Der gute Tip S. 65)
Anfahrt: 80 km östl. von Zürich auf der Autobahn N 1 oder mit dem schnellen Intercity der Bahn.
Auskunft:
Verkehrsbüro
Bahnhofplatz 1a
Tel. 071/226262
Mo–Fr 9–12 und 13–18 Uhr, Sa 9–12 Uhr
Hotels:
Einstein
Berneggstr. 2
Tel. 071/200033
117 Betten: 1. Kategorie
Im Portner
Bankgasse 12
Tel. 071/229744
37 Betten: 2. Kategorie
Restaurants:
Bel Etage
Engelgasse 12
Tel. 071/222970
So, Mo und 2 Wochen im Aug. geschl.
(Reservierung empfehlenswert)
1. Kategorie
Rotisserie Schoren
Dufourstr. 150
Tel. 071/270851
So geschl.
(Reservieren)
1. Kategorie
Museum:
Textilmuseum
Vadianstr. 2
Tel. 071/221744
Mo–Fr 10–12 Uhr und 14–17 Uhr, April–Sept. auch Sa 10–12 Uhr und 14–17 Uhr

Stein am Rhein Die am besten erhaltene mittelalterliche Kleinstadt der Schweiz liegt malerisch am Ausfluß des Rheins aus dem Untersee. Die Fahrt von Kreuzlingen auf der Uferstraße über Gottlieben (→ Der gute Tip S. 78) und Steckborn (→ Der gute Tip S. 86) bis Stein führt durch eine der lieblichsten Landschaften der Ostschweiz. Kulinarisch kann man im *Restaurant Amadeus* auf seine Kosten kommen. Und im Glaszelt im Hof des Zunfthauses

zur Rosen wird eine pfiffige, moderne Küche gepflegt.
Anfahrt: Rund 100 km von Zürich. Auf der Autobahn N1 Richtung Winterthur, dann auf die N7 Richtung Frauenfeld, ab Müllheim auf der Kantonsstraße bis Kreuzlingen und schließlich den Untersee entlang.
Auskunft:
Verkehrsbüro
Oberstadt 10
Tel. 054/412835
Mo–Fr 9–11 und 14–18 Uhr
Restaurant Amadeus
Oberstadt 11
Tel. 054/411190
So und Mo geschl.

Wildhaus Der Geburtsort des Zürcher Reformators Huldrych Zwingli liegt 1098 m hoch auf einer freien Paßhöhe des Toggenburgs. Wildhaus ist ein Luftkurort, besonders beliebt im Winter. *Zwinglis Geburtshaus,* eines der ältesten Holzhäuser der Schweiz, steht etwas außerhalb im Weiler Lisighaus.
Anfahrt: Ca. 110 km von Zürich. Auf der Autobahn N1 Richtung St. Gallen bis Wil, dann auf der Kantonsstraße weiter.
Auskunft:
Verkehrsbüro
Tel. 074/52727
Mo–Fr 8–18 Uhr, Sa 8–12 und 14–17 Uhr
Zwinglihaus
Beim Hotel Friedegg
Juni–Sept. So–Fr 9–11 Uhr und 14–17 Uhr, Okt.–Mai So–Fr 14 bis 16 Uhr.

Winterthur Industriestadt mit 85000 Einwohnern, 30 km östlich von Zürich. In der größtenteils autofreien Altstadt die Stadtkirche St. Laurentius (14. bis 16. Jh.), das klassizistische Rathaus von Gottfried Semper und das spätgotische Waaghaus. Die Kirche St. Arbogast aus dem 12. Jh. (im Stadtteil Oberwinterthur) mit sehenswerten Fresken. Im Stadtpark ein barockes Lusthäuschen. Ein Besuch der Stadt lohnt sich vor allem wegen der Kunstsammlung des Industriellen und Kunstmäzens *Oskar Reinhart.* In seiner *Stiftung* ist eine reichhaltige Sammlung deutscher und österreichischer Maler des 19. Jh. und Schweizer Maler des 18., 19., und 20. Jh. ausgestellt. Die Ausstellung ist zur Zeit allerdings wegen Renovierung der Räume geschlossen. Die Villa des Museums *Am Römerholz* beherbergt ebenfalls einen Teil der berühmten Sammlung Oskar Reinharts: Alte Meister wie Cranach, Holbein, Rubens, Rembrandt, Greco und Goya; französische Malerei mit Werkfolgen von Daumier, Delacroix, Renoir, Manet und Cézanne. Im *Kunstmuseum* befinden sich Exponate der europäischen Kunst vom 18. Jh. bis in die Gegenwart.
Anfahrt: Mit dem Auto Richtung Flughafen, dann auf die Autobahn N1, 25 km. Oder bequemer mit der S-Bahn.
Auskunft:
Verkehrsverein
Bahnhofplatz 12
Tel. 052/220088
Hotel:
Loge
Graben 6
Tel. 052/239121
Fax 052/220959
16 Zimmer: 2. Kategorie
Museen:
Am Römerholz
Haldenstr. 95
Di–So 10–17 Uhr
Museum Stiftung Oskar Reinhart
Stadthausstr. 6
Di–So 10–17 Uhr
Kunstmuseum
Museumstr. 52
Di–So 10–17 Uhr, Di auch 19.30 bis 21.30 Uhr

Der gute Tip von MERIAN nach Orten

Basel und Umgebung
Eremitage, Arlesheim 108f.
Gallery Shop 92
Herbstmesse 90
Museum für Gegenwartskunst 67f.
Restaurant Charon 79f.
Schweizer Jazzmuseum, Arlesheim 75
Schweizerisches Papiermuseum 74
Der Teufelhof 83f.

Chur und Umgebung
Appenzellerland 111f.
Bädermuseum, Bad Pfäfers 71f.
Restaurant Zur Mühle, Fläsch 77f.
Schloß Sargans 61f.
Via-Mala-Schlucht 104f.
Werdenberg 54–56
Zillis 63

Davos und Umgebung
Alte Post, Klosters 82
Cabanna und Carlo's Café Américain 100f.
Ernst-Ludwig-Kirchner-Museum 72–74

St. Moritz und Umgebung
Guarda 56f.
Hotel Chasa Capòl, Santa Maria 88f.
Kloster St. Johann, Müstair 50f.
Panoramafahrt mit dem Glacier-Express 102f.
Pension Chesa Pool, Fextal 85f.
Restaurant Chesa Marquetta, Sils Maria 80–82

Zürich und Umgebung
Confiserie Schober 82f.
Diessenhofen 57
Fabric Frontline 91f.
Hotel Wellenberg 85
Kaiserstuhl 53f.
Kloster Einsiedeln 49f.
Radwandern um den Bodensee 109–111
Regensberg 53
Restaurant Drachenburg und Waaghaus, Gottlieben 78
Das Rössli, Stäfa 99f.
Schloß Lenzburg 59–61
Schweizerisches Landesmuseum 68–70
Seehotel Feldbach, Steckborn 86–88
Stiftsbibliothek St. Gallen 65f.
Stiftskirche Königsfelden 52
Szenelokal J.O.S.E.F. 76f.
Textilmuseum, St. Gallen 70f.
Varieté Polygon 96
Waldfestung Kyburg 58f.
Zirkus Knie 94–96
Zürcher Theater-Spektakel 96f.
Zürich per Schiff 106–108

Register

Bei der alphabetischen Einordnung wurden *am, chez, da, de, del, der, des, di, du, für, la, le, of, und, zum* und *zur* nicht berücksichtigt. Namen in Anführung bezeichnen Cafés, Hotels, Nachtclubs und Restaurants. Wird ein Begriff mehrfach aufgeführt, verweist die **halbfett** gedruckte Zahl auf die Hauptnennung. *Kursive* Zahlen verweisen auf Abbildungen.
Die Buchstaben/Zahlen-Kombinationen am Ende eines Eintrags verweisen auf die Planquadrate der Übersichtskarte in der vorderen Umschlagsklappe.

Abkürzungen: B = Basel, C = Chur, D = Davos, S = St. Moritz, Z = Zürich

Aarau 125, B2
Aare 136, 181
Aaretal 59
Aargau (Kanton) 59–61, *60*
»Aargauerhof«, Z 217
»ABC-Garni«, C 169
»Admiral«, B 146
»Agnes Amberg«, Z 217
Ajoie 161, 163
Albula 181, **187**, E5
Albulabahn 187
Albulatunnel 103
Alexanderhaus, D 186
Alp Grüm 198
Alpbach 49
»Alpenrose«, Juf 177
»Alpina«, Klosters 190
Altdorf 230, C4
»Alte Post«, D 185
»Alte Post«, Kaiserstuhl 54
»Alte Post«, Klosters **82**, 185, 190
»Ammann«, Z 222
Amtshaus des Klosters St. Blasien, Kaiserstuhl 54
Andeer 172, D5
Antikenmuseum, B 150
Antistitium, C 171
Antoniuskirche, B 147
Appenzell *20*, 34, 37, 111f., 124, **172**, D3
Appenzell-Innerrhoden 40
Appenzellerland **111f.** *112*, 166, 172
Architekturmuseum, B 150, 155
Arlesheim 108f., **157f.**
Arosa 172f., E4
Atelier Segantini, Maloja 200
Audincourt 164
Augusta Raurica 158f.
Aussichtsterrasse des großen Silos, B 140
Aussichtsterrasse der Pfalz, B 155
Automobilmuseum, Mulhouse 162

»Babalu«, Z 226
Bad Pfäfers **71f.**, 166, 173
Bad Ragaz 71, **173f.**, D4
Bad Scuol 124, **206**, 209, F4
Baden 30, **229f.**, B2
Bädermuseum, Bad Pfäfers **71f.**, 173
»Badrutts Palace Hotel«, S 196f.
»Bahnhof-Buffet«, B 143
»Bamboo Inn«, Z 217
»Barfüsser«, Z 226
»Barometer«, Z 217
»Baron de la Mouette«, Z 217
»Barrique«, Z 217
Basel 14, 16, 30, *33*, 124, 125, **139–165**, A2
»Basler Keller«, B 143
Bauernmuseum, Oltingen 153
»Baur au Lac«, Z 222
Bauschänzli, Z 107
»Bel Etage«, St. Gallen 231
»Belvedere«, C 169
»Belvoir«, Z 223
Benediktinerkloster, Disentis **103**, 174
Benediktinerkloster, St. Gallen *15*
Bergbaumuseum, Monstein 191
Bergell *39*, 177, **198**
»Berghotel Schatzalp«, D 185
Bergsteigerschule, Postresina 202f.
Bergün 187f., E5
Bern 28, 30, 36, A4
»Da Bernasconi«, Z 217
Bernau 159
Bernina 166, **198f.**, E6
Berninapaß 198f., F5
Bettingen 140
Bettlach 153
Biblioteca Engiadinaisa, Sils Maria 206f.
Biederthal 153
»Bierhalle Kropf«, Z 217
Bischöfliches Schloß, C 171
Bivio 177, **198**, E5
»Blaue Ente«, Z 218
»Blaueck«, Z 218
Bodensee **109–111**, *110*, 212, D1–E2
Botanischer Garten, B 152
Botanischer Garten, Z 228
Brämabüel 184
Brambrüesch 172
Brandegg 112
»Brasserie Lipp«, Z 218
»Brauerei«, D 185
»Zum Braunen Mutz«, B 143
Bregenz 109, E2
Bruderholz, B 155
Brüglingen 152
Buchs 54, D3
»Buffet de la Gare«, Porrentruy 163f.
»Bündnerstübli«, D 184
Burg 153
Burg Belvédère, Maloja 199f.
– Castelmur, Stampa 209
– Freudenberg, Bad Ragaz 173f.
– Greifenstein, Filisur 189
– Jörgenberg, Waltensburg 182
– Kapfenstein, Küblis 191
– Ream 181
– Röteln 54
Bürklisplatz, Z 108
»Butterfly«, C 170
»Buvette«, Z 217

»Cabanna«, Davos **100f.**, 185
»Café des Arts«, B 143f.
»Café Atlantis«, B 149
»Café Gleich«, B 144
»Café Hanselmann«, S 195
»Café zum Isaak«, B 144
»Café Raben«, Z 217
»Café zum roten Engel«, B 144
»Café Select«, 217
Campocologno 166
»Carlo's Café Americain«, Davos **100f.**, 185
»Carlton Elite«, Z 222
»Casa Ferlin«, Z 218
Casa Gronda, Ilanz 176
Casaccia 177
»Casanova«, B 144
Cassons-Grat 175
Cauma-See 175
Celerina 198f.
»Central Plaza«, Z 222
Les Cerlatez 164
Chà Grande, Scuol 206
Chalandamarz, S 198
»Chassellas«, S 196

»Château Lapin«, B 144
»Chesa Grischuna «, Klosters 190
»Chesa Guardalei«, S 197
Chesa Juvalta, S-chanf 204
»Chesa Marchetta«, Sils Maria **80–82**, 195, 207
Chesa Planta, Samedan 204f.
»Chesa da Seoul«, Z 218
Chiavenna 198
Chur 19, 30, *31*, **165–183**, E4
Cinuoschel 204
»City«, C 169
»City-Hotel«, B 146f.
Clos-du-Doubs 163f.
Colmar 159
Colonia Raurica 158f.
»Commercio«, Z 218
»Confiserie Honold«, 217
»Confiserie Schober«, Z **82f.**, 212
»Confiserie Sprüngli«, Z 217
Conn 179
»Cooperativo«, Z 218
Corvatsch 136, E5
»Corviglia (Marmite)«, S 196
Crasta 207
Cresta 177
Cunter 181

Davos 72–74, *73*, **183–193**, E4
»Davoserhof«, D 184, 185
Delémont 159f., 161
Delsberg 159f., 161
Diavolezza 136, **203**
Dichtermuseum, Liestal 161
Diessenhofen **57**, 213, C1
Dischmaltal 187
Disentis 174f., C4
Dom, Arlesheim 157
Domkustorei, C 171
Domleschg 104
Dommuseum, C 169
»Don Weber«, Z 226
»Chez Donati«, B 144
Dorfmuseum, Jenisberg 193
Dorfmuseum, Latsch 188
Dornach 157f., A2
Doubs 136, **165**
»Drei Könige am Rhein«, B 147
Dreibündenstein 171f.
Dreisprachenspitze 209
»Duc de Rohan«, C 169
Dürrboden 187

Ecomusée de Haute Alsace 160
»Edelweiß«, Juf 177
»Edelweiss«, S 197
»Eden au Lac«, Z 218
»Am Egge«, Z 218
Eguisheim 159
»Einstein«, St. Gallen 231
Eisenbahnmusem, Mulhouse 162
Eishalle, D 186
Elm 175
»Emilio«, Z 218
Engadin 20, 103, 124
Engadiner Museum, S 197
Englische Kirche, S 197
Eremitage, Arlesheim **108f.**, 141
Ergolz 161
Erlengschwend 112
Ermatingen 124
»Ermitage am See«, Z 223
Ernst-Ludwig-Kirchner-Museum, Davos **72–74**, 185
Eschenbergwald 58
Escher-Wyss-Platz, Z 76
Etang de la Grùere 164
»Euler«, B 147

Fasnacht, B 16, **145f.**
Fasnacht, Z 221
Fasnachtsbrunnen, B 154
Feldbach 86
Fernsehturm, B 140
Fextal **85f.**207
Filisur 188f.
Fischmarktbrunnen, B 154
»Fischstube Zürichhorn«, Z 218
»Fischerstube«, B 144
Fläsch 77
Flims 175, D4
»Florhof«, Z 222
Flüelapaß 189, E4
»Flühgass«, Z 218
Forcellina 177
»Franziskaner«, Z 218, 222
Frauenkirch 187, **189**, E4
Fraumünster, Z 107, **228**
Freiberge **160**, 161, 164
Freidorf, B 155
»Freieck«, Z 218
»Fribourger-Fondue-Stübli«, Z 218
Froncia-Wasserfälle 176
Ftan *45*, 199, F4
Furkatunnel 103
Furtschellas-Bahn 207

Gailingen 57
Gais *36*, 111
Galerie Ernst Beyeler, B 146
– Klaus Littmann, B 146
– Kurt Stampa, B 146
Gandahaus, Vals 182
»Gasthof zum Goldenen Sternen«, B 154
Gemeindehaus, D 186
Geologisch-Mineralogische Ausstellung, Z 225
Glacier Express *102*, **102f.**, 195
Glarus (Kanton) 28, 124, 230, D3
»Gleich«, Z 218
»Glockenhof«, Z 222
»Goethe-Stübli«, Z 219
Goetheanum, Dornach 157f.
»Golden Dragon«, Z 219
»Zum Goldenen Fass«, B 144
Gonzen 61, 62
Gotschnagrat 190
Gotthardpaß 103, 115, C5
Gottlieben 78, 213, D1
»Grand Hotel Dolder«, Z 222
»Grand Hotel Hof Ragaz«, Bad Ragaz 174
Graphik-Sammlung, Z 225
Greina 176
Grono 179
Großmünster, Z *16*, 107, **228**
Grüsch 189, E4
Guarda **56f.**, 195
»Gusto Mondial«, Z 219

Hallen für neue Kunst, Schaffhausen 230
Haus zum Kirschgarten, B 150
– Pedrun, Andeer 172
– zum Rech, Z 225
– Schmid, Ilanz 176
– Secchi, Celerina 198
Heidi-Weber-Haus, Z 225
Heimatmuseum, D 186
– Grüsch 189
– Laax 177
– Rheinwald, Splügen 180
Helmhaus, Z 107
Helvetia, B 155
»Helvetia«, Z 226
Herbstmesse, B **90**, 141
Herz-Jesu-Kirche, D 186
»L'Hexagone«, Z 219
»Hilti Vegi«, Z 219
Hinterrhein 104
Hirschberg 112
Historisches Museum, B 150
Historisches Museum Aargau, Schloß Lenzburg 60f.
Hoffmann-La Roche, B 155
»Hotel Albrici«, Poschiavo 204
»Hotel Arosa-Kulm«, Arosa 173
»Hotel Astoria«, Arosa 173
»Hotel Bellevue«, Flims 175
»Hôtel Bellevue«, Saignelégier 165
»Hotel Chasa Capòl«, Santa Maria **88f.***89*, 195, 208
»Hôtel de la Gare et du Parc«, Saignelégier 165
»Hôtel des Grottes«, Porrentruy 164
»Hotel Kulm«, Preda 188

»Hotel Margna«, Sils Maria 207
»Hôtel du Midi«, Delémont 159f.
»Hôtel du Parc«, Mulhouse 163
»Hotel Quellenhof«, Bad Ragaz 174
»Hotel Waldhaus«, Sils Maria 207
»Hotel Wellenberg«, Z **85**, 212
»Hotel-Restaurant de la Gare«, Le Noirmont 160
»Hubli's Landhaus«, D 185
Hundwil 124

»Idaburg«, Z 219
Ilanz 176, D4
Indianermuseum, Z 225
Inn 136
»International«, B 147
»El Internacional«, Z 226
Isenheimer Altar, Colmar 159
»Italia«, Z 222

Jakobshorn 184
»Jazzclub Moods«, Z 224
Jenisberg 193
Johann-Jacobs-Museum, Z 225
»J.O.S.E.F.«, Z **76f.**, 212
Juf 177
Julia 181
Jura (Kanton) 37, **160f.**, 164

Kaiserstuhl **53f.**, 213, C2
Kannenfeldpark, B 152
Katzenmuseum, B 151
Keramikmuseum, Mulhouse 162
Kirche der hl.Anna, Schiers 191
Klausenpaß 230
Kleinhüningen, B 140
Kloster Einsiedeln 27, *48*, **49f.**, 213, C3
Kloster St. Johann, Müstair **50f.**, *51*, 195, 201
Klosters 82, **189f.**, E4
Knabenschießen, Z 221
Knie Kinderzoo, Rapperswil **96**, 213, 230
»Kon-Tiki«, Z 227
Königsfelden 52
»Zum Königstuhl«, Z 219
Kreuzlingen 125
»Zur Krone«, Kaiserstuhl 54
»Kronenhalle«, Z 219
»Kronenhalle-Bar«, Z 227
»Kronenhof«, Pontresina 203
»Kronenstübli«, Pontresina 203
Küblis 191, E4

Kulturhaus Palazzo, Liestal 161
Kulturweg, Via Mala 104
Kunsthalle, B 151
»Kunsthalle«, B 144
Kunsthaus, Z 225
Kunstmuseum, B 151
Kunstmuseum, Winterthur 232
»Kunststuben«, Z 221
Kyburg **58f.**, 213, C2

Laax 177, D4
Laaxer Tobel 177
Lago Bianco 198
Lai da Palpuogna 191
Lai da Rims 209
Landwassertal 187
Landwasserviadukt 103
Lange Erlen, B 157
Lantsch 178
»Latino«, Z 219
Latsch 188
Lehn 111
Lenzerheide 177f., E4
Leonhardskirche, B 147
Liestal 124, **161**, *A2*
Limmat *16*, 106, 107
»Limmatbar«, Z 227
»Limmathof«, Z 223
Lindau 109, E2
Lindenhof, Z 106, **211**
»Loge«, Winterthur 232
Löwendenkmal, Luzern 36
Lü 199
Lunghin-See 177
Lützelau 230
Luzein 191
Luzern 28, B3

Maienfeld 178, E3
Mainau (Insel) 111
»Malatesta«, Z 227
Maloja 199f., E5
Maloja Palace, Maloja 199f.
Maloja-Paß 198
Marché Concours, Saignelégier 164
Mariastein 161
Marsölturm, C 171
Martinskirche, B 147
Martinskirchplatz, B 155
Mattertal 103
Mayenfisch, Kaiserstuhl 54
Medizinhistorisches Museum, Z 225
Meersburg 109, 111
»Meierei«, S 197
»Mère Catherine«, Z 219
»Merian am Rhein«, B 147
Mesocco 178f., D6
Mistail 181
Mon 181
Monstein 191
Morgarten 27f.

»Zur Mühle«, Fläsch *77*, **77f.**, 166
Mühlerama, Z 225
Mulhouse 161–163
Munot, Schaffhausen 230
Münster, B 148
Münsterbrücke, Z 107
Münsterplatz, B 152
Münstertal 50f.
Munt Baselgia 210
Muottas Muragl **201f.**, 205, F5
Murmeltierpark, Silvaplana 208
Musée de l'Automobile, Muriaux 165
Museum Alpin, Pontresina 202f.
– D'Engiadina Bassa, Scuol 206
– für Gegenwartskunst, B *67*, **67f.**, 141, 154, 155
– Rietberg, Z 226
– Sarganserland, Schloß Sargans **62**, 166
– Stiftung Oskar Reinhart, Winterthur 232
– für Völkerkunde, B 151
Müstair 50f., **201**
Mustér 174f., C4

Nadelberg, B 155
Nationalpark **202**, 210, 211
Nationalparkhaus **202**, 210
Nepomuk-Kapelle 153
Nietzsche-Haus, Sils Maria 206
Le Noirmont 160
Notre-Dame-du-Haut, Ronchamp 164
Nutli-Hüschi, Klosters 190

»O'Henry«, Z 219
Oberländer Talmuseum, Trun 182
»Odeon«, Z 227
Ofenpaß 50, F5
»Old Fashion«, Z 227
Oltingen 153
»Onkel Toms Hütte«, Z 219
Ötlingen 157
Ottmarsheim 163

Palazzo Castelmur, Stampa 209
»Palazzo de Salis«, Soglio 208
Palpuogna-See 191
»Pardenn«, Klosters 190
»Park-Hotel Waldhaus«, Flims 175
Parpaner Rothorn 178
Passugg 172
Pauluskirche, B 148
»Pension Chesa Pool«, Sils Maria **85f.**, 195, 207
Peterskirche, B 148

Peterskirche, Z 106
Petersplatz, B 152, 155
»Piccola Accademia«, Z 219
»Da Pin«, Z 219
Pischa 184
Piz Corvatsch 207
Piz Darlux 188
Piz Lagalb 203
Piz Languard 202
Piz da las trais Linguas 209
Plantahaus, Samedan 204f.
Plaun la Greina 176
Polen-Museum, Rapperswil 230
»Polygon«, Z **96**, 212
Pontresina 124, 125, **202f.**, 207, E5
Porrentrury 161, **163f.**
»Im Portner«, St. Gallen 231
Poschiavo 203f., F6
»Post Frauenkirch«, D 185
Postgebäude, D 186
Preda **191**
Predigerkirche, B 148
Pulversheim 160
Puschlav 198, 203

Radons 180
»Raja Bongo«, Z 220
Rapperswil 96, **230**, C3
Rathausbrücke, Z 106
Rätisches Museum, C 169
Rätoromanische Sprache 170f.
»Ravjs«, Z 220
»Real«, Z 220
»Rechberg«, Z 220
Regensberg **53**, 213, C2
Reichenau 179
Reichenau (Insel) 111
»Reithalle«, Z 220
»Restaurant Albana«, Silvaplana 208
»Restaurant Amadeus«, Stein am Rhein 231f.
»Restaurant Central«, Arosa 173
»Restaurant Charon«, B **79f.**, 141
»Restaurant Drachenburg und Waaghaus«, Gottlieben **78**, *79*, 213
»Restaurant Paradies«, Bad Ragaz 174
»Restaurant Roseggletscher« 202
»Restaurant Schloßhof«, Dornach 158
Reuß 136, 181
Revaisch-Seen 188
Rhein 136
»Rheinbrücke«, B 144
Rheinfall, Schaffhausen 231
Rheinfelden 143, **164**, A2
Rheinhafen Kleinhüningen, B 140
Rheinpromenade, B 155
Rheinschlucht 179
Rheintal 54, 56
Rheinursprung 181
Rhône 136
Rhônegletscher 103
Rhônetal 103
»Ribo«, Z 220
»Riesbächli«, Z 220
Rinerhorn 184
Riom 181
Riquewihr 159
»Rochat«, B 147
Rodersdorf 153
Roflaschlucht, Andeer 172
»Roma«, B 144f.
Romanshorn 109, D2
»Romantik-Hotel Stern«, C 169
Am Römerholz, Winterthur 232
Ronchamp 164
Rorschach 109
Rosegtal 207, E6
Le Roselet 165
»Rössli«, Stäfa *99*, **99f.**, 213
»Rössli«, Z 223
»Rössli-Bar«, Z 227
»Rote Fabrik«, Z 224
»Rotisserie Schoren«, St. Gallen 231
»Zum Rüden«, Z 220
»Zur Rüfe«, C 169
Ruine Kropfenstein, Waltensburg 182
Ruschein 180

Saane 136
Saas 192
Saas Fee *41*
Saignelégier 125, 160, **164f.**
Sala Segantini, Savognin 179
»Sala of Tokyo«, Z 220
Salouf 181
Samedan 124, **204f.**, E5
Sammlung Ludwig, B 150
Sammlung Schlumpf, Mulhouse 162
Samnaun 205f., F4
San Gian, Celerina **198**, 203, 207
San Pietro, San Vittore 204
San Vittore 204
St.-Alban-Tal 153
St.-Alban-Tor, B 153
St. Antönien 191
St. Arbogast, Winterthur 232
St. Blaise 153
St. Cassian, Vaz 178
St. Crischona, B 140
St. Dionysius, Diessenhofen 57
St. Gallen 14, *15*, 30, **231**, D1
St. Galler Rheintal *61*, 61
»St. Georges«, Z 223
»St. Gotthard«, Z 219, 222
St.-Jakobs-Denkmal, B 154
St. Johann-Kirche, Schiers 191
St. Johann Baptist, Disentis 17
St. Johann Baptista, D 186
St.-Johanns-Tor, B 153
»St. Josef«, Z 223
St. Lauretius, Winterthur 232
St. Leonhard, Bad Ragaz 173
St. Lorenz, Sils Maria *81*
St. Luke, D 186
St. Luzius, C 169
St. Luzius, Vaz 178
St. Marcel, Delémont 159
St. Margrethen, Ilanz 176
St. Maria Himmelfahrt, C 169
St. Martin, Rheinfelden 164
St. Martin, Savognin 179
St. Martin, Zillis *63*, **63f.**, 166
St. Moritz *19*, 20, 124, **193–211**, E5
St. Otmar und Gallus, Laax 177
St. Peter, Samedan 205
St. Peter und Paul, Vals 182
St. Sebastian, Müstair 201
St. Sebastian, Zernez 210
St. Theodul, D 186
St. Ulrich und Nikolaus, Müstair 201
St. Ursanne 165
Sta.-Anna-Kapelle, Trun 181
Sta. Maria 208f.
Sta. Maria, Mesocco 179
Sta. Maria, Pontresina 203
Sta. Maria Assunta, San Vittore 204
Sta. Maria di Calanca, Grono 179
Sta. Maria del Castello, Mesocco 179
Säntis 172, D3
Sargans 61f.
Savognin 179f., E5
Scaletta-Paß 187
Schafberg 202
Schaffhausen 230f., C1
Schams 104
Schamser Talmuseum, Zillis 183
S-chanf 204, E5
Schanfigg 172
Schatzalp 184
Schiefer Turm, S 197
Schiers 191f., E4
»Schifflände«, Z 223
Schipfe, Z 106
Schlappina 192
Schlappinatal 192
Schlappiner Joch 192
Schloß Birseck, Arlesheim 158
– Brandis, Maienfeld 178
– Lenzburg **59–61**, *60*, 213

– Misox, Mesocco 179
– Salenegg, Maienfeld 178
– Sargans *61*, **61f.**, 166
– Tarasp 199
– Wildenberg, Zernez 210
Schloßburg, Werdenberg *55*, 56
»Schlüssel-Zunft«, B 145
Schmitten 192
Schuls 124, F4
»Zum Schützenhaus«, B 145
»Schützenhaus Albisgüetli«, Z 224
Schützenmattpark, B 152
Schwarzhorn 189
Schweizer Heimatwerk, Z 106
Schweizer Jazzmuseum, Arlesheim **75**, 141
»Schweizerhof«, B 147
Schweizerisches Landesmuseum, Z *29*, **68–70**, *69*, 212
Schweizerisches Papiermuseum, B **74**, 141, 154
Schwingfeste *93*, **93f.**
Schwyz 23, C3
Scuol **206**, 209, F4
Sedrun 180, C5
»Seehotel Feldbach«, Steckborn **86–88**, *87*, 213
Seetal 59
Segantinihütte 202
Segantini-Museum, S 197
Segnes-Paß 175
Sempach 28, 125, B3
»Senator«, Z 223
Senda Sursilvana 180, 182
Septimerpaß 177
Sertig-Dörfli 187, 188, **192**, E5
Sertigpaß 188, 192
Sertigtal 187
»Shoarama«, C 170
Sihlsee 49
Sils Maria 80, *81*, 85, **206f.**, D5
Silvaplana 207f., E5
Silvaplaner See 136
Simme 136
Simplonpaß 103
Sitter 111
Soglio *39*, 208
Sogn Martin, Ilanz 176
Solisbrücke 103
Solothurn 124, A3
Spalentor, B 153
Spiegelgasse, Z 228
»Splendid«, Z 223, 227
Splügen 180, D5
Stadthaus, Z 107
Stäfa **99f.**, 213, C3
Stallerberg 198
Stampa 198, **209**, E6
Steckborn 87, D1
»Steffani«, S 197
»Steigenberger Belvedere«, D 185f.
Stein am Rhein 231f., C1
Steinachtal 66
Stephanskirche, Mulhouse 162
»Stern«, C 168
Stierva 181
Stiftbibliothek, St. Gallen *65*, **65f.**, 213, 231
Stiftskirche, Königsfelden **52**, 213
Stiftung Sammlung E.G.Bührle, Z 226
Stilfser Joch 208
Stoffdruckmuseum, Mulhouse 162
»Zum Storchen«, Z 223
Stoß 111
Straßburger Denkmal, B 154
Strauhof, Z 226
Strela 184
»Stucki«, B 145
Stugl 188
Stuls 188
»Stüva«, Arosa 173
»Stüvetta Veglia«, Celerina 199
Sukkulenten-Sammlung, Z 228
Sumvitg 176
»Suvretta House«, S 197
»Swiss Chalet«, B 152

Talmuseum, Poschiavo 204
Talmuseum, Stampa 209
Taminaschlucht 173
Tapetenmuseum, Mulhouse 162
Tarasp 124, 199, **209f.**, F4
»Taverna Catalana«, Z 220
Tavetsch 180
Tell, Wilhelm 23, *25*
Tenigerbad 176
Terrihütte 176
»Der Teufelhof«, B **83f.**, *84*, 141
Textilmuseum, St. Gallen *70*, **70f.**, 213, 231
»Thai«, Z 220
Thalkirch 182
»Du Théâtre«, Z 220
Thermalbad, Baden 229
Thomas-Mann-Archiv, Z 226
Thur 136
Thurgau (Kanton) 109
»Tiefenau«, Z 223
Tiefencastel 181, E5
Titlis 136
Tomasee 181
Tomeresse 136
»Tonhalle«, Z 224
Trinser Horn 175
Trogen 124
Trun 181f., C4
»Tübli«, Z 220
Tüllingen 157
»Turm«, Z 220

Üetliberg, Z 214
Ufenau 230
Umbrailpaß 208
Unterengadiner Museum, Scuol 206
Untersee 86
Unterwalden 23
Uri (Kanton) 24, 103
Urner See 136
Urserental 103
Uster 38
»Usteria Ucliva«, Waltensburg 182

»Les Vacances chez Max«, Z 221
Val Calanca 179
Val Ferrera 177, 180
Val Lumnezia, Ilanz 176
Val Madonna 209
Val Rosegg 202f.
Val Sumvitg 176
Val Susauna 187
Val Tuors 188
Val Vau 209
Valbella 177f.
Valchava 209
Vals 182, D5
Vaz 178
»Veltlinerkeller«, S 196
Vereina 192f.
Versam 179
Via-Mala-Schlucht 63, **104f.**, *105*, 166, D5
Vierwaldstätter See 136
Vitra Design Museum, B 151
»Volkshaus«, Z 224
Volkskundliches Museum, Savognin 180
Vorderrheintal 103
Vulpera 124, 209
Vuorz 182f., D4

Waaghaus, Winterthur 232
Waldenburg 161
Waldfestung Kyburg **58f.**, 213, C2
Waldmann, Hans 33
Wallis (Kanton) 103, 122
»Walserstube«, Klosters 190
Waltensburg 182f., D4
Wasserkirche, Z 107
Wasserturm, B 140
Webstube Münstertal, Santa Maria 209
Weinplatz, Z 106
»Zum weißen Schwan«, Z 220
»Weisser Wind«, Z 220
»Weißes Kreuz«, Bergün 188
Weissfluhjoch 184

Wenkenhof, Riehen 152
Werdenberg **54–56**, 166, D3
»White Elephant«, Z 220
Widderbrunnen, Kaiserstuhl 54
Wiesen 193
Wildhaus 232
Winterthur 232, C2
»Witschis Restaurant«, Z 221
Wolschwiler 153
»Wynegg«, Klosters 190

»Z 33 Musictemple«, Z 227
»Zähringer«, Z 221
»Zauberberg«, D 185
Zermatt 136
Zernez 202, **210**, F5
Zervreila-Stausee 182
»Ziegel au Lac«, Z 221
Zillis **63f.**, 166, 183, D5
Zirkus Knie **94–96**, *95*
Zoologischer Garten, B 157
Zoologischer Garten, Z 228
Zoologisches Museum, Z 226
Zug 28, C3
Zügenstraße 193
Zunfthaus zum Rüden, Z 106
Zunfthaus zur Meisen, Z 107, **226**
»Zunfthaus zur Rebleuten«, C 168f.
»Zunfthaus zur Rosen«, Stein am Rhein 231f.
Zuoz 210f., E5
»Züri-Bar«, Z 227
Zürich 16f., 28, 30, 34, 106–108, *107*, 124, 125, **211–232**, B2/C2
»Zürichhorn«, Z 108
Zürichsee 227
Zwingli, Huldrych 34, 107
Zwinglihaus, Wildhaus 232

Die Autoren dieses Bandes

Jürg Bürgi, Basler des Jahrgangs 1943, ist Schweizer Korrespondent des Nachrichtenmagazins »Der Spiegel«.

Claudia Brunner, geboren 1963 in Luzern, lebt und arbeitet als diplomierte Übersetzerin in Zürich.

Eva Geel, 1959 in Zürich geboren, studiert Geschichte und arbeitet außerdem als Journalistin für verschiedene Projekte in der Schweiz.

Jürg-Peter Huber, geboren 1944, Diplomgeograph, lebt als freier Autor für Reiseführer und Landschaftsporträts in Altnau am Bodensee. Mehrere Veröffentlichungen über das Tessin; Autor einer Kulturgeschichte der Schreibgeräte »Griffel, Feder, Bildschirmstift« (1985) sowie der Prestel-Monographie »Peru« (1987). Reportagen u. a. in »MERIAN«, »Expression« und »Tages Anzeiger Magazin«.

Rudolf Matter, im Baselbieter Jura 1953 geboren, studierte Geschichte, Publizistik und Philosophie. Er lebt als Journalist in Zürich.

Michael Maria Mont, lebt in Basel und arbeitet in Zürich als Inlandsredakteur bei der »Weltwoche«.

Christoph Schneider, geboren 1954 in Basel, promovierte in Wien als Theaterwissenschaftler und arbeitet in der Filmredaktion des Schweizer Fernsehens DRS.

Fotonachweis

Ottmar Baumli: 25, 32, 33, 93
Gesche Cordes: 15, 29, 31, 36, 51, 55, 58, 60, 61, 63, 65, 67, 69, 70, 77, 79, 84, 87, 89, 95, 99, 105, 107, 112
Werner Dieterich: 17, 81
IFA Bilderteam: 19, 22, 41, 48, 73, 91, 110
Keystone: 1
Silvestris: 20
Transglobe Agency: 12, 26, 39, 45, 102